中国西部大开发发展报告（2023）

新发展格局下高水平共建西部陆海新通道研究

Report on Western Region Development of China（2023）

Research on High-level Co-construction of the New Western Land-Sea Corridor under the New Development Paradigm

主编　陈志新　董雪兵　周谷平

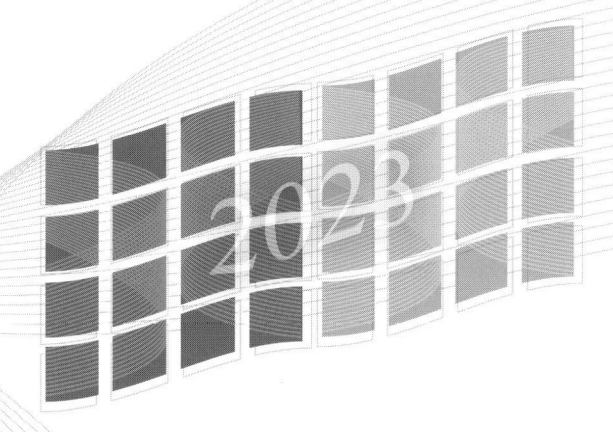

中国人民大学出版社
·北京·

中国西部大开发发展报告（2023）编委会

学术指导（以姓氏笔画为序）

史育龙　史晋川　刘卫东　刘培林　许　钧
李　实　杨开忠　肖金成　吴晓波　张军扩
张俊森　范恒山　周江洪　赵志荣　胡　铭
姚先国　黄先海　黄祖辉　谢小云　阙　阅

主　任　周谷平
副主任　董雪兵

编　委（以姓氏笔画为序）

杨奇明　张旭亮　陈志新　周谷平　敖　晶
倪　好　董雪兵　谢贵平　薛天航

序　言

　　西部陆海新通道位于我国西部地区腹地，北接丝绸之路经济带，南连 21 世纪海上丝绸之路，协同衔接长江经济带，在我国区域协调发展格局中具有重要战略地位。建设西部陆海新通道是以习近平同志为核心的党中央为优化区域开放布局、科学谋划新一轮西部大开发做出的重大战略部署。为深入贯彻落实党中央、国务院决策部署，2019 年 8 月和 2021 年 8 月，国家发展改革委先后印发《西部陆海新通道总体规划》和《"十四五"推进西部陆海新通道高质量建设实施方案》，从交通、物流、商贸、产业、经济深度融合等多方面推进西部陆海新通道建设。目前，西部陆海新通道发展态势良好，显示出强大竞争优势，已成为中国西部地区货物出海出边的主通道和《区域全面经济伙伴关系协定》（RCEP）框架下连接中国与东盟地区最快速、最便捷的通道。

　　加快构建新发展格局是以习近平同志为核心的党中央立足实现第二个百年奋斗目标、统筹发展和安全做出的战略决策，是把握未来发展主动权的战略部署。西部陆海新通道建设在构建新发展格局、统筹发展和安全中具有重要战略地位，可以优化我国对外开放空间结构，推动西部地区加快融入国内大循环和国际大循环，有利于促进东西互动与产业协作，拓展国家战略回旋空间，增强西部地区战略担当；有利于实现以新通道为载体的国际区域伙伴关系重塑，促进新地缘政治格局下的关键战略资源统筹。

　　2006 年 10 月，国家发展改革委和浙江大学共建浙江大学中国西部发展研究院，致力打造聚焦西部地区发展的专门性研究机构。自 2012 年起，浙江大学中国西部发展研究院承担了"教育部哲学社会科学系列发展报告"项目中的《中国西部大开发发展报告》编撰工作，每个年度围绕一个主题编撰出版。此前，各年度报告主题先后为西部大开发综合问题、西部地区生态文明建设、西部地区能源问题、"一带一路"建设与西部大开发、西部地区全面建设小康社会、西部教育、西部创新发展、西部文化、西部地区农业农村和西部地区城镇化建设等，权威性、学术性、战略性并重，科学、全面、系统地解读西部大开发发展状况、态势与未来走向以及国家政策等，具有较高的理论价值与实践价值。虽然教育部自2019年起暂停资助系列发展报告项目，但西部院自筹经费，坚持打造该品牌，时至今日，这项研究工作已经持续12年。经过十多年的编撰出版发布，本报告现已成为西部研究领域具有重要品牌影响的智库报告，也成为以西部院为主要依托的国家高端智库建设试点单位——浙江大学区域协调发展研究中心的标志性成果，具有良好的学术影响力、政策影响力和社会影响力。

《中国西部大开发发展报告（2023）》秉承浙江大学中国西部发展研究院一贯坚持的东西互动、内外联动、开放发展基本理念，紧紧围绕"高水平共建西部陆海新通道"主题，在深入分析我国现阶段发展形势及主要问题的基础上，以构建新发展格局为理论视角，以"高水平开放、高质量发展、高水平安全"为核心理念，以物流贸易、产业科技、数字治理、能源供应、文化认同为建设重点，对新发展格局下高水平共建西部陆海新通道进行了深入研究，进而提出相应的政策举措，具有较高的决策参考价值。

随着西部陆海新通道融合开放发展新局面的形成，以及RCEP落地生效，西部地区开放将向更高层次、更广阔领域拓展，有利于紧密衔接中国-东盟命运共同体，构筑起一条陆海内外联动的经济走廊，推动西部大开发形成新格局。愿西部地区在西部陆海新通道建设进程中，紧紧抓住机遇，适应新发展格局要求，进一步扩大沿边及内陆地区开放，在区域协调发展中发挥更大作用，在更广范围、更高层次上实现高质量发展与高水平安全协同并行，成为推动形成国内国际双循环相互促进的新发展格局的重要窗口，成为创建内陆与沿边、中国与周边国家共商共建共享共赢新格局重要抓手，成为助力兴边富民、构建安全发展新典范。

（中国人力资源开发研究会会长，
国家发展改革委社会发展司原司长）

目　录

总　论 ……………………………………………………………………… 1
　　一、高水平共建西部陆海新通道所面临的国内国际形势 …………… 2
　　二、本报告的独特视角及可能价值 …………………………………… 6
　　三、本报告的总体框架和研究重点 …………………………………… 8
　　四、新发展格局下高水平共建西部陆海新通道的关键问题及重点措施 … 14

第一章　高水平共建西部物流贸易大通道 ……………………………… 35
　　一、西部物流贸易大通道发展现状与成效 …………………………… 37
　　二、西部物流贸易大通道发展问题与短板 …………………………… 62
　　三、高水平共建西部物流贸易大通道的对策建议 …………………… 73

第二章　高水平共建西部产业科技大通道 ……………………………… 80
　　一、西部产业科技大通道发展现状与成效 …………………………… 82
　　二、西部产业科技大通道发展机遇与挑战 …………………………… 97
　　三、国际区域产业科技发展的经验借鉴 ……………………………… 111
　　四、高水平共建西部产业科技大通道的对策建议 …………………… 116

第三章　高水平共建西部数字治理与政府间协作大通道 ……………… 123
　　一、我国参与"一带一路"全球数字治理现状 ……………………… 125
　　二、西部陆海新通道高水平数字治理面临的挑战 …………………… 130
　　三、高水平共建西部数字治理与政府间协作大通道对策建议 ……… 133

第四章　高水平共建西部能源安全保障大通道 ················· 153
　一、西部能源安全保障大通道建设的战略规划 ················· 155
　二、西部能源安全保障大通道建设的基础、成就与经验 ········· 162
　三、高水平共建西部能源安全保障大通道的机遇与挑战 ········· 173
　四、高水平共建西部能源安全保障大通道的思路与对策 ········· 179

第五章　高水平共建西部人文交流与民心相通大通道 ············· 191
　一、高水平共建西部人文交流与民心相通大通道的内涵与现实意义 ······ 194
　二、西部人文交流与民心相通大通道的发展现状与成效 ········· 198
　三、西部人文交流与民心相通大通道建设的发展机遇与挑战 ····· 207
　四、高水平共建西部人文交流与民心相通大通道的思路与对策 ··· 216

后　记 ··· 222

总　论

西部陆海新通道位于我国西部地区腹地，北接丝绸之路经济带，南连 21 世纪海上丝绸之路，协同衔接长江经济带，在我国区域协调发展格局中具有重要战略地位。建设西部陆海新通道是以习近平同志为核心的党中央为优化区域开放布局、科学谋划新一轮西部大开发做出的重大决策部署，是"一带一路"倡议下中国推进陆海双向全面开放和区域协调发展的又一创举，其本质是一种"开放型通道经济发展模式"。通过通道经济发展促进通道对内开放及区域经济融合发展、加强通道对外开放及国际合作是西部陆海新通道发展的战略导向（余川江等，2022）。

自《西部陆海新通道总体规划》实施以来，西部陆海新通道建设保持强劲增长态势，显示出强大竞争优势和良好发展前景。然而，西部陆海新通道发展仍存在铁路等基础设施短板、港口设施和服务能力不足、通道物流体系不完善、运行效率和规模效益偏低、数字化绿色化水平不高、通道与产业贸易等融合不足等诸多问题。如何在加快补齐基础设施短板的基础上，全面提升运行效率效益，进一步推动陆海双向开放，支撑区域经济高质量发展，推进西部大开发形成新格局，是高水平共建西部陆海新通道必须解决的问题。

此外，伴随中美博弈及大国地缘竞争加剧，西部陆海新通道建设在国家安全中的战略地位更加凸显。在新发展格局下，如何在开放型通道经济发展的基础上，通过通道对内开放及区域经济融合发展，促进东西互动与产业协作，拓展国家战略回旋空间，增强西部地区战略担当？如何通过通道对外开放及国际合作，实现以新通道为载体的国际区域伙伴关系重塑，促进新地缘政治格局下的关键战略资源统筹？这些都是新形势下高水平共建西部陆海新通道亟待解决的问题。

加快构建新发展格局是以习近平同志为核心的党中央立足实现第二个百年奋

斗目标、统筹发展和安全做出的战略决策，是把握未来发展主动权的战略部署。只有加快构建新发展格局，才能夯实我国经济发展的根基、增强发展的安全性稳定性，才能在各种可以预见和难以预见的狂风暴雨、惊涛骇浪中增强我国的生存力、竞争力、发展力、持续力，确保中华民族伟大复兴进程不被迟滞甚至中断，胜利实现全面建成社会主义现代化强国目标①。当前，我国面临的国际安全和周边安全形势日趋严峻和复杂，需要做好长时间应对外部环境变化的思想准备和工作准备。现有实践主要以"高水平开放、高质量发展"为基本理念与标准推进西部陆海新通道建设，本报告在此基础上又提出"高水平安全"理念与标准，以构建新发展格局为理论视角，以"高水平开放、高质量发展、高水平安全"为核心理念，以物流贸易、产业科技、数字治理、能源供应、文化认同为建设重点，建立健全东西互动、南北协作、全域联动、立体高效的国家安全防护合作体系和区域高质量发展协同机制，将西部陆海新通道建设成为高水平复合型西部陆海新通道。

一、高水平共建西部陆海新通道所面临的国内国际形势

西部陆海新通道是在中新互联互通项目框架下发展起来的推进西部大开发形成新格局的战略通道，是纵贯我国西南地区、联系中国-中南半岛等国际经济走廊、有机衔接丝绸之路经济带和21世纪海上丝绸之路的陆海联动通道，是带动东盟及相关国家和地区协商共建发展、支撑西部地区参与国际经济合作的陆海贸易通道，是具有交通支撑引领作用，以"全链条、大平台、新业态"为指引促进交通、物流、经济深度融合的综合运输通道。根据《西部陆海新通道总体规划》，西部陆海新通道空间布局及主要范围如下：

一是主通道。建设自重庆经贵阳、南宁至北部湾出海口（北部湾港、洋浦港），自重庆经怀化、柳州至北部湾出海口，以及自成都经泸州（宜宾）、百色至北部湾出海口三条通路，共同形成西部陆海新通道的主通道。

二是重要枢纽。着力打造国际性综合交通枢纽，充分发挥重庆位于"一带一路"和长江经济带交汇点的区位优势，建设通道物流和运营组织中心；发挥成都国家重要商贸物流中心作用，增强对通道发展的引领带动作用。建设广西北部湾国际门户港，发挥海南洋浦的区域国际集装箱枢纽港作用，提升通道出海口功能。

---

① 《求是》杂志发表习近平总书记重要文章：加快构建新发展格局 把握未来发展主动权［N］. 人民日报，2023－04－16（1）.

三是核心覆盖区。围绕主通道完善西南地区综合交通运输网络，密切贵阳、南宁、昆明、遵义、柳州等西南地区重要节点城市和物流枢纽与主通道的联系，依托内陆开放型经济试验区、国家级新区、自由贸易试验区和重要口岸等，创新通道运行组织模式，提高通道整体效率和效益，有力支撑西南地区经济社会高质量发展。

四是辐射延展带。强化主通道与西北地区综合运输通道的衔接，联通兰州、西宁、乌鲁木齐、西安、银川等西北重要城市。结合西北地区禀赋和特点，充分发挥铁路长距离运输优势，协调优化运输组织，加强西部陆海新通道与丝绸之路经济带的衔接，提升通道对西北地区的辐射联动作用，有力促进西部地区开发开放。同时，注重发挥西南地区传统出海口湛江港的作用，加强通道与长江经济带的衔接。

从概念形成看，"西部陆海新通道"这一概念是从"中新项目"到"南向通道"，再到"国际陆海新通道"，最后到"西部陆海新通道"逐步演变而来的：2017年2月，"南向通道"概念在中新互联互通示范项目联合协调理事会会议上被首次提出；2017年8月，重庆、广西、贵州、甘肃4省份签署"南向通道"框架协议，奠定了区域协作共建基础；2018年11月，中国与新加坡签署"国际陆海贸易新通道"谅解备忘录，"南向通道"正式更名为"国际陆海新通道"；2019年8月，国家发展改革委发布《西部陆海新通道总体规划》，由此"西部陆海新通道"正式上升为国家战略。从战略定位看，"西部陆海新通道"概念的演变反映了这一国际贸易物流新通道的战略定位不断升级：国内范畴从重庆等西南少数省份的孤点式开放拓展为整个西部的全面开放和区域协同；国际范畴从中国-新加坡两国经贸合作拓展到中国-东盟经贸合作。从战略目标看，"西部陆海新通道"的本质是对内形成西部开放发展聚合轴、对外促进中国-东盟区域一体化乃至衔接"一带一路"；在新发展格局下，如何在现有实践基础上加大"西部陆海新通道"理论创新，进一步厘清"高水平"共建西部陆海新通道概念的内涵、外延及基本理念，通过"促进通道与区域经济融合发展"和"加强通道对外开放及国际合作"，形成协同开放的区域经济开放发展格局，以及健康和谐的国际分工与经贸关系，既是西部陆海新通道战略目标实现的本质要求（余川江等，2022），也是高水平共建西部陆海新通道亟待研究解决的问题。当前，世界之变、时代之变、历史之变正以前所未有的方式展开，百年未有之大变局加速演进，大国竞争呈现新态势，中国崛起处于新阶段，国家安全面临新形势，西部大开发形成新格局，这些国内国际形势都给高水平共建西部陆海新通道带来了前所未有的机遇与挑战。

(一) 大国竞争新态势

2010年，中国经济总量正式超越日本，成为世界第二大经济体，改变了持续42年的"美国第一、日本第二"的世界经济格局，并取代了美国保持了110多年的制造业大国地位。自美国成为世界头号经济大国后，日本、苏联等第二经济大国崛起时，都曾受到遏制。对于中国的崛起，美国也势必加以遏制（王宏广等，2018）。2017年末至2018年初，特朗普政府相继出台《美国国家安全战略》《2018美国国防战略报告》《核态势评估》等战略文件，宣告"世界重回大国竞争时代"，并将中国列在俄罗斯之前，作为首要、全面、全球性的战略竞争对手。2022年10月白宫正式发布新版《美国国家安全战略》报告，声称中国是唯一一个既有意图又有能力重塑国际秩序的竞争者，并对美国构成最严重的地缘政治挑战。此外，2023年5月美国正式启动印太经济框架（IPEF），以美国、韩国、日本、印度、澳大利亚、新西兰、印度尼西亚、泰国、马来西亚、菲律宾、新加坡、越南、文莱等13国为初始成员，意图构筑"IPEF（经济）+QUAD（战略）+AUKUS（军事）"三位一体的印太"战略包围圈"，在国际上孤立、削弱和分化中国。新发展格局下，如何通过西部地区开放发展以及中国-东盟区域一体化，突破美国主导的印太"战略包围圈"，进一步拓展我国生存发展空间及大国竞争的战略回旋空间，也是高水平共建西部陆海新通道必须研究解决的问题。

(二) 中国崛起新阶段

纵观世界历史，大国崛起主要有四种典型模式：一是18世纪后期英国以强力开拓边缘国市场而崛起的"边缘型"模式，最终因侵害边缘国产业利益而使自身霸权地位摇摇欲坠；二是19世纪末期德国通过抢占霸权国市场而崛起的"替代型"模式，最终推动英德从经济竞争升级到军事竞争并引发第一次世界大战；三是20世纪后期日本通过嵌入霸权国市场而崛起的"嵌入型"模式，其崛起进程因侵害到美国产业利益，最终被美国所阻断；四是19世纪末美国依靠庞大的国内市场而崛起的"内源型"模式，通过国内市场塑造与他国间强大的经济联系，使得美国以最小的阻力稳步崛起，进而撬动边缘国市场并顺利开拓全球市场（黄琪轩等，2016）。

2017年以来，为了遏制中国崛起，美国通过政治上围堵、军事上遏制、经济上拖垮、安全上防范、科技上压倒等手段全面围堵中国，孤立、削弱和分化中国。如何借鉴历史上大国崛起的经验与教训，充分利用全国统一大市场优势及与东盟各国的强大经济联系，尽可能减小崛起阻力，探索符合自身特点的大国崛起之路，助力和平崛起，也是高水平共建西部陆海新通道亟待研究解决的问题。

(三) 国家安全新形势

21世纪以来，随着经济全球化及区域经济一体化的迅猛发展，国家安全逐渐成为各国所面临的共同问题：贸易的全球化加剧了全球产业竞争，使各国传统民族产业必须直面国际市场的冲击；生产与金融的全球化形成了美西方主导的国际分工格局，导致各国内部分工模式、产业链条及创新生态环境发生了革命性的变化。这种变化，使各国不仅丧失了经济发展中的正常产业与创新生态，甚至还丧失了对一些事关国计民生的战略资源、重大产业和核心技术的控制权，成为制约经济发展与国家安全稳定的核心问题（曹秋菊，2007）。

党的十八大以来，中国特色社会主义进入新时代，我国国家安全形势发生深刻复杂变化，习近平总书记准确把握国家安全形势变化的新特点新趋势，创造性提出总体国家安全观。总体国家安全观系统集成了建党百年来国家安全思想创新，深刻总结了古今中外维护国家安全的理论与实践，既回答了中华民族伟大复兴关键阶段面临的特殊安全问题，又回答了大国发展进程中面临的共性安全问题，实现了对传统国家安全理念的重大突破。在中美博弈及地缘竞争加剧等严峻复杂的形势下，如何在总体国家安全观指导下，利用西部陆海新通道建设破解实现国家现代化及大国崛起进程中所面临的国家安全难题，也是高水平共建西部陆海新通道亟待研究解决的问题。

（四）西部大开发新格局

2000年1月，国务院成立西部地区开发领导小组，随即召开西部地区开发会议，研究部署实施西部大开发战略。国家西部大开发战略的深入实施，有力促进了西部地区经济社会发展，为西部陆海新通道建设奠定了坚实基础，同时也拓展了国家发展的战略回旋空间。然而，从高质量发展来看，西部地区发展不平衡不充分问题依然突出，巩固脱贫攻坚任务依然艰巨，与东部地区发展差距依然较大，维护民族团结、社会稳定、国家安全任务依然繁重，仍然是全面建成小康社会、实现社会主义现代化的短板和薄弱环节。2020年5月印发的《中共中央 国务院关于新时代推进西部大开发形成新格局的指导意见》，标志着西部大开发战略迈入新阶段，西部地区也将开启新时期高质量发展的新局面。此外，西部地区一直是我国国防安全大后方，在三线建设之后，形成了完备的国防工业、国防工程体系。如何通过高水平共建西部陆海新通道，在推动西部地区高质量发展的同时，借力东南沿海发达的民用产业科技资源，激活国防科技与军工产业资源，推动军民深度融合发展，巩固国防安全大后方，拓展国家安全战略纵深，也是新时代西部大开发亟待研究解决的问题。

从高水平开放来看，虽然中国的国际化发展为西部地区开放发展创造了条件，也为西部陆海新通道提供了真正"出海"的条件，但相对东部地区而言，西部地区对外开放相对落后，究其原因，是西部地区深处内陆，地形复杂险峻，交通不便，缺乏一条纵贯南北的大通道（侯政等，2021）。

此外，从高水平安全来看，我国经济重心所在的东南沿海缺乏防御纵深，面对美国双层岛链的围堵及"印太战略"的遏制，存在诸多安全隐患，一旦发生局部战争冲突，将严重影响中国崛起及现代化进程。在新发展格局下，如何通过西部地区开放发展，特别是高水平共建西部陆海新通道，形成突破美西方围堵与遏制的战略出口，也是亟待研究解决的重大问题。

二、本报告的独特视角及可能价值

（一）本报告的独特视角

在总结分析高水平共建西部陆海新通道所面临的大国竞争、中国崛起、国家安全、西部大开发等方面的新形势与新问题的基础上，本报告重点从以下视角开展研究。

1. 国家安全视角

现有西部大开发及陆海新通道建设的代表性成果大都在西部地区开放发展及高质量发展的背景下展开研究。然而，在大国竞争与中国崛起的背景下，高水平共建西部陆海新通道不能仅仅考虑西部地区开放与发展问题，必然也要考虑西部陆海新通道建设在国家安全中的战略地位问题，必然要成为提升国家安全能力与安全水平的有效载体。唯有如此，才能通过通道对内开放及区域经济融合发展，促进东西互动与产业协作，拓展国家战略回旋空间，增强西部地区战略担当；唯有如此，才能通过通道对外开放及国际合作，实现以新通道为载体的国际区域伙伴关系重塑，促进新地缘政治格局下的关键战略资源统筹。

2. 复合型通道视角

现有西部陆海新通道研究多局限于"双向通道""物流通道"等传统概念范畴，从铁路等基础设施建设、港口设施和服务能力提升、通道物流体系完善、通道运行效率和规模效益提升等物流运输功能与目标的角度展开研究，对陆海新通道缺乏整体性思考和系统性理论解释。然而，西部陆海新通道不只是"物流通道"，更是一种复合型通道、一种开放型经济体系，必须考虑通道与产业贸易融合、能源资源战略物资安全保障、数字化绿色化等诸多问题（孙金秀，2022）。唯有如此，才能进一步推动陆海双向开放，支撑区域经济高质量发展，推进西部大开发形成新格局；唯有如此，才能使西部陆海新通道成为保障国民经济循环的大动脉以及产业链、供应链安全稳定的基石，推动形成国内国际双循环相互促进的新发展格局。

（二）本报告的可能价值

本课题拟以新发展格局为理论视角，综合运用物流贸易、产业科技、数字治理、能源供应、文化认同等现有理论成果，深入研究如何在新发展格局下开放型通道经济发展的基础上，共建以"高水平开放、高质量发展、高水平安全"为核心的复合型西部陆海新通道，在中美博弈及大国地缘竞争加剧的形势下提升国家安全能力与安全水平，破解实现国家现代化及大国崛起进程中所面临的国家安全与高质量发展困境，具有独特的学术价值与重大的应用价值。

第一，共建以"高水平开放、高质量发展、高水平安全"为核心的高水平复合型陆海新通道，可以巩固西部国防安全大后方，建设更高水平的平安中国，以新安全格局保障新发展格局。

党的二十大报告指出，国家安全是民族复兴的根基，社会稳定是国家强盛的前提。必须坚定不移贯彻总体国家安全观，把维护国家安全贯穿党和国家工作各方面全过程，确保国家安全和社会稳定。西部地区一直是我国国防安全大后方。共建以国家安全为核心的高水平复合型陆海新通道，可以通过通道对内开放及区域经济融合发展，建设一个安定、繁荣、和谐的西部战略后方，有效提升国家层面的生存安全水平；可以借力东南沿海发达的民用产业科技资源，激活西部国防科技与军工产业资源，推动军民深度融合发展，巩固西部国防安全大后方，有效提升国防军事安全能力与水平；可以增强西部地区的国家安全战略担当，更好应对国家未来发展所面临的严峻的国际形势和巨大的风险挑战；可以居安思危、未雨绸缪，为应对全面建设现代化国家进程中的重大考验做好准备。

第二，共建以"高水平开放、高质量发展、高水平安全"为核心的高水平复合型陆海新通道，可以优化重大生产力布局，在推动西部地区高质量发展的同时，缓解东南沿海安全风险压力，拓展国家安全战略纵深。

从地理空间上看，东部地区是目前我国发展重心所在，我国政治中心、经济中心多分布于华北、华东、华南等东部沿海地区；京津冀、长三角、珠三角等重点城市群，也都分布于东部沿海地区。然而，从国防安全的角度审视，这也是我国致命弱点所在。由于缺乏防御纵深，东部沿海易受国外势力渗透、局部战争威胁，是国家安全脆弱区，存在诸多安全隐患（谢贵平，2022）。俄乌冲突中各方的表现，说明了发展和安全不可偏废的道理，彰显了统筹发展和安全的重要性。在中美博弈及地缘竞争加剧等复杂严峻的形势下，共建以国家安全为核心的高水平复合型陆海新通道，可以利用西部地区低成本要素优势承接东部产业转移，优化我国产业链供应链空间布局，缓解东南沿海安全风险压力；可以带动西部地区开发开放，加快构建以国内大循环为主体、国内国际双循环相互促进的新发展格局，拓展国家安全战略纵深；可以强化我国与东盟经贸合作，促进东西互动与产业协作，维护产业链供应链稳定，拓展国家战略回旋空间。

第三，共建以"高水平开放、高质量发展、高水平安全"为核心的高水平复合型陆海新通道，可以破解美西方围堵与遏制的战略困局，探索符合自身情况的大国崛起道路。

为遏制中国崛起，美国综合政治、军事、经济、安全、科技等手段全面围堵中国，联合盟友构筑"战略包围圈"竭力孤立、削弱和分化中国。共建以国家安全为核心的高水平复合型陆海新通道，可以通过中国-东盟区域一体化发展，形成健康和谐的国际分工与经贸关系，打造突破美西方集团围堵与遏制的战略出口；可以以新通道为载体重塑国际区域伙伴关系，拓展我国生存发展空间，促进新地缘政治格局下关键战略资源统筹；可以在中美竞争态势不断加剧的形势下，拓展大国竞争的战略回旋空间，有效应对被"挤出"美国主导的国际经济体系的风险；可以利用全国统一大市场优势及与东盟各国的强大经济联系，探索符合自身特点的大国崛起之路，尽可能减小崛起阻力，助力和平崛起。

三、本报告的总体框架和研究重点

（一）本报告探讨的核心问题

如前所述，随着经济全球化及区域经济一体化的迅猛发展，国家安全逐渐成为各国所面临的共同问题：现有以美西方发达国家为主导的国际分工格局，使各国的正常产业与创新生态遭到破坏，甚至丧失了对一些事关国计民生的战略资源、重大产业和核心技术的控制权，成为制约经济发展与国家安全稳定的核心问题。此外，为遏制中国的崛起，美国综合政治、军事、经济、安全、科技等手段全面围堵中国，联合盟友竭力孤立、削弱和分化中国，导致威胁生存与国家安全的各种风险和挑战不断显现。

国家安全是民族复兴的根基，如何根据党的二十大精神指引，坚定不移贯彻总体国家安全观，把维护国家安全贯穿西部陆海新通道建设各方面全过程，通过西部陆海新通道建设进一步化解美西方全面围堵、提升我国国家安全能力和安全水平，是高水平共建西部陆海新通道必须关注与考虑的关键问题。在全球化进程中，尤其是国家实行更加积极主动开放战略的形势下，如何根据经济全球化与区域经济一体化的新形势与大国地缘竞争格局的新变化，深入分析我国国家安全及区域高质量发展困境，采取有效应对措施，构筑开放经济条件下我国国家安全保障体系及区域高质量发展协同机制，也是新发展格局下高水平共建西部陆海新通道亟待研究与解决的重大课题。鉴于以上认识，本报告探讨的核心问题可概括为：在中美博弈及大国地缘竞争加剧的背景下，如何在开放型通道经济发展的基础上，通过高水平共建以"高水平开放、高质量发展、高水平安全"为核心的复合型西部陆海新通道，打造突破美西方集团围堵与遏制的战略出口，构筑开放经济条件下国家安全保障体系及区域高质量发展协同机制,解决现有国际分工格局下产业与创新生态不完整,重大产业、核心技术及战略资源控制力不强等制约民族经济高质量发展与国家安全稳定的核心问题。

该核心问题具体可分为两个方面的关键问题:一方面,在新发展格局下,如何在开放型通道经济发展的基础上,通过西部陆海新通道对内开放及区域经济融合发展,促进东西互动与产业协作,拓展国家战略回旋空间,增强西部地区战略担当。另一方面,在新发展格局下,如何通过西部陆海新通道对外开放及国际合作,实现以新通道为载体的国际区域伙伴关系重塑,促进新地缘政治格局下关键战略资源统筹。这些都是新发展格局下高水平共建西部陆海新通道亟待解决的问题。

(二)本报告的研究对象

本报告的研究对象是:共建高水平复合型西部陆海新通道,以及以此为依托而构筑的国家安全防护体系及区域高质量发展协同机制。具体而言,是在全球化进程中,尤其是国家实行更加积极主动的开放战略的形势下,根据经济全球化与区域经济一体化的新形势与大国地缘竞争格局的新变化,以新发展格局下开放型通道经济发展为载体,以"高水平开放、高质量发展、高水平安全"为核心理念,以物流贸易、产业科技、数字治理、能源供应、文化认同为建设重点,建立健全东西互动、南北协作、全域联动、立体高效的国家安全防护合作体系和区域高质量发展协同机制,将西部陆海新通道建设成为高水平复合型西部陆海新通道。

(三)本报告的主要研究内容与总体研究框架

在明确研究核心问题及研究对象的基础上,进一步明确本报告的主要研究内容、总体研究框架、各子课题的构成及内在逻辑关系(如图0-1所示),具体阐述如下。

1. 理论视角

改革开放以来,我国充分发挥东部沿海的区位优势,综合利用国内土地、劳动力、资源等要素的低成本优势,加入发达国家主导的全球价值链循环及分工体系,形成了以"低成本制造"为核心的国家竞争优势,实现了国民经济的持续繁荣与发展。然而,伴随人民币升值及国内要素成本上升,我国制造业的"低成本优势"正逐步丧失(巫强等,2010)。此外,在开放循环的全球价值链分工格局下,发达国家政府及跨国企业综合运用价格、贸易壁垒及知识转移等多种手段对我国实施"多重围堵"(梁运文等,2010)。中美新一轮贸易摩擦以及中兴、华为等系列事件表明,以美国为首的所谓"自由市场"与"自由贸易"国家可以动用一切手段、不惜一切代价围堵中国高科技产业发展,遏制"中国制造2025"及

```
                    新发展格局下高水平共建西部陆海新通道研究

核心问题 ── 以"高水平开放、高质量发展、高水平安全"为核心
              共建复合型西部陆海新通道
                        国内循环            国际循环
                    ┌─────────────────────────────────┐
理论视角 ──         │ 国内合作    新发展格局   国际合作 │
                    │ 与国内统               与国际市场 │
                    │ 一大市场                         │
                    └─────────────────────────────────┘

战略导向 ──    促进通道对内开放        加强通道对外开放
                及区域经济融合发展       及国际合作

战略目标 ──  东西部互  新发展格  新地缘政  新通道为
              动、战略  局下西部  治格局下  载体的国际
              回旋及产  地区战略  关键战略  伙伴关系
              业协同    担当      资源统筹  重塑

重点任务 ──  产业科技：数字治理：能源供应：文化认同：
              高水平共建 高水平共建数 高水平共建能 高水平共建人
              产业科技大 字治理与政府 源安全保障大 文交流与民心
              通道       间协作大通道 通道         相通大通道

             物流贸易：高水平共建物流贸易大通道
```

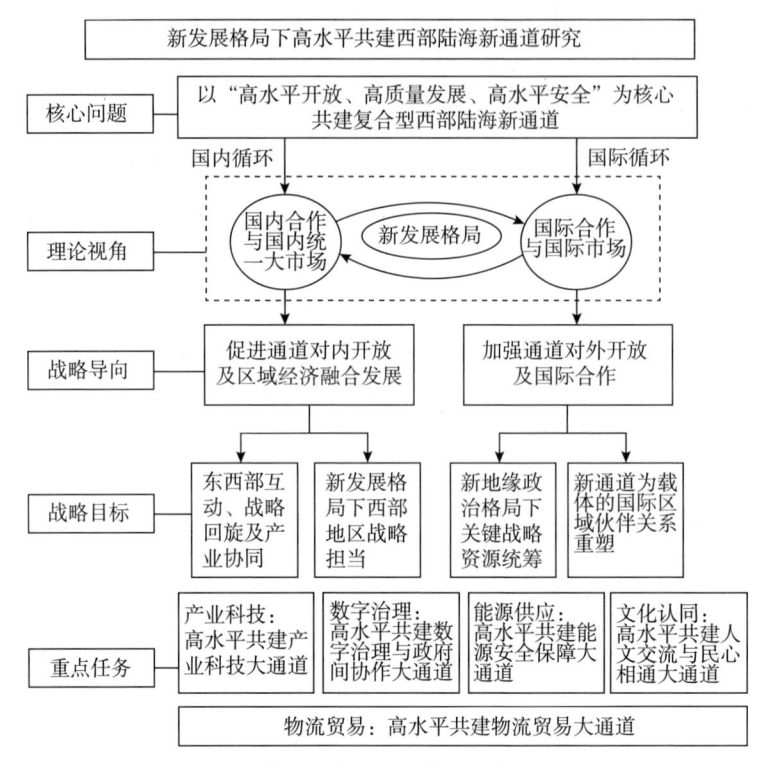

图0-1 本报告研究内容、总体研究框架及逻辑关系

我国制造业竞争优势升级（代栓平等，2018；杨虎涛等，2018）。自2019年香港修例风波到2020年全球抗疫斗争，以及贯穿近几年的中美贸易摩擦，处处表现出美国等西方反华势力寻机封锁、制裁、孤立中国的企图（朱佳木，2020）；从特朗普执政时期的中美贸易摩擦长期持续、美国技术民族主义甚嚣尘上，到拜登延续特朗普强硬对华政策——关税壁垒不降、贸易施压继续，又新增了联合盟友共同打压中国的手段（白利军，2021）。只有运用独特的理论视角，深入洞悉上述现象的深层次原因，深刻地剖析当前区域一体化与融合发展障碍，以及国家安全与高质量发展困境的本质和内在机理，才能为破解中美博弈及大国地缘竞争加剧形势下的国家安全与高质量发展困境找到有效路径与对策方法。

现有西部陆海新通道研究多局限于"双向通道""物流通道"等传统概念范畴，对陆海新通道缺乏整体性思考和系统性理论解释，无法充分显示西部陆海新通道在国家安全中的战略地位；传统点-轴理论、国际经济学等理论局限于各自孤立的解释，不能充分发挥西部陆海新通道在破解当前国家安全与高质量发展困境中的作用。本研究拟综合地缘政治学、圈层结构理论、新结构经济学、空间经

济学、全球价值链及产业生态等相关理论与分析工具，结合实地调研资料与数据，按照"枢纽—网络—经济圈"的发展思路构建理论分析框架，从"要素分割"、"结构分割"及"体制分割"等视角，对现有发达国家主导分工格局、美西方围堵制裁等造成的价值链空间分割，以及国家安全与高质量发展困境的形成过程、基本情况、主要特征与深层次原因进行深入剖析；进而运用开放型通道经济等相关理论，从机制耦合、要素相通、结构互补等视角，对新发展格局下通过西部陆海新通道建设推进国际国内合作、提升国家安全能力与水平的路径与机理进行研究。

2. 战略导向及战略目标

综合《西部陆海新通道总体规划》及现有研究，共建西部陆海新通道的战略导向可从国内循环及国际循环两个方向展开，主要包括促进通道对内开放及区域经济融合发展和加强通道对外开放及国际合作（余川江等，2022）两个方面。

（1）国内循环：促进通道对内开放及区域经济融合发展。

从国内空间与国内循环视角看，以开放型通道经济发展为基础，促进通道对内开放与区域经济融合发展，可以通过西部陆海新通道建设将西部内陆开放发展聚合轴串联起来，使西部陆海新通道成为西部地区长度最短、时效最高的便捷出海通道，使西部整体对外开放的区位前移，从根本上改变西部长期所处的对外开放劣势地位，促进部分产业从东部沿海向内陆腹地转移，有利于促进东西互动与产业协作，拓展国家战略回旋空间；同时，西部陆海新通道又是西部地区第一条贯穿南北的大通道，有利于打破区域分割，连接西南与西北，激活西部资源要素的跨区域聚合，有利于带动西部地区全面开放与协调发展，提升西部地区战略地位，增强西部地区战略担当。

基于此，战略导向一"促进通道对内开放及区域经济融合发展"需要实现的战略目标是：在新发展格局下，以开放型通道经济发展为基础，通过促进通道对内开放及区域经济融合发展，对内形成西部开放发展聚合轴，促进东西互动与产业协作，拓展国家战略回旋空间，增强西部地区战略担当。

（2）国际循环：加强通道对外开放及国际合作。

从国际空间与国际循环视角看，以开放型通道经济发展为基础，加强通道对外开放及国际合作，可以促进中国-东盟区域经济一体化，打开我国南向的开放新空间。西部陆海新通道南连21世纪海上丝绸之路和中南半岛，北接丝绸之路经济带，将构建起联通东盟、辐射全球的贸易和物流网络，极大地提升物流效率，从而重塑中国出海到东盟的传统路线，助推中国-东盟自贸区全面升级乃至亚欧贸易深化发展，有利于在国际区域伙伴关系重塑的基础上，促进新地缘政治格局下关键战略资源统筹。

基于此，战略导向二"加强通道对外开放及国际合作"需要实现的战略目标是：在新发展格局下，以开放型通道经济发展为基础，通过加强通道对外开放及国际合作，对外促进中国-东盟区域一体化乃至衔接"一带一路"，实现以新通道为载体的国际区域伙伴关系重塑，促进新地缘政治格局下关键战略资源统筹。

3. 重点任务及研究思路

根据经济全球化与区域经济一体化的新形势与大国地缘竞争格局的新变化，在西部陆海新通道开放型通道经济发展的基础上，以物流贸易、产业科技、数字治理、能源供应、文化认同为重点任务，建立健全东西互动、南北协作、全域联动、立体高效的国家安全防护合作体系和区域高质量发展协同机制，将西部陆海新通道建设成为以"5个高"为标准的复合型西部陆海新通道，系统性提升国家安全能力与高质量发展水平。

（1）以物流贸易为核心高水平共建西部物流贸易大通道。

西部陆海新通道首先是"物流通道"。当前，高水平共建西部物流贸易大通已经建成东、中、西三条主干道，铁路营业里程、公路里程及民用机场数量逐步增加并形成了较为完善的交通网络，铁海联运、国际铁路联运、跨境公路班车三种物流形态均已实现常态化运行。然而西部物流贸易大通道建设中也存在一些问题，主要表现在以下几个方面：在基础设施方面，通道沿线交通基础设施整体发展水平偏弱、区域分化明显；在运输方式方面，铁路、公路交通网络密度较低，高速公路占比不高；在物流产业方面，市场主体数量匮乏，行业产值较低，货运量较少；在省际协作方面，政策协调机制仍不完善，物流节点建设尚存堵点。此外，在对外贸易方面，对外贸易结构多数省份保持贸易顺差状态，进口贸易结构表现稳定，但外贸潜力有待挖掘，外贸结构有待优化。基于此，第一章的重点任务是：从跨国协作、交通物流、国内协调等三个方面对以物流贸易为核心高水平共建西部物流贸易大通道进行研究并提出相应的对策建议。具体来说：一是加强跨国协作，促进对外贸易；二是提高物流水平，畅通交通运输；三是完善协调机制，发展服务平台。

（2）以产业科技为核心高水平共建西部产业科技大通道。

高水平共建产业科技大通道，有助于推动西部陆海新通道的科技创新和产业升级，提升通道沿线城市经济社会发展水平和可持续性；同时也有利于促进国际产业协作和联合创新，增强国际竞争力，助力产业科技安全。当前，高水平共建西部产业科技大通道在经济基础、产业结构、科技创新、优势产业、市场主体、创新发展、创新平台等方面已经具备较好的基础与条件，但也存在以下问题：在规划布局方面，产业发展缺乏总体规划，产业备份功能有待强化；在产业结构方面，区域产业同构严重，跨区域产业分工协作难度较大；在产业互动方面，城市间互投能力显著分化，行业间互投比例明显失衡；在投资活力方面，投资金额落后于长三角、珠三角，互投行业集中于个别行业，与外部互投活力不足；在市场主体方面，通道内部发展不平衡，区域整体发展较落后；在科技资源投入方面，基础研究投入总量不足，研究与试验发展（R&D）经费投入结构不合理；在人才集聚方面，高端人才数量短缺，高等学校数量不足且分布不均。基于此，第二章的重点任务是：从完善物流基础设施、强化产业科技安全、明确区域功能定位、优化战略规划布局、培育优质市场主体、加大人才招引力度、强化产业分工协作、紧抓数字经济红利等八个方面研究并提出相应的对策建议。具体包括：一是完善物流基础设施，夯实高质量发展根基；二是强化产业科技安全，打造重要产业链备份基地；三是明确区域功能定位，推动产业科技协同发展；四是优化战略规划布局，畅通东中部产业转移路径；五是培育优质市场主体，增强产业科技发展动能；六是加大人才招引力度，赋能通道产业跨越式发展；七是强化产业分工协作，推动区域一体化融合发展；八是紧抓数字经济红利，发展新产业新业态新模式。

（3）以数字治理为核心高水平共建西部数字治理与政府间协作大通道。

当前，全面深化数字治理及政府间协作已成为国际发展共识，我国数字经济红利正转化为"一带一路"发展动力。然而，在美"印太战略"框架下，我国海上和数字丝绸之路建设受到遏制，如何发挥西部陆海新通道在数字丝路建设中的新担当，是亟待研究的重大问题；此外，中欧班列和自贸区的建设使西部地区逐渐成为对外开放的前沿地带，在数据跨境自由流动、隐私保护、市场准入、知识产权保护、争端解决机制等方面仍然存在数字治理安全隐患，如何充分发挥全球数字治理在政府间协作及国内国际合作中的作用，也是亟待解决的问题。基于此，第三章的重点任务是：探讨如何通过高水平共建西部陆海新通道，充分发挥西部陆海新通道承接数字经济红利、保障数字治理安全、推进政府间协作的新载体、新高地、新窗口作用。具体包括三个方面的对策：一是通过建立西部陆海新通道数字安全理论、数字安全评价体系、数字安全治理路径来建立西部陆海新通道数字安全体系；二是建立西部陆海新通道从一元到多元的政府间协作路径；三是通过加快西部陆海新通道数字经济发展、加强西部陆海新通道数字政务建设、放大西部陆海新通道数字化发展效应来建立西部陆海新通道数字治理路径。

（4）以能源供应为核心高水平共建西部能源安全保障大通道。

能源供应对于保障我国能源安全、推动实现高质量发展与高水平安全具有重要战略意义。20世纪90年代末，我国开启了以"西气东输"与"西电东送"为主的西部能源安全保障大通道建设进程，为西部能源安全保障大通道建设奠定了坚实的政治基础、设施基础、制度基础、技术基础。当前，随着国际政治经济格局及国内发展形势的变化，高水平共建西部能源安全保障大通道面临着前所未有的机遇，但也在省际利益协调、域外大国干预、周边政治稳定、恐怖主义隐患等方面遇到了诸多问题与挑战。基于此，第四章的重点任务是：从建设思路、政策保障、规划制定、建设路径等方面研究并提出相应的思路和对策。具体而言包括三个方面：一是从紧扣国家战略，确定总体方向，以及立足发展现实，制定相关政策等方面进一步明确建设思路；二是从广西北部湾国际门户港建设，发挥南宁市共建"一带一路"的枢纽以及重要节点作用，成渝地区能源通道建设，重庆经贵阳、南宁至北部湾出海口的能源通道建设等方面进一步制定规划、完善西部能源安全保障大通道战略构想；三是从加强制度建设、充分发挥多元行为体各自的优势、提升能源安全通道建设能力等方面进一步明确建设路径。

（5）以文化认同为核心高水平共建西部人文交流与民心相通大通道。

人文交流与民心相通在西部陆海新通道建设中可以增进中国与东盟民众之间的相互了解，塑造并传播中国良好的国家形象，助力推动落实"全球文明倡议"。虽然中国与东南亚国家人文交流与民心相通具有地缘、族缘、人缘、文缘、商缘方面的优势，但也受到战略互信、领土争端、政局动荡、投资保护、大国干预、宗教问题、旅游交往等因素影响并面临诸多挑战。如何以共建西部陆海新通道为载体，推进中国同周边东南亚国家文化交流与民心相通，是高水平共建西部陆海新通道必须解决的一个重大问题。基于此，第五章的重点任务是：以高水平共建西部陆海新通道为载体，深入分析文化认同与全球化背景下的中国与东南亚文化交流，探讨如何充分发挥中国与东南亚国家间天然的地缘优势，推进中国与周边东南亚国家的文化交流、民心相通，进而推进中国与周边东南亚国家的命运共同体建设。具体而言包括四个方面的思路与对策：一是构建起"政策—制度—文化"三位一体的路径；二是探索文化"走出去"的新模式与新路径；三是充分发挥云南、广西等省份在人文交流方面的独特作用；四是创新传播方式与传播渠道。

四、新发展格局下高水平共建西部陆海新通道的关键问题及重点措施

（一）物流贸易：高水平共建西部物流贸易大通道

高水平共建西部物流贸易大通道有利于构筑我国对外开放新格局，有效联通中亚和东盟市场，使中越和中欧班列实现无缝对接，为我国提供与东盟距离最短、成本最低、时间最省、效率最高的国际贸易大通道，也为西部地区和海外市场的开放交流合作提供更广阔的空间。

当前，高水平共建西部物流贸易大通道已经具备较好的发展基础：从物流形

态看，东、中、西三条主干道以及铁海联运、国际铁路联运、跨境公路班车三种物流形态均已实现常态化运行；从制度框架看，沿线各地正在加快优化物流贸易政策体系，《区域全面经济伙伴关系协定》（RCEP）的正式签署为高水平共建西部物流贸易大通道奠定了较好的制度框架；从交通网络看，铁路营业里程、公路里程及民用机场数量逐步增加并形成了较为完善的交通网络；从区域协同看，沿线省份在物流通道建设、产业链配套协作、海关管理、贸易投资等方面初步建立了区域协同发展机制，国家物流枢纽已基本覆盖通道沿线省份，通道沿线交通协同体系构建正逐步开展。此外，从物流产业发展情况看，产业市场主体逐年增加，产业规模总体在扩大，人均创收也呈增加趋势。从对外贸易结构特征看，多数省份保持贸易顺差状态，出口货物以机械制造产品为主，进口货物以机械制造产品与矿产品为主；从贸易伙伴变化情况看，出口贸易伙伴结构与进口贸易伙伴结构都比较稳定。从物流运输发展情况看，港口货物吞吐量稳步上升，铁路货运量上升，省际铁路货运以货物输出为主，通道运输结构加速调整。

1. 关键问题

当前，影响西部物流贸易大通道发展的关键问题与主要短板体现在以下 5 个方面：

一是对外贸易潜力挖掘和结构优化面临挑战。随着"一带一路"建设的推进，通道沿线的对外贸易和吸引外资能力有所增长，但受限于开放资源与平台的分布不均、开放主体不足、开放成本较高以及开放环境不优等因素，通道沿线省份在国家开放布局中仍然处于劣势。尽管通道沿线省份的对外贸易总额在全国的比重有所提升，但与 GDP 所占的比重相比，其贸易规模仍然较小。此外，沿线省份的外贸依存度较低，且内部层次分化明显。新通道发展战略的实施有望扩大沿线对外贸易的发展空间，但对经济增长的促进作用还须加强。同时，通道沿线省份与东盟的经贸竞争日益激烈，外贸结构的优化势在必行。从近年通道沿线省份出口和东盟出口数据来看，通道沿线省份与东盟在部分行业出口市场上存在激烈竞争。电机、电气设备及其零件，锅炉、机器、机械器具及其零件等是双方的主要出口产品，出口结构相似，贸易互补性较差。通道沿线省份与东盟商品的进口国家和地区高度重合，如美国、中国香港、韩国、日本等。地理位置上的接壤和出口产品上的相似性使得双方在对外贸易上存在明显的竞争关系。

二是交通基础设施整体发展水平较低，地区分化明显。首先，陆路基础设施的覆盖面不够广泛。以四川省为例，仍有约三分之一的市（州）未开通高速铁路，近一半的县（市、区）未通达高速公路。云南省的铁路路网密度仅为全国平均水平的 70%，有 4 个市（州）未通铁路，8 个市（州）未通高铁，高速公路路网密度仅相当于东部发达地区的 50% 左右，仍有 19 个县未通高速公路。广西铁路复线率、电气化率低于全国平均水平，公路路网密度在全国排第 25 位，西部地区排名第 7 位，处于中下游水平。其次，水路运输的开发程度不够高。例如，云南省的航道等级总体偏低，三级航道仅占通航里程的 0.3%，港口的规模化和专业化水平较低。重庆市的嘉陵江、乌江等支流航道对干线运输的贡献率不足 10%。广西北部湾港缺乏大吨位泊位和深水航道，江海联运的水运体系尚未建立，内河枢纽过船设施的通过能力不足，阻碍航行的情况仍然存在；桂江的通航情况不佳，绣江、贺江等支线航道仍处于断航状态。再次，空中运输的能力相对不足。例如，成渝地区面临空域资源紧张、缺乏旗舰型主基地航空公司、国际航线数量较少、货邮运输功能不强等问题。云南省的通用机场数量较少。贵州省的航空物流基础设施薄弱，场地狭小，装卸设备落后，航空物流信息平台建设不完善，航空物流的运作效率较低。最后，综合交通枢纽的发展相对滞后。例如，成都双流国际机场面临空域容量限制、国际航线占比低、货邮运输功能不强等问题，中欧班列（成都）的双向运输不平衡。综合交通枢纽港站的建设滞后，枢纽集疏运体系不完善，港口重点作业区高等级公路的接入率较低。

三是铁路和公路交通网络密度普遍较低，高速公路占比不高。首先，就铁路和公路交通而言，尽管西部陆海新通道各省份在铁路营业里程和公路里程的总量上与东部发达地区相比较并不算落后，但总体来看，通道总体铁路密度大约为 89.61 公里/万平方公里，公路密度约为 3 351.34 公里/万平方公里，这两个指标都远低于通道外地区的密度，表明在交通基础设施方面西部陆海新通道与东、中部地区之间存在显著差距。其次，在等级公路和高速公路的发展上，通道各省份之间存在不平衡的现象，占比也有明显的差异。与全国平均水平相比，通道总体等级公路和高速公路的占比分别为 93.69% 和 3.08%，均低于全国平均水平（分别为 95.86% 和 3.20%），表明通道沿线省份在高速公路建设方面还有待加强。

四是物流行业市场主体数量较少，产值不高且货运量不大。首先，物流行业市场主体数量较少，发展活力有待增强。通道沿线省份的物流行业主体数量明显低于全国平均水平，只有四川省略高于全国平均值。过去十年中，西部陆海新通道的市场主体增长乏力，平均每年新增的行业主体数量未能达到全国平均水平，且差距逐年扩大，2021 年起才开始缩小。其次，行业产值和人均产出偏低，多数省份未达到全国平均水平。在行业产值方面，除了四川省外，其他沿线省份都低于全国平均水平。2022 年，海南、甘肃、西藏、青海、宁夏等五个省份的行业产值不足 500 亿元，其中西藏甚至不到 100 亿元，在全国排名末尾。在人均产值方面，也只有内蒙古、贵州、云南三省份高于全国平均水平，其他省份均低于全国平均值，西藏依然是最低的省份。最后，沿线地区的货运量和周转量较少。在货运量方面，只有内蒙古、广西和四川三省份的货运量超过了全国平均水平，其他沿线省份均低于全国平均值，其中西藏的货运量最少。在货物周转量方面，通道内的货物周转量不足，周转量占比明显低于货运量占比。仅有海南省的货物周转量明显高于全国平均水平，而西藏、青海和宁夏的货物周转量低于1 000亿吨公里。

五是省际政策协调机制有待完善，物流节点建设尚存堵点。首先，政策协调机制仍有欠缺。新通道建设兼具自上而下与自下而上的特点，既需要市场化机制，又需要政府政策支持，需要在更高的层面上形成宽领域、深层次、多形式的区域合作局面，但因涉及多个省份、多个部门，所以无论是省际合作还是省内不同部门的协作，都面临着一定的困难。其次，物流节点建设仍存堵点。作为物流体系的核心基础设施，国家物流枢纽具备辐射区域广、集聚效应强、服务功能优、运行效率高的特点，在区域物流协作上发挥着关键节点的作用。然而，在整体经济发展水平落后的背景下，因物流枢纽分布不均衡、节点建设恶性竞争、供应链保障能力不足等原因，西部区域间物流节点发展滞后，协作能力受限，势必会制约通道物流贸易健康发展。

2. 重点措施

针对上述问题，本报告提出以下重点措施：

一是加强跨国协作，促进对外贸易。首先，推进双多边贸易发展。积极倡导和推动区域自由贸易协定的谈判和签署，进一步降低贸易壁垒和关税，提高贸易自由化水平。加强政治和经济沟通，积极构建平等、互惠、稳定和有利的贸易关系，扩大共识、增强互信、增加贸易机会。改进跨国投资政策，进一步鼓励企业开拓国际市场，提供适当的投资保护措施和优惠政策，推动贸易投资自由化和便利化。其次，建立司法合作机制。通过与国际司法机构之间的合作，增加贸易保障，提升贸易信用。支持和发展国际商事仲裁和调解机制，降低贸易风险和不确定性。保护企业的知识产权，加大跨国贸易知识产权侵权行为打击力度。再次，扩大跨国金融交流。加强各国之间的金融关系建设，提供跨国贸易融资和风险管理服务；建立和完善跨境金融平台，促进金融创新和跨境金融业务发展。加强反洗钱和反恐怖融资工作，维护贸易秩序和金融稳定。最后，推动跨国运输协作。加强航空、船舶和铁路等运输运营商之间的合作，加大对运输关键技术的研发和推广，提高运输效率和服务质量，进一步保障安全，推动跨国运输协作的数字化升级。加强联合运营、智能化运营，推动交通运输方式多样化，并对各种交通运输方式进行合理规划，提高运输效率。

二是提高物流水平，畅通交通运输。首先，改善交通物流基础设施，弥补短板，优化空间分布。加快形成综合立体、陆海统筹、双向开放、多边延伸的国际物流服务体系，提升国内物流干线运行效率，畅通跨区域高质量干线物流通道网络。引导和鼓励货运配送组织模式创新，构建完善的物流运作基础设施平台。进一步加强物流基础设施的数字化建设，加快产业数字化转型，有效提升物流运行效率与质量，促进供应链效能提升。其次，加强多种运输方式的协调配合，鼓励多式联运。加快公路、铁路、航空货运场站等物流节点设施建设速度，通过优化整合，发挥物流节点的整体效能，形成集公路、铁路和航空货运于一体的物流综合运输体系。加快物流枢纽建设，推进干支仓配一体化建设，提高智慧物流信息服务水平，推进城市绿色货运配送体系建设，夯实现代物流业发展的基础支撑，形成"通道＋枢纽＋网络"三位一体的现代物流运行体系。鼓励创新运输组织模式，推进多式联运示范工程建设，探索发展钟摆式班列运输组织模式和跨境公路运输直通模式，培育空铁联运等其他多式联运，推动多式联运"一单制"改革等。最后，提高物流产业发展水平，发展特色物流、智慧物流。支持大中型物流企业规模化、集约化经营，引导具备条件的货运企业向综合物流服务转型发展。推动物流业与制造业、商贸业协同发展。推进中小物流企业信息化建设，积极拥抱高新技术，充分利用数字化红利，建立有效的企业管理机制、运行机制。围绕核心企业和资源构筑产业链，发展特色物流、智慧物流，建设物流产业集群，形成有利于产业之间协调发展、增强竞争力的产业发展机制。加快建设基础科研平台、物联网创新平台、物联网产业发展公共服务平台的步伐，构建完整的物联网产业链，推动"智慧物流"发展。

三是完善协调机制，发展服务平台。首先，完善各级各类协调机制。建立省际协商合作联席会议制度，成立国家级物流业管理机构，通过政策引导、改进管理、强化服务功能，为通道物流业的发展创造良好的宏观环境。充分发挥各省份物流与采购联合会的职能，强化物流行业协会的服务能力，形成政府、协会和企业三方合力，共同推动通道物流业的发展。深化通道沿线铁路、公路、民航、邮政、快递、货代等领域的体制改革，建立和完善物流综合管理体系。进一步规范运输、货代等行业的管理，加快仓储企业经营体制改革，打破行业垄断和地区封锁，逐步建立统一开放、竞争有序的物流服务市场。其次，发展金融、信息等中介和服务平台。推进物流公共信息平台建设，重点建设电子口岸、综合运输信息平台、物流资源交易平台和大宗商品交易平台以及面向中小企业的物流信息服务平台、金融平台。鼓励物流企业采用企业资源计划（ERP）、供应链管理（SCM）、客户关系管理（CRM）等先进的信息管理系统，全面提高企业的物流信息化管理水平。加强中介机构内部治理监管。完善内部治理、严格质量控制、防范执业风险，引导中介机构在人员调配、财务安排、业务承接、技术标准和信息化建设方面加强内部治理，建立健全公开、透明、规范的内部一体化管理体系。持续深化与相关监督部门的合作监督，建立健全信息共享机制。

（二）产业科技：高水平共建西部产业科技大通道

高水平共建产业科技大通道是西部陆海新通道沿线产业提效、创新增能和产业科技高效协同发展的共同要求，也是构建国内国际双循环相互促进的新发展格局的应有之义，有助于推动西部陆海新通道的科技创新和产业升级，提升通道沿线城市经济社会发展水平和可持续性；同时有利于促进国际产业协作和联合创新，增强国际竞争力、助力产业科技安全。

当前，高水平共建西部产业科技大通道已经具备较好的基础与条件，但也存在不少短板：从经济基础看，通道沿线主要城市经济总量占整个西部地区比重较大，增长速度高于全国平均水平，是引领西部经济发展的重要引擎。但沿线主要城市人均国内生产总值低于全国平均水平，地区间差异较大，发展不均衡问题突出；主要城市之间人口、经济差距较大，两极分化现象明显。从产业结构看，通道沿线主要城市产业结构在调整中不断优化，第三产业比重不断提升，一、二产业稳健增长；通道内上下游产业链供应链逐步完善，第三产业快速发展。各城市发展优势和资源禀赋不同，三次产业结构差异分明。从科技创新看，总体上通道内多数城市科技创新排名都较为靠后，且有下降趋势，通道城市整体上创新资源有所不足，创新能力有待提高。从优势产业看，总体上省会城市优势产业是第三产业，其他城市则第一产业、第二产业存在优势；通道沿线主要城市主导产业差异显著，产业发展形成了省会城市与周边城市优势互补的格局，有利于促进通道沿线产业结构调整与升级，但产业结构变化趋同，第一产业占比明显偏高。从市场主体看，通道沿线主要城市市场主体数量逐年增加，但增速总体呈现出回落的趋势。从创新发展看，通道R&D经费内部支出占全国比重不断上升，沿线城市投入强度增长高于全国水平，其中重庆市和成都市在R&D经费内部支出和投入强度上远高于通道沿线其他城市。R&D人员也主要集中在成、渝两市；部分城市的R&D经费内部支出较少，R&D人员配置薄弱且不稳定，研发活动较少，研发意愿也较低，难以形成较大规模的创新产业集群，不利于实现科技创新、区域产业升级。从创新成果看，通道沿线城市实用新型专利数量增幅明显，发明专利数量较少但稳定增长；成、渝两市大幅领先，区域创新格局断层明显。从创新平台看，截至2021年底，通道沿线城市获批两个国家级自主创新示范区，拥有8个国家创新型产业集群试点（培育）单位和12个国家高新区；创新产业集群数量较少且主要集中在成渝地区，区域发展不平衡不充分；尽管各城市借助自身特殊的资源禀赋发展特色产业，创新产业优势领域存在一定的差异，但城市创新产业布局具有较高的同质性，产业链上下游互补性较差，通道区域一体化水平较低，不利于各城市优势产业协同发展，也不利于形成高质量发展的区域经济布局。

1. 关键问题

随着共建"一带一路"持续推进，区域经济高质量发展条件逐渐成熟，在新发展格局下，高水平共建西部产业科技大通道面临前所未有的机遇，但也遇到了诸多问题与挑战，具体体现在以下七个方面：

一是产业发展缺乏总体规划，产业备份功能有待强化。国家发展改革委印发的《西部陆海新通道总体规划》对西部陆海新通道发展做出了详细的指导与约束，但该规划以交通物流贸易为重点建设内容，是一个纲领性的规划文件，缺乏系统的产业规划布局和调控政策措施；同时，部分地区存在各自为政的现象，亟须形成整体推进、协作联动、共建共享的产业发展格局。此外，在中美博弈及大国地缘竞争加剧的背景下，我国产业链供应链的安全问题逐步凸显。西部陆海新通道是联通我国西部地区腹地，连接沿海港口与沿边口岸，通达东盟主要国家，辐射澳新、中东及欧洲等地区的重要通道，在构建新发展格局及确保产业链供应链安全中具有重要战略地位。西部陆海新通道资源丰富，随着主通道和重要枢纽建设加快推进，发展环境不断优化，理应承担起保障我国产业科技安全的责任。目前，我国工业体系虽然枝繁但叶不茂，仍存在高端产业缺乏的问题，很多行业不得不依赖从发达国家进口。西部陆海新通道沿线工业覆盖了第二产业下的所有分类，但存在以传统产业为主、技术创新能力低下、产品缺乏竞争力等问题，亟须通过高水平建设产业科技大通道来优化我国区域重大生产力布局，强化产业备份功能。

二是区域产业同构严重，跨区域产业分工协作难度较大。通道沿线主要城市之间的产业结构趋同度总体上有所下降。但2018年和2021年，绝大多数城市间的产业结构趋同度都超过了0.85，通道产业结构趋同度处于高位。通道内较高的产业结构趋同度使得各城市无法发挥自身的资源和地理环境优势，跨区域产业分工协作的实现难度较大，上下游产业链合作的条件基础薄弱，在一定程度上抑制了通道内的科技创新与产业发展。

三是城市间互投能力显著分化，行业间互投比例明显失衡。首先，在城市间互投方面，城市间主体互投是反映区域之间经济产业的联系紧密程度及区域一体化程度的重要指标。从通道沿线各主要城市对通道沿线其他主要城市的投资来看，成都相对最为活跃，排名第二、三位的分别为重庆、南宁。从通道沿线各主要城市接受通道沿线其他主要城市的投资来看，贵阳一枝独秀，是通道沿线主要城市中唯一一个超千亿元的城市；排名第二、三位的分别为重庆、成都，是仅有的两个接受投资超700亿元的城市。现有数据表明，通道沿线主要城市主体之间的投资意愿与能力较弱。不论是对外投资还是接受投资，城市间分化明显。其次，在行业间互投方面，西部陆海新通道行业间的投资存在一定的失衡现象，在租赁和商务服务业上的占比较高，其他行业的对外投资金额较低，在一定程度上表明这些行业对外联系程度偏低。

四是投资金额落后于长三角、珠三角，互投集中于个别行业，与外部互投活力不足。从投资金额看，西部陆海新通道沿线主要城市无论是互投总金额还是城市平均投资金额均少于长三角与珠三角。西部陆海新通道内部市场主体对外投资的活力不足，对外来投资的吸引力较发达地区存在明显差距。从互投行业看，西部陆海新通道沿线主要城市与长三角之间的互投主要集中于租赁和商务服务业以及金融业上。从投向上看，长三角投向通道沿线主要城市最多的产业是租赁和商务服务业，而通道沿线主要城市投向长三角最多的产业则是金融业。相比之下，两区域在其他产业上的投资金额均处于较低水平。与长三角类似，西部陆海新通道沿线主要城市与珠三角之间的互投也集中于租赁和商务服务业以及金融业上，其余产业同样投资金额不高，反映出两区域间的产业关联还有较大的提升空间。从投资活力看，通道沿线主要城市对长三角与珠三角的投资金额均低于长三角、珠三角对通道沿线主要城市的投资，其中长三角对通道沿线主要城市的投资金额相对最高，为 6 575.24 亿元，通道沿线主要城市对珠三角的投资金额最低，为 4 998.07 亿元，区域间的产业关联明显不活跃。

五是通道内部市场主体发展不平衡，区域整体发展较落后。从通道内部看，通道内各个城市的优质主体存在较大的差距，通道内部面临主体发展不平衡的问题，成渝地区整体大幅领先于其他城市。重庆市在专精特新"小巨人"企业的数量上处于领先水平；成都市则在 A 股上市企业、高新技术企业、科技型中小企业的数量上遥遥领先。从外部比较看，西部陆海新通道沿线主要城市的市均优质主体数明显低于长三角与珠三角。在 A 股上市企业、专精特新"小巨人"企业、高新技术企业与科技型中小企业数量上，西部陆海新通道沿线城市均大幅落后于长三角与珠三角。

六是基础研究投入总量不足，R&D 经费投入结构不合理。通道沿线自主研发创新能力较弱，表现为研发经费投入偏向试验发展，主要以国外技术研究为基础开展试验发展。以通道内科技资源较为丰富的成、渝两市为例，其与科创实力强劲的城市相比仍存在着一定的差距。首先，通道基础研究投入总量不足。2021 年成都市和重庆市基础研究经费占 R&D 经费比重分别为 5.70% 和 4.90%，也低于全国平均水平 6.50%。其次，R&D 经费投入结构不合理。经费投入偏向于试验发展，研究经费占比偏低。

七是高端人才数量短缺，高等学校数量不足且分布不均。从高端人才的区域分布看，东部地区是我国高端人才的集中区，其数量占全国总数的绝大多数，其中尤以北京、江苏、上海为主要集聚区；中西部高端人才数量占比不高，"势差"

较大，东强西弱的格局长期存在；即使在西部地区内部，高端人才的集聚同样也存在区域差异，陕西与四川为其主要集聚区，不少城市缺乏高端人才的支持与引领，人才"孔雀东南飞"的现象较为普遍。从高等学校的数量和分布看，西部地区高等教育发展滞后是人才吸引困难的一个重要原因。总体上，通道沿线主要城市高等教育资源短缺，地区分布不均，且质量不高，直接影响到城市的基础研究能力，并将最终影响到通道的科技创新能力。从每百万人拥有的高校数来看，绝大多数通道沿线城市高校数量太少，不能满足城市人口的需求，不利于对区域人才的培养。从本科教育看，通道本科院校占高等学校比重低于全国平均水平，高校较为集中的重庆市、贵阳市和南宁市的本科院校占比也低于全国平均水平，成都市本科院校数量较多，且通道"双一流"建设高校主要集中在成都市，有7所，较其他城市有明显优势。

2. 重点措施

针对上述问题与挑战，本报告在总结纽约都市圈、东京都市圈、莱茵-鲁尔城市群、阿拉米达货运走廊等国际发达区域产业科技发展经验与启示的基础上，提出以下重点措施：

一是完善物流基础设施，夯实通道高质量发展根基。通过制定详细的战略规划和政策，从顶层设计和全局建设上，统一规划交通物流基础设施，避免出现各自为政的情况。通过加快建设内陆国际物流枢纽、优化港口和航道建设、加强高铁站货运能力建设等途径，形成以铁路、水运为主的大宗货物和集装箱中长距离运输格局，提升各种运输设施的衔接水平，推进多式联运发展。通过调整运输结构、升级物流网络、加快向高标准物流方式转型升级等途径，打造绿色物流系统，推进快递物流包装绿色化、减量化、可循环。促进新型基础设施建设，拓宽发展方向。结合产业发展实际，有序开展新型基础设施建设，在补齐传统基础设施短板的基础上，布局重大科技基础设施，增强科技创新能力。

二是强化产业科技安全，打造重要产业链备份基地。搭建一体化政策体系，打破行政壁垒，深化全领域合作，畅通市场供需循环，引导产业链备份基地立足于自身产业梯度、发挥比较优势承接东部产业转移。借力发达地区优强企业，实施一批建链、补链、延链、强链项目，推进产业共建和优势互补，推动产业集群发展。加大原创性、引领性科技创新投入力度，积极引进和培育一流创新主体和科创平台，打造创新策源地。以增强科技创新能力为目标，统筹抓好体制机制改革、创新主体培育、平台载体建设、创新人才激励、创新资源整合、创新成果转化、创新环境优化等工作，全面激发科技创新的动力和活力。

三是明确区域功能定位，推动产业科技协同发展。在客观评估的基础上，明确产业优势，发掘经济潜力，优化资源配置，转换发展势能，推动协同发展，提升地区的综合实力。通过加强政策沟通合作、建立更加高效的平台、发挥专业组织及行业协会作用等途径，打破区域行政壁垒，建立要素自由流动的高效机制，促进资源要素合理流动。制定产业发展规划，促进传统产业优化升级，加快发展现代服务业，积极寻找经济发展新动能。

四是优化战略规划布局，畅通东中部产业转移路径。通过建立跨境物流联运体系，推动陆海新通道一体化协同发展，打造国际化、智能化、绿色化通道模式，提高通道综合效益。加强统筹规划和协调发展，推动产业向中西部地区转移，深化供应链和产业链深度合作。科学制定差异化的战略规划，加强配套建设和政策支持，推动形成陆海新通道特色产业，促进沿线经济的快速发展。增强陆海新通道在国内交通、物流领域的中枢作用。加大建设投入力度，优化基础设施和配套服务，提高交通运输效率，改善物流环境，降低物流成本。加强营商环境建设，提升区域竞争力，优化投资环境，加强品牌推广和形象宣传，吸引更多的外来企业和资本到西部地区投资发展。

五是培育优质市场主体，增强产业科技发展动能。首先，培育领军型创新主体。根据当地特色产业，在农业、工业等领域重点培育一批高质量市场主体。通过制订高质量主体培育成长计划，提供税收优惠、人才培育、园区办公场所、产业链配套支持等多维度政策帮扶，切实改进创新主体发展环境。其次，提升市场主体发展质量。对通道沿线城市市场主体存在的异常经营情况进行全面梳理和把脉，分类给出对策建议。基于特色产业创设产业融合发展示范园，支持相关主体加强关键核心技术专利布局，提升主体发展质量。最后，强化市场主体发展监测。完善相关监测指标与评价办法，形成常态化监测报告发布和报送机制，强化科学、量化的大数据支撑，助力市场主体高质量发展。

六是加大人才招引力度，赋能通道产业跨越式发展。在制定长远发展规划的基础上，明确当前阶段急需人才类型；通过提供配套资源、提高薪酬待遇等途径，增强人才归属感，提高人才吸引力与黏合力。扩大政策覆盖面，在解决人才配偶与子女的工作、入学及基础住房等生活需求与问题的基础上，不断完善人才评价激励机制。围绕产业链完善人才链，以发展需求为导向，紧扣当地特色及重点产业，实施靶向引才。通过建立产业人才培养体系、提高人才科技创新能力等方式，推动新通道人才链与产业链深度融合。

七是强化产业分工协作，推动区域一体化融合发展。统筹通道整体利益和各城市比较优势，加强大、中、小城市之间的沟通协调，推动通道内各城市间专业化分工协作，逐步建立配套协同的发展机制，促进城市功能互补、产业错位布局和特色化发展。充分发挥市场配置资源的决定性作用，提高产业发展效率；政府应通过持续优化营商环境、建立公平开放透明的市场规则、设立地方产业基金等途径，为企业等市场主体发展提供优质的公共服务与必要的社会保障。加强上下游企业的创新联动、资源共享与跨界融合，科学处理产业链协调发展与协同创新进程中面临的各种利益冲突与风险，形成大中小微企业分工协作的产业体系，增强通道产业活力，提高企业创新效率。

八是紧抓数字经济红利，发展新产业新业态新模式。强化光缆、数据中心和云计算等通信基础设施建设，助力数字经济发展，推动数字产业化及传统产业数字化。以数字贸易平台为抓手，促进贸易智能化、便捷化、透明化发展，为沿线城市企业创造更多的商机。推动金融业的数字化转型与发展，为企业提供更便利的融资和支付服务。以通道物流贸易为切入口，大力发展电子商务，积极引导物流商贸企业建立物流信息系统，提升物流信息化水平，推广现代交易方式，构建数字化商贸物流体系。引导传统产业迭代升级。建设数字化平台，引进信息化项目，深化新一代信息技术与制造业融合发展，以数字化手段驱动生产方式变革，促进传统产业蝶变升级。

（三）数字治理：高水平共建西部数字治理与政府间协作大通道

共建"一带一路"不仅是经济合作，而且是完善全球发展模式和全球治理、推进经济全球化健康发展的重要途径。数字治理是随着数字技术在经济、社会、政治生活中日益广泛的应用而产生的新型治理模式，包括"基于数字化的治理"及"对数字化的治理"，两者密不可分。西部陆海新通道高水平数字治理规则的构建，有助于以数字赋能为引擎，激发西部陆海新通道发展动能，以智能服务为核心，提升西部陆海新通道发展质量，强化西部陆海新通道在数字丝路建设中的新担当；有助于以数字化为工具或手段，完善现有治理体系，提升西部陆海新通道沿线政府治理水平及政府间协作效能。

1. 关键问题

一是数字空间地缘政治竞争加剧，数据安全风险凸显。当前，"一带一路"数字时空格局呈现出新的特性，表现在：首先，美中欧数字空间三极竞合格局形成，数字地缘利益分歧扩大。美国仍然占据绝对领先优势，中欧则各有所长，整体实力上与美国有着明显差距。美欧数字空间利益分歧扩大。因互联网生态被美国企业所控制，欧盟强势推出"数字主权"，美欧在数据跨境流动规制问题上分歧进一步扩大，数字经济碎片化加剧。其次，数字资产加密技术凸显，数字货币优胜劣汰加剧。全球加密数字资产增长迅速，加密数字资产创新正在成为传统资本市场变革的催化剂，为传统资本市场带来更多想象空间；全球数字货币研发进程提速，数字货币成为全球经济发展的新基石。随着时间的推移，数字货币将会进一步促使全球经济重新洗牌，全球性支付手段的确立会加剧丛林法则，数字美元、数字欧元、数字日元等将出现，优胜劣汰竞争将会更加明显。再次，数字贸易规则博弈凸显,多边数字贸易规则纷设。数字贸易新的体系、规则和经济形态在形成经济发展新动力的同时,加剧了主要大国间的规则竞争与博弈,核心仍是贸易数据的自由流动问题,这是各国争论的关键。跳出WTO的新数字贸易协议成为各国商定的重点,美国、欧盟等纷纷跳出世贸组织的法律框架,在区域和其他优惠贸易协定中商定数字贸易规则,约有一半的世贸组织成员加入了包含数字贸易规则的非世贸组织协定。最后,数据安全风险问题凸显,数据合作发展面临困境。数据安全问题政治化倾向日益突出,数据在不同主体间频繁流动与加工,极易造成数据被篡改、伪造、泄露甚至滥用,导致数据攻击、数据窃取、数据倒卖、数据劫持等问题层出不穷且呈现出跨国性、高科技、产业化等特点,使数据成为网络攻击和大规模虚假宣传运动的"混合战争"的沃土及实现针对他国的地缘政治目标的工具,各国不得不加大数据主权维护力度,从而导致了全球层面的数据本地化趋势。

二是整体产业发展战略缺乏,地方政府恶性竞争加剧。由于竞争日益激烈,沿线地方政府为了能够在区域竞争中取胜,往往更多地关注本地经济发展,从而缺乏对区域整体产业发展战略的规划和推进。在竞争的惯性下,地方竞争被扭曲化,恶性竞争现象不时出现。为吸引资本到本辖区投资落户,各地政府竞相推出更加优惠的税收管理政策,土地价格一降再降;为了抢占支柱产业和新兴产业发展的"制高点",各地的重复建设和产业同构现象也十分严重;为了增强本地产品的市场竞争力,省际关税一升再升,地方保护主义出现抬头之势。

2. 重点措施

基于此,本报告提出以下重点措施:

一是加快西部陆海新通道数字经济发展。首先,抢抓"东数西算"重大机遇,推动东西部协作向纵深发展,构建数字产业新格局。进一步细化"东数西算"国家战略工程的顶层设计和统筹规划,编制科学合理的分省数字经济产业链实施方案和技术路线,实现数字资源、算力、产业、服务等合理布局;完善东西部政策协同、要素市场等一体化体制机制;加大对"东数西算"的政策支持力度,用好财政引导基金,并鼓励社会资本积极投资。其次,建设以数字贸易为核心产业的创新型内陆自贸试验区,拓宽数字贸易新业态。支持西部省份建设具有内陆特点的自贸试验区,打造以数字化信息为贸易标的、以高端服务为先导的创新型数字贸易模式和跨境贸易产业链,先行先试,闯出一条有别于东部发展模式的内陆自贸试验区新路。再次,大力培育专精特新企业,推动数字化转型升级,形成数字产业新集群。推动数字技术与本地优势产业、实体经济深度融合,健全以政府投入为引导、企业和社会资本投入为主体、金融机构为支撑的多层次投融资体系,培育更多数字经济领域的龙头企业、标杆企业、隐形冠军,打造具有国际竞争力的专精特新数字产业新集群。最后,加快打造西部数字经济创新试验区,夯实数字经济"新基建"。支持西部地区加快建设数字经济创新试验示范区;完善产业配套机制、区域联动机制;超前布局新能源、新材料、5G、物联网、人工智能、大数据中心、工业互联网等"新基建",夯实数字经济基础设施。

二是加强西部陆海新通道数字政务建设。首先,加强整体性治理。以政府的整合和协作为核心,以有效解决服务对象的需求问题为导向,通过技术驱动整体提升政府综合治理能力,推进公共服务流程标准化、规范化、模式化,实现不同层级、不同部门之间的整体联动。其次,推动共享性数据治理。建立数字政府统筹建设管理中心和数据共享大平台,推进数据治理过程中的业务整合与服务整合,促使政府与社会协同发展,提升数字政府治理效能。最后,提升领导干部数字素养。开展数字治理专题培训,增强领导干部在政务、决策、服务等方面的数字化转型执行能力,优化政府数字化环境,加快推进政府数字化转型的创新发展。

三是放大西部陆海新通道数字化发展效应。首先,以数字化提升开放平台能级。超前布局数字化配套基础设施建设,改善通道沿线区域内外要素联通流动环境;以重要枢纽为重点,加快西部陆海新通道智能化电子口岸建设、强化国际通关合作,努力提升国际通关合作开放平台能级。依托中新互联互通示范项目发展,加强与新加坡海关的关际合作,由重庆海关牵头与天津海关、南京海关和新加坡关税局建立"两国四方"关际合作机制。其次,以数字化优化口岸营商环境。进一步完善西部陆海新通道重要枢纽智能化"单一窗口"功能,提升口岸信息化水准,加强口岸智能化建设。在此基础上,创新实施"海铁联运境内铁路运费扣减"措施。深化同沿海沿边口岸务实合作,牵头推进西部陆海新通道物流联动业务场景应用建设,使海铁联运班列等三种物流运输方式实现无缝衔接、高效顺畅。在全国率先开展西部陆海新通道进口铬矿检验监管模式优化试点,有效满足特殊商品快速通关需求。最后,以数字化助推经贸产业发展。支持与通道相关联的生产性服务业数字化转型升级,加快培育外贸新业态新模式;努力提升陆海新通道沿线政府数字化管理服务水平,加强通道沿线地区与国家的数字监管合作,提升外贸商务环境的数字化与便利化水平。在此基础上,帮扶指导重点行业、企业充分利用《区域全面经济伙伴关系协定》(RCEP)规则享惠,助力稳订单、拓市场,提升国际市场竞争力。

四是强化西部陆海新通道数字安全治理。通过建立数字化支撑的"治决会"机制、构建都市区同域智慧化聚合机制、构建"云平台+"社会治理机制等途径,强化数字平台建设,健全多元协同的治理机制。通过健全民营企业参与国家战略实施机制、建立多层次的中小企业融资机制等途径强化数字信息建设,完善链动创新的治理机制。通过强化法治政府与信用政府建设、建立营商决策程序透明化机制等途径强化数字信用建设，完善法治思维的治理机制。通过近期建立应对现代工业数字化工程技术快速迭代变革的"应急型人才"培养模式，中期建立实战技能操作与系统理论知识兼具的"潜质型人才"培养模式，远期建立与国际接轨、符合我国新职业新工科发展导向的"学科型人才"培养模式等途径，强化数字人才培育，完善工业化人才治理机制。

五是在明确各省份定位的基础上推动省际协作。首先，引导各省份立足自身区位和资源禀赋进一步明确自身发展定位：重庆在通道起点上建立"一主两辅多节点"枢纽体系，广西在关键出海口上促进通道"畅通、高效、经济"发展，贵州在重要节点上建设陆海联动数字走廊，甘肃在承东启西上构筑综合交通运输大通道，青海在南北连接上构建出疆入藏绿色大通道，新疆在联通欧亚区域上打造面向欧亚的陆桥纽带，云南在连接南亚、东南亚上建设面向中南半岛的国际门户，宁夏在交通枢纽上塑造通道在西北地区的重要节点，陕西在关键节点上推动西部陆海新通道北延东联，四川在拐点便利化上打造西部陆海新通道高端产业潜力区，等等。此外，在政府间协作治理方面，国家相关部委与国企将全力支持通道建设，通道沿线省份将通过强化"13+2"省区市合作等途径建立健全省际协商合作机制。

（四）能源供应：高水平共建西部能源安全保障大通道

能源供应事关国家繁荣发展、人民生活改善、社会长治久安，是关系国家经济社会发展的全局性、战略性问题。高水平共建西部能源安全保障大通道对于保障我国能源安全、推动实现高质量发展与高水平安全具有重要战略意义。20世纪90年代末，为解决伴随经济持续增长产生的能源供需缺口加大以及能源产销空间分布不均衡等诸多问题，我国在制定相应战略规划的基础上，开启了以"西气东输"与"西电东送"为主的西部能源安全保障大通道建设进程，为高水平共建西部能源安全保障大通道奠定了坚实基础。

从政治基础看，中国与西部周边国家良好的政治关系，有利于双边、多边共建国际能源安全保障大通道，为中国与哈萨克斯坦、乌兹别克斯坦、缅甸等周边国家开展跨境合作、建设西部跨国能源安全保障大通道营造了良好政治环境。

从设施基础看，西部地区现已建成的能源安全通道及其配套设施为后续建设高质量能源安全保障大通道奠定了现实基础。

从制度基础看，以"西气东输"与"西电东送"工程为基础的国家总体发展战略规划，以及以中国—中亚油气管道与中缅油气管道为基础签署的跨国协议、备忘录等文件，为西部能源安全保障大通道建设提供了宏观制度基础及基本制度框架。

从技术基础看，在"西气东输"工程方面，经过科研团队的攻坚克难，我国在气田开发、管道建设、管道运营管理等诸多领域取得了较大的技术突破，这为后续工程的实施奠定了技术基础；在"西电东送"工程方面，我国科技人员在输电技术、国产制造、主网架数字化等方面成功研发了新型技术，有效缓解了在技术上被"卡脖子"的现实困境，改变了输电工程核心技术长期受制于国外的状况；在中国—中亚油气管道建设方面，诸多核心技术的创新为管道建设、运营以及管理提供了现实支撑，同时也为后续建设积累了宝贵经验；在中缅油气管道建设方面，我国在管道并行、跨越、隧道设计、站场合建以及管道抗震等方面实现了多项设计技术的改良与创新。

1. 关键问题

当前，国际政治经济格局深刻调整，我国正加快构建国内国际双循环相互促进的新发展格局，高水平共建西部能源安全保障大通道适逢西部大开发、共建"一带一路"、区域协调发展及现代能源体系建设等前所未有的机遇，但也面临诸多问题与挑战，具体体现在以下四个方面：

一是省际协调难以有效解决沿线省份间利益分配问题。西部能源安全保障大通道建设涉及沿线不同省份间的利益分配，这可能会影响各省份参与通道建设的积极性。如何基于总体国家战略，化解各省份之间的利益分歧，凝聚各方共识，调动各方积极性，使其主动参与西部能源安全保障大通道建设是我国所面临的一大现实难题。以"西电东送"工程为例，水电资源丰富的云南省以及水电需求量较大的广东省皆有各自的利益诉求，在电力供给量、价格等方面存在分歧。在没有制度基础的条件下，这些分歧仅靠省际协调很难有效解决，不利于充分发挥西部能源安全保障大通道的经济效益以及社会效益。

二是域外大国干预给跨国能源通道建设带来不利影响。随着国际政治格局深刻演化，美西方国家纷纷介入我国周边地区，通过与我国周边国家合作、遏制"一带一路"倡议等途径，全面围堵、遏制我国和平崛起，对冲、消解与削弱我国竞争优势，给西部跨国能源安全保障大通道建设带来诸多不利影响。以中亚为例，美国以哈萨克斯坦和乌兹别克斯坦为重点国家对中亚各国进行全方位渗透，试图以中亚国家为突破口遏制中俄两国，将中亚国家与中俄剥离；欧盟对中亚事务进行重大战略调整，进入了深度介入中亚地区事务的全新阶段。

三是周边地区政治环境的不稳定给能源通道建设带来不确定性风险。我国周边许多国家存在政治环境不稳定问题，从项目投资、施工以及管理等多方面，对我国与周边国家开展能源通道建设产生了不利影响。例如，乌兹别克斯坦和塔吉克斯坦之间存在边界争端，哈萨克斯坦国内权力继承问题尚未完全解决、国内矛盾容易激发，缅甸国内军方、民选政府与地方武装之间存在矛盾等，都给我国与周边国家开展能源通道建设增加了不确定性因素。

四是恐怖主义隐患给跨国能源通道建设带来现实挑战。中亚国家与缅甸境内恐怖主义长期盛行,例如"伊斯兰国"在中东全面溃败后,"圣战"人员向全球扩散,在阿富汗已具有相当的影响力,并发动了一系列暴恐袭击;哈萨克斯坦、缅甸等国发生多起恐怖袭击事件。上述事件从建设环境稳定性、跨国投资者信心及项目合作推进等多个方面,给跨国能源通道建设带来现实挑战。

2. 重点措施

针对上述问题与挑战,本报告提出以下重点措施:

一是紧扣国家战略,进一步明确发展方向。首先,贯彻新发展理念,推动高质量发展。应以推动高质量发展为战略导向,坚定不移将创新、协调、绿色、开放、共享的新发展理念贯穿建设的全过程,推动质量变革、效率变革、动力变革;在创新发展方面,要在能源通道建设全过程中通过推动科技、管理创新,提升能源通道建设效能;在协调发展方面,要处理好局部和全局、当前和长远、重点和非重点的关系,发挥国内各地区的能源比较优势,推动区域协调发展,实现周边国家与地区间资源互补;在绿色发展方面,应将低碳环保理念纳入西部能源安全保障大通道建设的各方面全过程,坚定不移走生态优先的高质量发展道路;在开放发展方面,应加强国际合作力度,积极主动学习国际先进经验,主动化解由对外开放带来的风险隐患;在共享发展方面,应努力在既定制度框架下实现成果共享,在此基础上,充分调动国内国际多元行为主体参与建设的积极性与主动性,汇聚集体智慧与集体力量。其次,贯彻总体国家安全观,保障国家安全。以人民安全为宗旨,以政治安全为根本,以经济安全为基础,以军事、文化、社会安全为保障,以促进国际安全为依托,在推动能源核心技术创新、完善能源风险应急管控体系、多元拓展油气进口来源、维护战略通道和关键节点安全的基础上,保障外部安全与内部安全、国土安全与国民安全、传统安全与非传统安全、自身安全与共同安全。

二是立足发展现实,进一步明确政策目标与实施路径。当前,在能源领域,我国已步入构建现代能源体系的新阶段。应从现阶段关键攻坚期、重要窗口期、巩固提升期等基本国情出发,制定符合国家战略的经济增长、就业、能源价格等政策目标与政策实施路径,提高政策制定的科学化、民主化与法治化水平。首先,我国能源安全保障进入了关键攻坚期。经济社会发展与民生用能需求得到了有力保障,但能源安全仍面临诸多现实风险,保障能源安全的任务依旧艰巨。其次,我国能源低碳转型进入了重要窗口期。我国能源结构持续优化,但"双碳"目标实现仍面临诸多现实难题。最后,我国能源普遍服务进入了巩固提升期。"十三五"时期,我国能源惠民成果丰硕,能源普遍服务水平得到大幅度提升。

但我国能源基础设施和服务水平的城乡差距依然明显，供能品质存在进一步提升的空间。

三是进一步完善西部能源安全保障大通道战略构想。首先，加快广西北部湾国际门户港建设。对标国际一流港口，提升码头、航道设施能力及智能化水平，建设智慧港口。充分发挥南宁市在"一带一路"中的枢纽作用以及在西部陆海新通道中的重要节点作用，推动"海上能源通道—北部湾港口—南宁—内地"西部能源安全保障大通道的建设进程。其次，加快成渝地区的能源通道建设。通过发挥重庆和成都的中心城市带动作用，打造内陆开放战略高地与西部地区高质量发展的重要增长极。最后，加快自重庆经贵阳、南宁至北部湾出海口的能源通道建设。强化成渝地区双城经济圈与北部湾城市群战略联动，充分发挥能源通道对沿线经济发展的带动作用，促进地区能源产业结构优化升级。

四是加强制度建设，充分发挥多元行为体各自的优势，提升能源安全通道建设能力。首先，从国内及双、多边层面加强相关规范与机制建设。在国内层面，应加快企业投资、创新以及工程建设等相关制度建设，完善省际能源供需协调机制，能源市场定价、税收机制，以及决策、监督、评估机制，为能源通道建设效率提升提供国内制度保障。在双边层面，应加快相关法律法规的建设，进一步明确双边协议中合作主体权利与义务等内容，确保协议内容具体化、可操作化；充分发挥以中缅经济走廊论坛为代表的双边能源合作论坛制度优势，立足现实需求加强能源合作领域的对话协商机制建设，为双边合作主体参与西部能源安全保障大通道建设提供平台基础。在多边层面，在充分发挥上合组织、中国-中亚峰会等多边合作平台，以及澜湄合作机制、中国-东盟"10＋1"等多边合作平台作用的基础上，针对能源领域建设务实性多边合作机制，进一步推动能源领域的多边合作制度建设进程，为中国与相关国家共建能源安全保障大通道搭建良好平台。其次，充分发挥多元行为体各自的优势，克服单一行为体能力局限。发挥国家战略制定与战略协调优势。在国内层面制定短期、中期以及长期能源战略，在国际层面进行战略协调，制定跨国能源合作战略，为西部跨国能源安全保障大通道建设提供方向。发挥政府的宏观管理优势。立足于国家发展与安全现实，多方协商落实国家战略，加强评估监管，完善相关政策；加强能源市场调控，为能源通道建设提供良好市场环境；完善税收、融资等方面的相关制度，发挥国内国际相关制度协同效应。发挥企业、民众以及专家学者等社会主体优势。在企业方面，应强化企业创新主体作用，充分释放企业在科技、管理等方面的创新潜力；在民众方面，应发挥当地民众在语言、文化上的优势，加强沟通，化解分歧，积极为能源通道建设争取民心支持；在专家学者方面，应发挥能源相关领域专家专业优势，通过专家联络机制以及专家小组等途径，为能源通道建设提供智力支撑；在高校、科研院所方面，应充分发挥高校、科研院所科研优势，加强与国家电网、中国石油等项目承担公司的创新合作，为能源通道建设提供技术保障支撑；在非政府组织以及媒体方面，应通过建立合作关系，充分发挥非政府组织以及媒体信息优势等方式，提升项目决策与运营效率。

五是提升通道能源安全水平，强化核心能力建设。加强硬实力、软实力以及巧实力建设，以核心能力建设为保障，为能源通道高效建设奠定坚实基础。在硬实力建设方面，应加强人才队伍建设，加大复合型人才培养力度，为高水平共建西部能源安全保障大通道提供强大的人才队伍支撑；应加强事关发展全局的基础研究和共性关键技术研究，以重要领域和关键环节的突破带动全局，全面提高自身自主创新能力；应推动相关基础设施智能化进程，提升项目管理系统的数字化、智慧化水平。在软实力建设方面，应通过加强文化交流、讲好中国故事、加大宣传力度，形成基于企业、国家价值、文化的对外影响力，深化双方对各自文化的理解。在巧实力建设方面，应综合运用政治、经济以及外交等多种手段，为西部能源安全保障大通道建设提供保障。

（五）文化认同：高水平共建西部人文交流与民心相通大通道

人文交流与民心相通在西部陆海新通道建设过程中具有不可替代的"缓冲阀""润滑剂""新压舱石"的功能，多种形式的人文交流，可以增进民众之间的相互了解，厚植中外友好的社会基础，塑造并传播中国良好的国家形象，助力推动落实"全球文明倡议"。

当前，高水平共建西部人文交流与民心相通大通道已经具备较好的基础条件：从共同心声看，中国与东南亚国家都希望在互利互惠、平等相待的原则下，加强经贸等诸多领域合作，共同构建和平、稳定、友好与繁荣的发展环境。从交往优势看，中国和东南亚国家相邻，地理位置接近，通过共同的海洋、陆地交通网络紧密相连，民心相通具有地缘、族缘、人缘、文缘、商缘的交往优势。从战略互信看，中国与东南亚国家之间存在着深厚的文化渊源和血缘联系，彼此的历史、文化、传统有着相似之处，有助于加强各国政府之间的战略合作，推动国家间经济、文化、科技等方面的合作发展；中国积极参与东南亚国家的多边合作机制，也有助于保持互信、增进合作，推动中国与东南亚国家的共同发展。从投资保护看，目前中国和东南亚国家之间签署了双边投资协定（BIT）和自由贸易协定（FTA），有助于加强投资保护合作；将来可以通过建立和平与安全合作机制、加强政治和经济对话、制定行业标准、共同维护知识产权等方式，促进双方投资合作。

1. 关键问题

近年来，中国与东南亚各国在人文交流方面重点强化了教育、文化、科技、智库、旅游等领域的合作，合作水平显著提升，交流成果丰富，但仍面临诸多问题与挑战，具体体现在以下五个方面：

一是联盟建设不足。西部陆海新通道相关的联盟数量较少，覆盖范围有限，主要集中在教育和智库方面，而在航道建设、水域管理、高铁运输和海关通关协作等关键行业和领域的联盟建设明显不足。

二是参与力量单一。西部陆海新通道的人文交流活动主要由政府推动，缺乏企业、人民群众等民间力量的参与。在对外援助、文化交流、孔子学院建设等方面，政府几乎包揽了所有工作。而与东南亚国家的民间交流，大多依赖具有官方背景的机构，如央企和事业单位，这使得民间力量在交流中的作用有限。

三是文化产品形式单一。在推广中国传统文化方面，文化产品和形式过于单一、缺乏创新。目前的文化交流主要依赖于传统路径，如武术、中餐、京剧和中药等。同时，在文化输出的过程中存在急于求成的现象，一些文化馆建设未能充分发挥长期作用，且大部分交流平台的辐射范围有限。

四是评价指标过于表面。评价指标过于强调留学人员数量等显性指标，而忽略了有效地传播中国文化、推广中文教育等更深层次的目标。尽管吸引了不少东南亚国家的学生，但实际效果并不理想，许多留学生对中国的认知和好感并未增加。

五是舆论环境困境。在国际舆论环境中，我国仍受到美西方舆论抹黑的困扰。在面对"经济掠夺战略"、"债务陷阱"和"侵犯主权"等负面话题时，我们往往陷入有理说不清或被对方抓住把柄攻击的困境。在与泰国、柬埔寨等国的境外合作中，一些标志性的港口、高铁建设工程容易受到美西方的抹黑和打压，导致项目建设受到不同程度的影响。

2. 重点措施

针对上述问题，本报告提出以下重点措施：

一是强化政府政策与制度支持。在政策制定与引导方面，深入研究西部陆海新通道地区的文化、教育、经济等领域的现状和需求，制订有针对性的政策和行动计划。设立专门的部门或机构，负责西部陆海新通道人文交流活动的策划、组织与实施。定期评估和调整政策，确保其与地区发展需求保持一致。在资金支持方面，设立西部陆海新通道人文交流专项基金，通过政府拨款、社会捐赠等多种渠道筹集资金。为重点项目和活动提供财政支持，确保其顺利实施。制定优惠政策，鼓励企业和金融机构参与西部陆海新通道人文交流项目的投资与合作。在审批流程方面，优化行政流程，减少不必要的审批环节，提高人文交流活动的效率。为重点项目和活动提供快速通道，确保其及时开展。加强政府各部门之间的协调与合作，确保政策和资源的有效利用。

二是推动多元主体参与。在企业参与方面，出台相关政策，鼓励企业在西部陆海新通道地区开展文化、教育、旅游等领域的人文交流合作。为企业提供必要的支持和指导，协助其与东南亚国家的相关机构建立合作关系。定期举办企业交流会和商务洽谈活动，促进企业间的合作与交流。在社会组织参与方面，支持和培育西部陆海新通道地区的社会组织，鼓励其积极参与人文交流活动。为社会组织提供培训、资金等方面的支持，增强其专业能力和影响力。加强与社会组织的沟通与合作，共同策划和实施人文交流项目。在教育机构合作方面，加强西部陆海新通道地区与东南亚高校和研究机构的联系与合作，共同开展教育合作项目。支持双方互派教师和学生进行交流，促进教育资源共享和学术成果的交流。支持双方教育机构在课程开发、教材编写等方面的合作，共同提升教育质量。

三是深化文化交流与合作。在文化节与艺术展方面，定期举办西部陆海新通道文化节，展示双方的文化特色和艺术成果。在艺术领域开展合作，共同策划和举办艺术展览、音乐会等活动。支持双方艺术家和文化团体的互访和交流，促进文化创作与表演的合作。在文化产业合作方面，推动电影、电视、出版等领域的文化产业合作，共同开发具有特色的文化产品。在旅游方面，加强各方在旅游领域的合作，共同推广旅游资源和旅游线路。探讨在非物质文化遗产保护方面的合作，共同保护和传承双方的文化遗产。在文化研究与交流平台方面，建立西部陆海新通道文化研究机构，开展双方文化交流历史、现状及未来发展的研究。搭建文化交流平台，为双方学者、艺术家和文化机构提供交流与合作的渠道。举办学术研讨会和文化论坛，促进双方在文化领域的深入交流与合作。

四是创新传播方式与渠道。利用互联网和社交媒体平台，如微博、微信、抖音等，展示双方的文化特色和人文风情，扩大人文交流影响力。与媒体平台建立合作关系，共同推广文化产品和交流活动，提高民众认知度和参与度。运用虚拟现实（VR）、增强现实（AR）等技术手段，提供沉浸式文化体验和交流机会。结合线下活动与线上互动，吸引更多人参与人文交流，加强与东南亚国家的民间友好往来，为西部陆海新通道建设创造良好人文环境和社会氛围。

参考文献

[1] 代栓平, 纪玉山. 中美贸易争端的警示：加快发挥综合竞争优势 推动技术自主创新 [J]. 社会科学辑刊, 2018 (6): 28-37.

[2] 余川江, 龚勤林, 李宗忠, 等. 开放型通道经济发展模式视角下"西部陆海新通道"发展路径研究：基于国内省域分析和国际竞争互补关系分析 [J]. 重庆大学学报（社会科学版），2022，28 (1)：65-80.

［3］王宏广，等. 填平第二经济大国陷阱：中美差距及走向［M］. 北京：华夏出版社，2018.

［4］黄琪轩，李晨阳. 大国市场开拓的国际政治经济学：模式比较及对"一带一路"的启示［J］. 世界经济与政治，2016（5）：103-130＋159-160.

［5］曹秋菊. 经济开放条件下中国产业安全问题研究［D］. 长沙：湖南大学，2007.

［6］侯政，黄永辉. 新发展格局下推进西部陆海新通道高质量发展的对策研究［J］. 南宁师范大学学报（哲学社会科学版），2021，42（6）：29-47.

［7］梁运文，劳可夫. 网络分割、创新借势与中国国家"创新驱动"发展断裂突破［J］. 经济理论与经济管理，2010（3）：23-31.

［8］杨虎涛，贾蕴琦. 产业协同、高端保护与短周期迂回：中兴事件的新李斯特主义解读［J］. 人文杂志，2018（9）：35-42.

［9］朱佳木. 新中国反封锁反制裁反干涉的历史及启示［J］. 世界社会主义研究，2020，5（6）：18-21＋93.

［10］孙金秀. 高水平推进西部智能智联及通关一体大通道建设［R］. 浙江大学区域协调发展研究中心资助课题"新发展格局下高水平共建西部陆海新通道研究"子课题研究报告，2022（10）：1-4.

［11］谢贵平. 国家安全大格局视域下成渝城市群建设的战略意义及构想［R］. 浙江大学区域协调发展研究中心资助课题"新发展格局下高水平共建西部陆海新通道研究"子课题研究报告，2022（1）：1-6.

［12］巫强，刘志彪. 双边交易平台下构建国家价值链的条件、瓶颈与突破：基于山寨手机与传统手机产业链与价值链的比较分析［J］. 中国工业经济，2010（3）：76-85.

［13］白利军. 中国共产党历次突破封锁取胜的经验及当代启示［J］. 宁夏师范学院学报，2021，42（6）：70-76.

——执笔人：陈志新，浙江大学中国西部发展研究院；郑茜，浙江经贸职业技术学院；刘玥，英国爱丁堡大学数学学院

第一章 高水平共建西部物流贸易大通道

摘 要

随着中国经济的快速发展和"一带一路"倡议的深入推进，西部地区在中国经济发展中的地位日益重要。西部物流贸易大通道作为连接中国西部地区与周边国家和地区的重要通道，对于促进西部地区经济发展、提升中国整体竞争力具有重要意义。因此，如何高水平共建西部物流贸易大通道已成为当前亟待解决的问题。本章旨在为高水平共建西部物流贸易大通道提供有益借鉴，具体从制度框架、交通网络、区域协同发展机制入手，依托数据分析，从对外贸易特征、贸易伙伴变化、物流产业发展等视角出发，总结西部物流贸易大通道的发展现状与成效，并据此揭示西部物流贸易大通道的问题与短板。研究发现，西部物流贸易大通道建设在对外贸易、物流运输、省际协作等方面均存在不少发展痛点。对外开放步伐缓慢、国际竞争加剧，对内基础设施相对落后、产业发展滞后，对高水平共建西部物流贸易大通道都产生了较大影响，解决这些发展难点自然是通道建设的必然路径。基于此，本章提出了一套有针对性的解决方案和措施：一是加强跨国协作，促进对外贸易；二是提高物流水平，畅通交通运输；三是完善协调机制，发展服务平台。只有不断推动基础设施建设、优化物流网络布局、提升服务质量和加强区域合作，才能促进西部物流贸易大通道的高水平发展，从而为中国的经济发展做出贡献。

Abstract

With the rapid development of the Chinese economy and the deepening of the Belt and Road Initiative, the western region is becoming increasingly important in

China's economic development. The western logistics and trade corridor, as an important channel connecting the western region of China with neighboring countries and regions, is of great significance in promoting the economic development of the western region and enhancing China's overall competitiveness. Therefore, how to jointly construct a high-level western logistics and trade corridor has become an urgent problem to be solved. This chapter aims to provide valuable reference for the high-level co-construction of the western logistics and trade corridor, focusing on the institutional framework, transportation network, and regional collaborative development mechanism. By relying on data analysis, it summarizes the development status and effectiveness of the western logistics and trade corridor from the perspectives of foreign trade characteristics, changes in trading partners, and the development of the logistics industry. Based on this, it reveals the problems and weaknesses of the western logistics and trade corridor. The research finds that the construction of the western logistics and trade corridor has many development difficulties in terms of foreign trade, logistics transportation, inter-provincial cooperation and so on. The slow pace of opening up and intensified international competition, as well as relatively backward infrastructure and lagging industrial development internally, have had a significant impact on the high-level co-construction of the western logistics and trade corridor. Solving these development difficulties is a necessary path for the construction of the corridor. Therefore, this chapter proposes a set of targeted solutions and measures: first, by strengthening cross-border cooperation to promote foreign trade; second, by improving the level of logistics to facilitate transportation; third, by improving coordination mechanisms and developing service platforms. Only by continuously promoting infrastructure construction, optimizing the layout of logistics networks, improving service quality, and strengthening regional cooperation, can we promote the high-level development of the western logistics and trade corridor, thus making contributions to China's economic development.

高水平共建西部物流贸易大通道，对支撑我国对外开放新格局的作用日益凸显。当前，西部陆海新通道已基本形成东、中、西三条主干道以及铁海联运、国际铁路联运、跨境公路班车三种物流形态，且均已实现常态化运行。通道的建成将有效联通中亚和东盟市场，使中越和中欧班列实现无缝对接，为我国提供与东盟距离最短、成本最低、时间最省、效率最高的国际型贸易大通道，也为西部地区和海外市场的开放交流合作提供更广阔的空间。截至 2022 年，西部陆海新通道物流网络已覆盖 119 个国家和地区的 393 个港口，其正发展成为一条综合性国际大通道，以更加开放的姿态为中国乃至世界的发展带来新能量。对通道内部而言，随着通道辐射能力的不断增强，将会有越来越多的企业在通道沿线投资兴业，可极大地带动沿线贸易、产业发展，对建设现代化产业体系大有裨益。

高水平共建西部物流贸易大通道，不仅是畅通物流通道，更是构建经济走廊，其基础是路通，核心是产业，目标是共享，机制是共建。作为西部地区经济社会发展的重要引擎，高水平共建西部物流贸易大通道需要西部地区各省份齐心协力，坚持创新引领与协同高效、市场主导与政府推动，做到陆海统筹与双向互济、贯通南北与强化辐射，努力将西部陆海新通道打造成为更加开放、便捷、高效的经济走廊，促进中西部地区经济的发展和繁荣。

一、西部物流贸易大通道发展现状与成效

（一）发展现状

1. 对外贸易结构特征

自西部陆海新通道开通运营以来，沿线地区货单内容与货物价值已发生巨大改变。从最初的汽配、建筑陶瓷等商品，到现在已涵盖电子产品、整车及零部件、机械、食品等数十个大类的近千种产品，通道货物品种从单一到丰富的变化，充分体现了共建国家和地区推动"一带一路"的合作不断走深走实，通道贸易的成果越发丰硕。

（1）多数省份保持贸易顺差状态。

2018—2021 年西部陆海新通道进出口贸易情况如图 1-1 所示，进口额由 2018 年的 10 887.45 亿元增加至 2021 年的 15 365.32 亿元，出口额则由 14 169.13 亿元增加至 20 489.46 亿元，两者增幅分别为 41.13%、44.61%。比较进口额与出口额可以看到，近年来，西部陆海新通道保持着贸易顺差的状态，四年贸易顺差的金额分别为 3 281.68 亿元、2 213.49 亿元、3 839.50 亿元、5 124.14 亿元，贸易顺差总体呈现出扩大的趋势。

具体到各省份，如图 1-2 所示，仅有甘肃、海南、内蒙古、云南四省份在 2018—2021 年存在贸易逆差状态，其中甘肃、海南贸易逆差持续扩大，前者由 2018 年的 103.75 亿元扩大到 2021 年的 295.39 亿元，后者由 252.32 亿元扩大到 807.34 亿元；内蒙古则由 278.01 亿元先扩大到 393.31 亿元后降至 270.32 亿元；而云南省则是 2018、2019 年为贸易逆差，于 2020 年转变为贸易顺差。始终保持贸易顺差的省份包括广西、贵州、宁夏、青海、陕西、四川、西藏、新疆、重庆

九省份，其中重庆四年分别以 1 422.46 亿元、1 433.03 亿元、1 844.62 亿元、2 518.10 亿元的贸易顺差额排名首位。

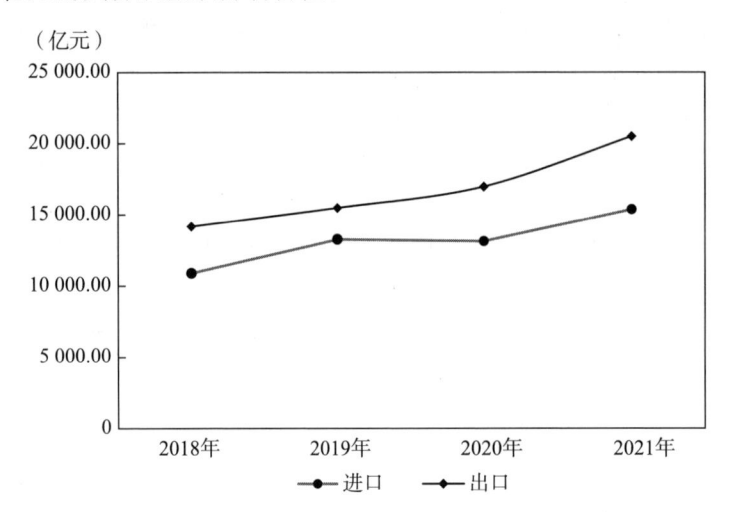

图 1-1　2018—2021 年西部陆海新通道进出口贸易情况

资料来源：中华人民共和国海关总署。

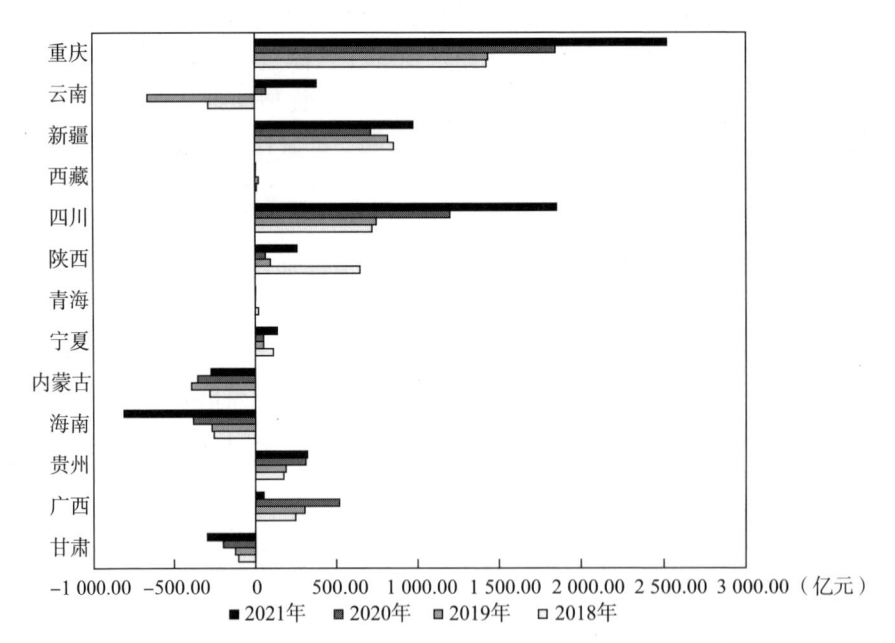

图 1-2　2018—2021 年西部陆海新通道各省份贸易顺差与贸易逆差情况

资料来源：中华人民共和国海关总署。

(2) 出口货物以机械制造产品为主，进口货物以机械制造产品与矿产品为主。

西部陆海新通道对外出口贸易货物，以第八十四章以及第八十五章[①]这两类商品为主。如图1-3所示，2018—2021年，排名首位的为第八十四章商品，其出口贸易额分别为4 802亿元、4 982亿元、5 685亿元、6 225亿元，在所有商品贸易额中的占比分别为33.89%、32.18%、33.49%、30.38%。排名第二的为第八十五章商品，其四年出口贸易额分别为3 324亿元、3 964亿元、4 905亿元、6 108亿元，占比分别为23.46%、25.61%、28.90%、29.81%。2018—2021年，两类商品出口贸易额随时间推移在不断增加，在所有商品出口贸易额中的占比之和分别为57.35%、57.78%[②]、62.39%、60.19%，同样呈现出一定的增加态势。可见，西部陆海新通道出口货物以机械制造产品为主。

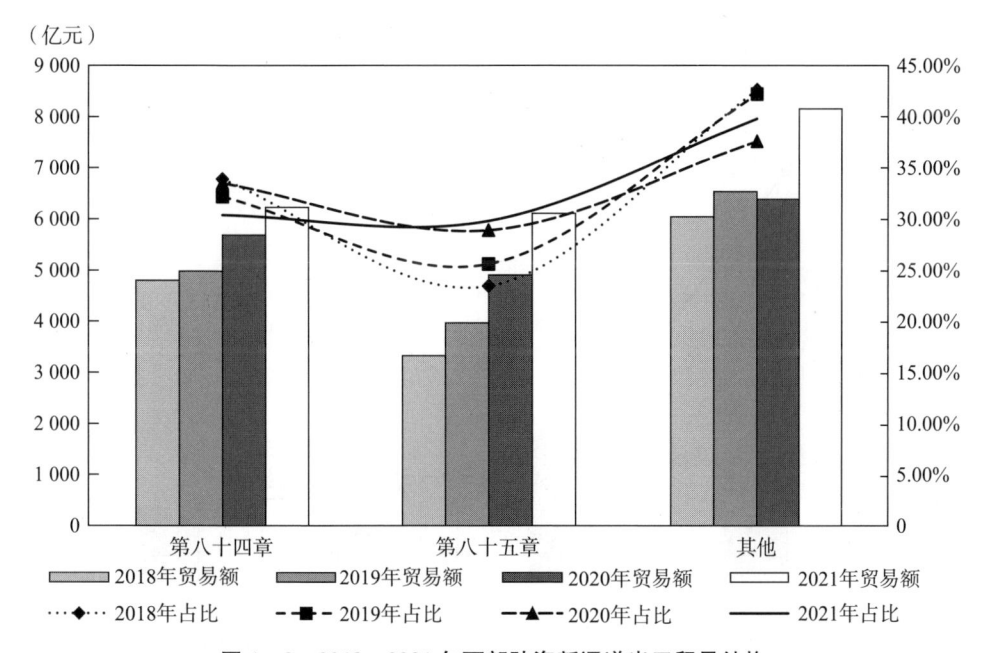

图1-3　2018—2021年西部陆海新通道出口贸易结构

资料来源：中华人民共和国海关总署。

---

① 根据海关编码（HS编码）商品目录，第二十六章为：矿砂、矿渣及矿灰。第二十七章为：矿物燃料、矿物油及其蒸馏产品；沥青物质；矿物蜡。第八十四章为：核反应堆、锅炉、机器、机械器具及其零件。第八十五章为：电机、电气设备及其零件；录音机及放声机、电视图像、声音的录制和重放设备及其零件、附件。第二十六章与第二十七章归属于第五类：矿产品。第八十四章与第八十五章归属于第十六类：机器、机械器具、电气设备及其零件；录音机及放声机、电视图像、声音的录制和重放设备及其零件、附件。

② 受四舍五入的影响，2019年的占比数据与前面两类商品占比之和的数据存在细微差异。

进口方面，如图 1-4 所示，西部陆海新通道仍以第八十五章商品为主，2018—2021 年其贸易额分别为 3 602 亿元、4 826 亿元、5 282 亿元、5 765 亿元，年均增长率为 16.97%。排名第二的为第二十六章商品，其四年贸易额分别为 1 218 亿元、1 626 亿元、1 568 亿元、2 460 亿元，年均增长率高达 26.40%。排名第三、四位的分别为第八十四章与第二十七章商品，其中第八十四章商品进口贸易额出现下滑的趋势，而第二十七章商品则有增有减。从占比来看，第八十五章商品占比逐年升高，其中 2021 年第八十五章商品占比高达 52.95%，领先排名第二的第二十六章商品 30.36 个百分点，而第八十四章商品略有下滑，在 2019 年达到高点 14.49% 后逐渐回落，到 2021 年降低为 12.21%。2018—2021 年，四类商品在所有进口货物中的占比总和分别为 64.82%、84.51%、85.35%、98.17%。可见，西部陆海新通道进口货物以机械制造产品与矿产品为主。

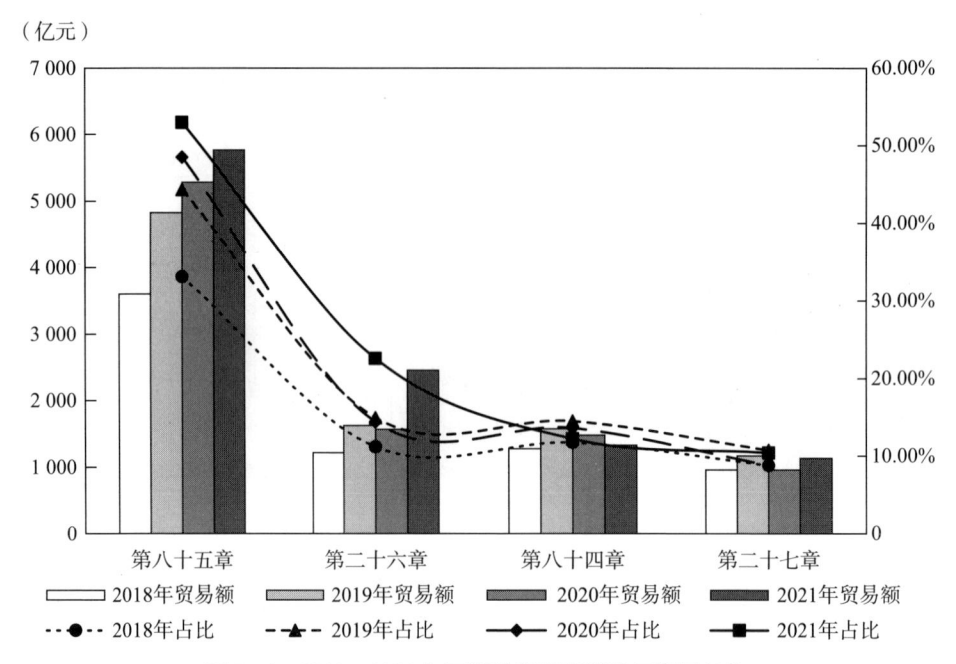

图 1-4　2018—2021 年西部陆海新通道进口贸易结构

资料来源：中华人民共和国海关总署。

2. 贸易伙伴变化情况

西部陆海新通道拉近了中西部地区与外界的地理距离，增进了中西部地区与其他地区的贸易联系，有利于推动我国内陆地区从"后卫"变成"前锋"，同时也改变了西部地区面向东盟却"西货东出"的局面，大幅提升了其在全国对外开放中的地位。未来，在国家与沿线省份的强势赋能与大力推动下，西部陆海新通道将持续发挥桥梁作用,降低我国西部地区的物流成本,开展更加便捷的跨国经贸合作,并进一步扩大贸易规模。

(1) 出口贸易伙伴结构稳定,美国为最大出口伙伴。

表1-1中列出了2018—2021年西部陆海新通道排名前十的出口贸易伙伴。从中可以看出,2018年到2021年,西部陆海新通道排名前四的出口贸易伙伴均为美国、越南、中国香港、韩国四个国家或地区,且排名未发生变动。其中,美国、越南、中国香港是仅有的三个超千亿元的出口贸易伙伴,西部陆海新通道对美国的出口金额四年分别为 2 549.92 亿元、2 174.31 亿元、2 519.49 亿元、2 961.89 亿元,呈现出先减后增的趋势;排名第二的越南四年分别为 1 848.40 亿元、2 107.01 亿元、2 393.28 亿元、2 530.66 亿元,排名第三的中国香港四年分别为 1 670.59 亿元、1 627.90 亿元、1 981.15 亿元、2 460.85 亿元,两地均总体保持着增加态势。从占比角度来看,美国、越南、中国香港在西部陆海新通道对外出口贸易中的占比均超过 10%,四年间三者合计占比分别为 42.83%、38.17%、40.61%、38.82%。

表1-1 2018—2021年西部陆海新通道出口国家(地区)结构

排名	2018年		2019年		2020年		2021年	
	国家(地区)	出口金额(亿元)	国家(地区)	出口金额(亿元)	国家(地区)	出口金额(亿元)	国家(地区)	出口金额(亿元)
1	美国	2 549.92	美国	2 174.31	美国	2 519.49	美国	2 961.89
2	越南	1 848.40	越南	2 107.01	越南	2 393.28	越南	2 530.66
3	中国香港	1 670.59	中国香港	1 627.90	中国香港	1 981.15	中国香港	2 460.85
4	韩国	666.65	韩国	719.95	韩国	799.70	韩国	935.74
5	德国	564.78	德国	651.87	荷兰	728.55	荷兰	861.47
6	哈萨克斯坦	478.33	荷兰	621.07	德国	676.45	马来西亚	854.95
7	荷兰	456.41	哈萨克斯坦	539.66	马来西亚	562.68	德国	853.46
8	马来西亚	426.16	马来西亚	473.31	日本	544.25	印度	657.62
9	日本	394.91	日本	452.66	哈萨克斯坦	520.56	日本	514.78
10	印度	357.79	新加坡	373.98	印度	405.61	哈萨克斯坦	505.67

资料来源:中华人民共和国海关总署。

(2) 进口贸易结构同样表现稳定,台湾地区为最大进口伙伴。

如表1-2所示,2018—2021年,西部陆海新通道排名前十的进口贸易伙伴中,前四名同样未有变化,为中国台湾、美国、越南、韩国。不同于出口,进口贸易伙伴的名次略有变化。其中中国台湾连续四年保持在首位；美国则是除 2020 年退居第三外，其余各年均排名第二；越南 2019、2021 年排名第三，而在 2018、2020 年排名第四；韩国 2020 年名次最高，取代美国排名第二，其余年份则徘徊于三、四名。

进一步观察可知，在西部陆海新通道进口国家或地区中，中国台湾、美国、越南、韩国是仅有的四个超千亿元级别的贸易伙伴，其 2018—2021 年的进口额占通道进口总额的比例分别为 39.72%、38.36%、39.72%、38.07%。中国台湾、韩国四年的进口额逐年增加，前者由 2018 年的 1 262.52 亿元增至 2021 年的 1 935.28 亿元，年均增长 15.30%；后者由 2018 年的 1 045.59 亿元增至 2021 年的 1 227.20 亿元，年均增长 5.48%。美国与越南均呈现出先增后减再增的特点，2020 年出现下滑后于 2021 年反弹至四年间最高点，两国 2021 年的进口额相对 2018 年，分别增长 23.49%、44.83%。

表 1-2 2018—2021 年西部陆海新通道进口国家（地区）结构

排名	2018 年		2019 年		2020 年		2021 年	
	国家（地区）	进口金额（亿元）	国家（地区）	进口金额（亿元）	国家（地区）	进口金额（亿元）	国家（地区）	进口金额（亿元）
1	中国台湾	1 262.52	中国台湾	1 631.89	中国台湾	1 737.25	中国台湾	1 935.28
2	美国	1 094.02	美国	1 218.41	韩国	1 183.32	美国	1 351.04
3	韩国	1 045.59	越南	1 151.38	美国	1 159.42	越南	1 335.73
4	越南	922.25	韩国	1 088.67	越南	1 136.89	韩国	1 227.20
5	日本	580.28	日本	602.94	日本	654.94	日本	926.83
6	澳大利亚	394.24	泰国	552.37	泰国	532.72	澳大利亚	823.16
7	蒙古	344.47	澳大利亚	490.69	澳大利亚	477.51	爱尔兰	510.61
8	巴西	326.39	马来西亚	428.21	爱尔兰	455.46	巴西	510.17
9	马来西亚	314.66	爱尔兰	422.02	马来西亚	374.81	马来西亚	403.48
10	爱尔兰	309.44	蒙古	400.98	巴西	366.55	俄罗斯	349.62

资料来源：中华人民共和国海关总署。

3. 物流运输发展情况

西部陆海新通道物流设施网络结构功能日趋完善，"通道＋枢纽＋网络"的现代物流体系逐渐形成，通道沿线省份通力协作、优势互补，货运流量不断扩大，综合服务能力与运行效率不断提升，沿线经贸产业联动性不断增强。这一发展趋势为通道地区的经济发展注入了新的动力，并为各地区的合作提供了更广阔的空间。

（1）港口货物吞吐量稳步上升。

西部陆海新通道沿线 13 省份中，仅广西和海南拥有沿海港口，广西、重庆、四川、贵州和云南等省份拥有内河港口。从沿海港口来看，根据表1-3，2020—2022年西部陆海新通道沿海港口吞吐量总体呈现出增长态势，2020年整个通道沿海港口货物吞吐量49 462万吨，到2022年增加至55 940万吨，三年间增加6 478万吨，年均增幅达6.3%，占全国沿海港口吞吐量5.5%左右。广西沿海港口货物吞吐量增速较快，年均增长12.1%，到2022年完成货物吞吐量37 134万吨，其中外贸货物吞吐量16 756万吨，占货物吞吐量的45.1%，北部湾国际门户港建设初有成效。2022年，通道沿海港口完成集装箱吞吐量1 094万标箱，较2020年增加289万标箱，年均增幅达16.6%，呈快速增长态势，其中北部湾港① 和洋浦港连续两年增长率在10%以上，增速位列全国沿海主要港口前列，国际集装箱枢纽港建设成效显著。

表1-3 2020—2022年西部陆海新通道沿海港口货物、集装箱吞吐量

计量单位：万吨、万标箱	2020年			2021年			2022年		
港口	货物	外贸货物	集装箱	货物	外贸货物	集装箱	货物	外贸货物	集装箱
全国沿海港口合计	948 002	400 457	23 429	997 259	418 806	24 933	1 013 102	412 719	26 073
广西合计	29 567	13 828	505	35 822	16 694	601	37 134	16 756	702
北海港	3 736	1 445	50	4 323	1 564	61	4 418	1 591	71
钦州港	13 649	4 294	395	16 699	5 370	463	17 357	5 343	541
防城港	12 182	8 089	60	14 800	9 760	77	15 359	9 822	90
海南合计	19 895	3 821	300	20 373	3 763	334	18 806	3 810	392
海口港	11 781	365	197	12 159	401	201	11 118	315	215
洋浦港	5 664	3 096	102	5 561	2 878	132	5 346	3 078	177
八所港	1 501	355	0	1 652	458	0	1 646	386	0
三亚港	221	1	1	236	22	1	124	2	0
清澜港	326	0	0	264	4	0	207	0	0
海南其他	401	4	0	502	0	0	366	29	0

资料来源：中华人民共和国交通部。

从内河港口来看，由表1-4可知，2020年整个通道内河港口货物吞吐量35 649万吨，其中广西和重庆共占比94.9%，到2022年，通道内河港口货物吞

---

① 北部湾港包括防城港、钦州港和北海港三个港口。

吐量增加至 36 531 万吨,三年间增加 882 万吨,占全国内河港口吞吐量 7% 左右。具体到各省份来看,四川和云南连续两年保持 40% 以上的增幅,水路交通运输基础设施网络逐步完善;广西保持稳定增长,年均增长率 6.4%;贵州港口规模小、效率低,货物吞吐量较小,不足 30 万吨,位列全国内河港口吞吐量末尾。内河港口外贸货物吞吐量较小,2022 年通道完成外贸货物吞吐量 697 万吨,占 2022 年通道货物吞吐量的 1.9%;2022 年通道完成集装箱吞吐量 266 万标箱,较 2020 年增长 12 万标箱。通道整体具有良好的内河航运条件,但是航运资源开发利用程度低,航运潜力远未能得到充分发挥,需要进一步建设与完善。

表 1-4 2020—2022 年西部陆海新通道内河港口货物、集装箱吞吐量

计量单位:万吨、万标箱	2020 年			2021 年			2022 年		
港口	货物	外贸货物	集装箱	货物	外贸货物	集装箱	货物	外贸货物	集装箱
全国内河港口合计	506 989	49 096	3 001	557 275	50 930	3 340	555 351	48 009	3 515
广西合计	17 346	103	112	19 837	116	119	19 619	111	124
南宁	845	0	0	980	0	0	1 064	0	1
柳州	45	0	0	38	0	0	14	0	0
贵港	10 552	11	35	10 227	39	34	8 038	20	29
梧州	4 417	92	76	6 004	76	84	7 336	91	93
来宾	853	0	0	1 578	0	1	2 171	0	1
广西其他	634	0	0	1 011	0	0	995	0	0
重庆	16 498	528	115	19 804	578	133	12 795	463	113
四川合计	1 360	108	27	2 044	140	26	3 216	123	29
泸州	694	89	16	743	115	17	818	111	19
宜宾	521	20	12	532	19	9	577	13	10
乐山	27	0	0	33	0	0	22	0	0
南充	0	0	0	0	0	0	918	0	0
四川其他	118	0	0	736	5	0	881	0	0
贵州合计	23	0	0	25	0	0	28	0	0
云南合计	422	3	0	602	0	0	873	0	0
昭通	419	0	0	602	0	0	873	0	0
云南其他	3	3	0	0	0	0	0	0	0

资料来源:中华人民共和国交通部。

总体来看，广西抓住西部陆海新通道建设机遇，充分发挥了北部湾港和贵港港等汇聚南北、通江达海、水陆连通的重要功能。无论是沿海港口还是内河港口，2022年广西货物吞吐量和集装箱吞吐量都稳居通道第一。2020年整个通道港口（包括沿海港口和内河港口）货物吞吐量85 111万吨，占全国总量的5.8%，外贸货物吞吐量18 391万吨，集装箱吞吐量1 059万标箱；2022年通道港口货物吞吐量92 471万吨，占全国总量的5.9%，外贸货物吞吐量21 263万吨，集装箱吞吐量1 360万标箱，保持稳定增长。外贸货物吞吐量和集装箱吞吐量都不足全国总量的5%。港口是西部陆海新通道联通全球市场的重要枢纽，但目前外贸货物吞吐量较小，现代化程度不高，对外联通度略有不足，离成为带动通道地区对外开放的强大引擎还有一定差距。

（2）机场货邮吞吐量波动下降。

航空货邮是现代物流的重要组成部分，能够为客户提供安全、快捷、方便和优质的服务。图1-5所示为2018—2022年西部陆海新通道各省份机场货邮吞吐量。2018年通道完成机场货邮吞吐量286.1万吨，2022年完成机场货邮吞吐量233.8万吨，通道总体机场货邮吞吐量呈现一年增一年减的波动下降态势。2018—2022年，全国机场货邮吞吐量从1 674万吨下降到1 453.1万吨，下降13%，

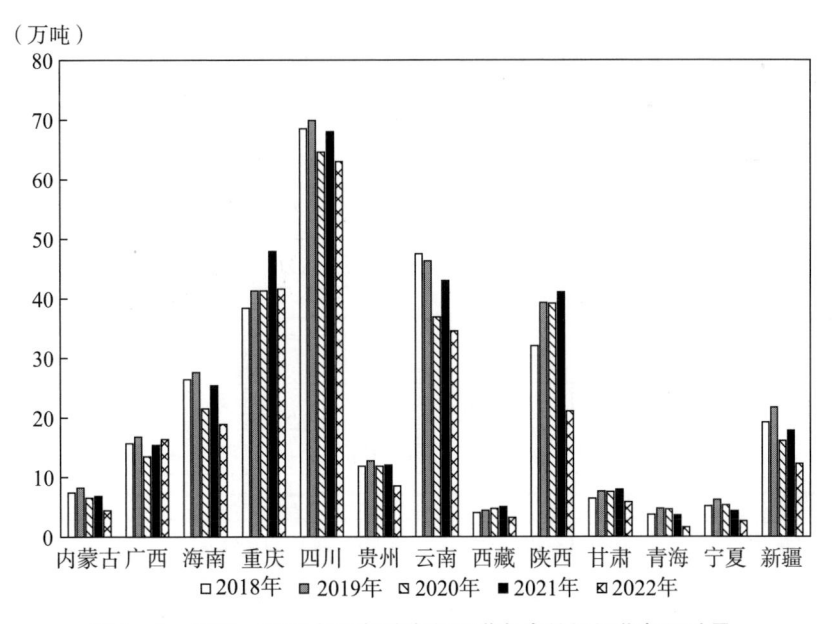

图1-5 2018—2022年西部陆海新通道各省份机场货邮吞吐量

资料来源：中国民用航空局。

而通道地区下降了18%，下降幅度超过全国5个百分点，机场货邮吞吐量下降明显。具体到各省份，2018—2022年，内蒙古、西藏、甘肃、青海和宁夏机场货邮吞吐量均不足10万吨，其中青海省吞吐量最小，2022年仅完成吞吐量1.6万吨，不足通道完成量的1%；四川吞吐量最大，2022年共完成吞吐量63万吨，占通道完成量的27%。从增长率来看，2018—2022年，重庆以8.3%的增长率居通道沿线省份之首，广西以4.5%的增长率位列通道第二，其余省份增长率皆为负，其中内蒙古、青海和宁夏机场货邮吞吐量降幅超过40%。通道机场货邮吞吐量变化趋势与全国基本相同，波动下降情况在大多数省份均有出现，说明通道机场货邮吞吐量受全国大环境的影响较为明显。

（3）铁路货运总量上升，公路货运总量波动下降。

表1-5所示为2018年和2021年西部陆海新通道各省份铁路、公路、水运货运量。2018年，西部陆海新通道铁路货运量171 304万吨，之后逐年增加，到2021年时，铁路货运量上升到192 222万吨。具体到各省份，比较2018年与2021年的铁路货运量，只有重庆和陕西出现了下降情况，重庆四年间减少了1%，而陕西四年间减少了10%，货运量降幅较大；广西、贵州、宁夏和新疆增长率均超过20%，其中新疆以54.0%位居增幅榜首位。2021年，西藏铁路货运量较小，仅81万吨，不足通道总量的0.1%；通道铁路货运量主要集中在内蒙古和陕西，两者分别占通道铁路货运总量的43.2%和19.7%。通道铁路货运量占全国总量的40%以上，但通道内部各省份货运量差距较大，部分省份尚未建成广泛覆盖的普速铁路网。

表1-5 2018年和2021年西部陆海新通道各省份铁路、公路、水运货运量

地区	货运量（万吨）					
	2018年			2021年		
	铁路	公路	水运	铁路	公路	水运
内蒙古	72 506	160 018		83 128	132 847	
广西	7 140	153 389	30 123	9 119	169 019	38 030
海南	1 068	12 052	8 921	1 100	7 608	19 282
重庆	1 967	107 064	19 460	1 946	121 185	21 462
四川	7 199	173 324	6 862	7 535	171 377	5 400
贵州	5 513	95 354	1 670	7 276	89 154	560
云南	4 661	135 321	688	5 342	129 090	576
西藏	70	2 363		81	4 502	

续表

地区	货运量（万吨）					
	2018年			2021年		
	铁路	公路	水运	铁路	公路	水运
陕西	42 245	130 823	177	37 894	122 716	85
甘肃	6 087	64 271	28	6 444	69 665	
青海	3 220	15 685		3 735	14 083	
宁夏	7 159	31 757		9 423	37 506	
新疆	12 469	85 029		19 199	54 309	

资料来源：《中国统计年鉴》。

西部陆海新通道公路货运量波动减少。2021年通道公路货运量1 123 061万吨，相较2018年的1 166 450万吨，年均减少1.3%，高于全国0.4%的年均降幅。在通道13个省份中，公路货运量最多的是四川，2021年货运量171 377万吨，排名次席的是广西，货运量169 019万吨，两者占比分别为15.3%、15.0%，排名其后的是内蒙古、云南、陕西和重庆；海南和西藏公路货运量较少，不足10 000万吨，其中海南公路货运量减少明显，2021年较2018年减少4 444万吨，降幅高达37%。

（4）省际铁路货运以货物输出为主。

国内大循环是我国发展的根基和命脉，要充分利用国内大市场拉动中国经济增长。表1-6所示为2021年西部陆海新通道沿线13省份与其他省份之间的铁路货运量。通道铁路货物到达量与发送量存在十分显著的地区差异。以通道沿线13省份为发送地，2021年到达量最大的省份是河北，为12 119万吨，最小的是上海，仅187万吨。以通道沿线13省份为到达地，发送量最大的省份是山西省，为3 863万吨，最小的是北京市，仅89万吨。以货物发送量和到达量的差值来衡量货物的空间流动差异，省际铁路货运贸易具有非对称性，通道铁路货物以输出为主，2021年通道铁路货物对外输出总量与输入总量差值为31 480万吨。具体到各省份，通道主要向河北、辽宁、吉林、黑龙江、山东、河南、湖北等省份输出货物；而到达通道的货物主要来自山西和广东等省份。运输距离和地区间货物的互补性以及铁路网络可达性是影响通道与其他地区间铁路货运量差异的重要因素。内蒙古主要向河北、辽宁、吉林和黑龙江发送货物，陕西主要向河南和湖北发送货物；来自广东的铁路货物主要到达广西，来自山西的铁路货物主要到达川渝地区。铁路货运交流以周边省份为主，远距离货物运输量相对较少。

表 1-6　2021 年西部陆海新通道沿线 13 省份与其他省份之间的铁路货运量（万吨）

省份	北京	天津	河北	山西	辽宁	吉林	黑龙江
通道发送	251	1 679	12 119	1 956	4 014	5 005	5 461
到达通道	89	1 503	851	3 863	1 103	595	1 046
流量差	162	176	11 268	−1 907	2 911	4 410	4 415
省份	上海	江苏	浙江	安徽	福建	江西	山东
通道发送	187	1 730	1 076	1 162	343	1 887	4 521
到达通道	177	1 327	420	402	101	296	2 684
流量差	10	403	656	760	242	1 591	1 837
省份	河南	湖北	湖南	广东	通道	总计	
通道发送	3 270	4 343	2 716	2 416	76 206	130 342	
到达通道	2 637	1 681	556	3 325	76 206	98 862	
流量差	633	2 662	2 160	−909	0	31 480	

资料来源：《中国统计年鉴》。

（5）通道运输结构加速调整。

2018—2021 年，通道铁路和水路货运量及占比稳步提升，但通道总体货运仍以公路为主。具体到各省份，2021 年，除海南的水路货运占比要高于铁路货运与公路货运外，其他省份的公路货运占比均要高于铁路货运与水路货运。其中，四川、贵州、云南、西藏和甘肃的公路货运占比均超 90%，西藏又以 98.2% 的占比高于其他省份。铁路货运方面，内蒙古以 38.5% 的占比位列通道 13 省份之首，重庆则以 1.3% 的占比位列通道 13 省份之末。

对比 2018 年和 2021 年通道的货运量和货物周转量（见表 1-5 及表 1-7）可发现，货运量增速（−0.36%）显著低于货物周转量增速（21.68%），单位货物平均运输距离结构性延长。从货运类型来看，相较 2018 年，2021 年铁路货物周转量增加了 1 547.27 亿吨公里，增幅 15.1%，略高于铁路货运量的增幅；公路货物周转量减少了 3 303.87 亿吨公里，降幅 19.4%，远高于公路货运量 3.7% 的降幅；而水运货物周转量增加了 8 742.89 亿吨公里，增幅高达 177.1%，其中，海南增加了 7 936.6 亿吨公里，占增加量的 90.8%，海南水运货物周转量的快速增加极大地拉开了货物周转量增速与货运量增速之间的差距。通道内部货物周转运输发生结构性变化，铁路、公路和水运货物周转量之比从 2018 年的 31.8∶52.9∶15.3 发展为 2021 年的 30.1∶35.0∶34.9，铁路占比下降 1.7 个百分点，公路占比下降 17.9 个百分点，公路货物周转量下降趋势明显，而水运占比上升 19.6 个百分点。

从各省份来看，相较 2018 年，2021 年内蒙古、广西、贵州、云南、陕西和新疆货物周转量减少，其中贵州减少了 20.1%，居降幅榜首位；广西货运量增加但货物周转量减少,单位货物平均运输距离降低,四川的情况则与广西相反。在铁路货物周转量上,仅海南和西藏铁路货物周转量有所减少,2021年较2018年分别减少了5%和6%,降幅较小;在公路货物周转量上,除宁夏大幅增加(45.1%)外,仅重庆、西藏和甘肃有小幅增加,增幅分别为0.3%、1.8%和7.0%;在水运货物周转量上,广西、海南和重庆保持增长,且2021年三者水运货物周转量之和占通道水运货物周转总量的97.8%。

表1-7 2018年和2021年西部陆海新通道沿线各省份铁路、公路、水运货物周转量

地区	货物周转量（亿吨公里）					
	2018年			2021年		
	铁路	公路	水运	铁路	公路	水运
内蒙古	2 610.35	2 985.63		2 715.32	2 218.50	
广西	710.09	2 683.05	1 590.64	772.72	1 873.39	2 235.93
海南	17	84.55	774.27	16.15	44.72	8 710.87
重庆	206.63	1 152.75	2 238.53	254.70	1 155.84	2 435.94
四川	861.02	1 814.95	270.13	1 024.37	1 789.79	264.73
贵州	606.33	1 146.51	45.07	685.85	726.31	23.73
云南	465.36	1 489.23	17.33	482.79	1 377.57	7.92
西藏	33.22	116.84		31.23	118.91	
陕西	1 723	2 301.37	0.52	2 126.07	1 818.67	0.31
甘肃	1 490.91	1 118.97	0.05	1 689.89	1 197.41	
青海	275.62	275.74		431.13	160.47	
宁夏	229.49	398.19		234.50	577.70	
新疆	1 007.17	1 476.70		1 318.74	681.33	

资料来源:《中国统计年鉴》。

4. 区域交通协同情况

交通运输协同发展,是指从发展区域经济的角度,把区域内在经济上紧密联系的各省份作为有机整体,通盘考虑交通运输基础设施的规划与建设,建立一体化的运输市场和统一协调的交通运输产业发展政策体系以及运输组织管理系统。当前,西部陆海新通道在交通运输协同上的建设正逐渐走向一体化。

(1) 国家物流枢纽已基本覆盖通道沿线省份。

国家物流枢纽是物流体系的核心基础设施,在构建"通道+枢纽+网络"三位一体的现代物流运行体系中发挥着重要作用。国家物流枢纽系统可有效整合存量物流基础设施,完善区域内集疏运体系,促进物流提质增效降本。自《国家物

流枢纽布局和建设规划》发布以来，西部陆海新通道沿线各省份积极完善物流基础设施，提升物流供给能力，进一步优化物流业发展环境。截至2021年底，国家发展改革委已牵头布局建设了70个国家物流枢纽，枢纽网络覆盖全国29个省份和新疆生产建设兵团。其中，通道沿线省份共有24个国家物流枢纽（见表1-8），占全国总数的34.29%，包括新疆4个（含新疆生产建设兵团1个），内蒙古、广西、重庆、四川和陕西各3个，甘肃、贵州、云南、青海和西藏各1个。从国家物流枢纽的类型来看，通道包含12个陆港型、2个港口型、2个空港型、2个生产服务型、3个商贸服务型和3个陆上边境口岸型国家物流枢纽，与西部地理地貌相符合。

表1-8 2019—2021年西部陆海新通道国家物流枢纽建设名单

省份	国家物流枢纽
内蒙古自治区	乌兰察布-二连浩特陆港型（陆上边境口岸型）国家物流枢纽
	满洲里陆上边境口岸型国家物流枢纽
	呼和浩特商贸服务型国家物流枢纽
广西壮族自治区	南宁陆港型国家物流枢纽
	钦州-北海-防城港港口型国家物流枢纽
	柳州生产服务型国家物流枢纽
重庆市	重庆港口型国家物流枢纽
	重庆陆港型国家物流枢纽
	重庆空港型国家物流枢纽
四川省	成都陆港型国家物流枢纽
	遂宁陆港型国家物流枢纽
	达州商贸服务型国家物流枢纽
陕西省	西安陆港型国家物流枢纽
	延安陆港型国家物流枢纽
	西安空港型国家物流枢纽
甘肃省	兰州陆港型国家物流枢纽
新疆维吾尔自治区	乌鲁木齐陆港型国家物流枢纽
	阿拉山口陆上边境口岸型国家物流枢纽
	霍尔果斯陆上边境口岸型国家物流枢纽

续表

省份	国家物流枢纽
新疆生产建设兵团	石河子生产服务型国家物流枢纽
贵州省	贵阳陆港型国家物流枢纽
云南省	昆明商贸服务型国家物流枢纽
青海省	格尔木陆港型国家物流枢纽
西藏自治区	拉萨陆港型国家物流枢纽

资料来源：中华人民共和国国家发展和改革委员会。

(2) 通道沿线交通协同体系构建正逐步开展。

2021年12月，交通运输部、国家铁路局、中国民用航空局、国家邮政局联合印发《西部陆海新通道"十四五"综合交通运输体系建设方案》（以下简称《建设方案》）。《建设方案》要求强化融合联动发展，扩展发展新空间，建设统一开放的交通运输市场，完善综合立体交通网，强化互联互通，到2025年，基本形成南北贯通、陆海联动、开放共享、辐射有力、协同一体的西部陆海新通道综合交通运输体系，到2035年，全方位形成南北贯通、陆海联动、开放共享、辐射有力、协同一体的西部陆海新通道综合交通运输体系。

具体到各省份发展规划上，贵阳以建成区际大通道为抓手，建成贵阳至南宁高速铁路，实现至周边省会全部直联高铁；实施贵广铁路提质改造工程，进一步压缩贵阳至广州旅行时间；规划建设重庆至贵阳高铁，更快融入成渝双城经济圈。广西明确南向北联开放发展，加快推进通道内贵阳至南宁高速铁路、南宁经桂林至衡阳新高铁、黄桶至百色铁路、贵阳经南宁至北海高速公路等项目，重点推进南宁经玉林经岑溪至深圳高速铁路、南宁经玉林至珠海高速公路、南宁至梧州3 000吨级航道等一批重大项目建设，建成后将显著提升广西对外交通能力，使广西更好地服务和融入新发展格局。云南在"十四五"期间将加快建设5条国内综合交通运输大通道，包括京（蓉）昆、京（渝）昆、沪昆、广昆、滇藏等通道重点建设项目，形成高效发达的出省综合交通运输通道，全面支撑昆明—京津冀、昆明—长三角、昆明—粤港澳大湾区、昆明—西藏4条国内综合交通经济廊带建设。陕西全面畅通与重庆、甘肃、河南等周边省份高速通道，提升路网开放度，构建以覆盖"一带一路"沿线国家和地区为重点的国际航线网络，建设覆盖广泛、深度通达的国内航线网络，支持西安国际港务区打造中欧班列（西安）集结中心，高效串联国际国内物流通道和节点，完善多式联运国际物流服务网络，畅通亚欧陆海贸易大通道。甘肃构建以主要城市为节点的跨省互通直联通道，规划建设和强化兰州经天水至汉中、汉中经陇南至九寨沟通道，提升陇南在面向西南、西北次区域合作中的地位；优化武金张（武威、金昌、张掖）跨省通道布局，增强武金张区域辐射能力；研究规划酒嘉（酒泉、嘉峪关）至马鬃山口岸通道，强化敦煌至格尔木通道，提升河西走廊对外开放和区域互联水平。青海全面加快交通基础设施建设，加快西宁至成都铁路建设，尽早打通青海与成渝地区双城经济圈的铁路联系；有序推进重要省际高速公路建设，强化省际、城际联系，实施一批对完善高速公路网络布局有突出作用的省际高速公路项目；推动城际轨道交通发展，加快织密城市群公路交通网络，打通兰西城市群内省际、城际公路"断头路"，提升城市群路网连通程度。

5. 物流产业发展情况

产业是经济发展的命脉所在，物流产业则是服务于生产、消费等各个领域，支撑经济发展的重要因素。西部陆海新通道经济的大发展必须依托物流产业的高质量发展。尽管与东部地区比较仍落后不少，但近年来，在国家政策的扶持下，通道内的物流产业快速发展，为促进经济高效循环、形成强大国内市场做出了巨大贡献。

（1）产业市场主体逐年增加。

市场主体是市场经济持续发展的微观基础。2020年，习近平总书记在企业家座谈会上指出，"市场主体是经济的力量载体，保市场主体就是保社会生产力""要千方百计把市场主体保护好，为经济发展积蓄基本力量""要加大政策支持力度，激发市场主体活力，使广大市场主体不仅能够正常生存，而且能够实现更大发展"。对于西部陆海新通道而言，尽一切可能激发市场主体活力，推动企业发挥更大作用，实现更大发展，是实现其经济高质量发展的必由之路。

从物流产业主体数量[①]来看，如图1-6所示，2018—2022年西部陆海新通道主体数量呈现出增长态势。2018年整个通道的交通运输、仓储和邮政业主体共有15.17万家，到2022年，主体数量增加至23.31万家，五年间增加了8.14万家，增幅达53.66%，高于全国51.28%的增幅。具体到各省份，主体数量同样随时间持续增长，其中四川交通运输、仓储和邮政业市场主体最多，2022年末共有4.0万家；排名第二的为广西，2022年末共有2.95万家。从增长率来看，2018—2022年，海南以21.99%的增长率位列西部陆海新通道各省份之首，西藏以2.59个百分点之差排名第二，沿线13个省份中，仅宁夏（8.90%）、内蒙古（7.88%）的增长率未超过10%。

---

① 统计的是《国民经济行业分类》（GB/T 4754—2017）中的交通运输、仓储和邮政业的市场主体数量。

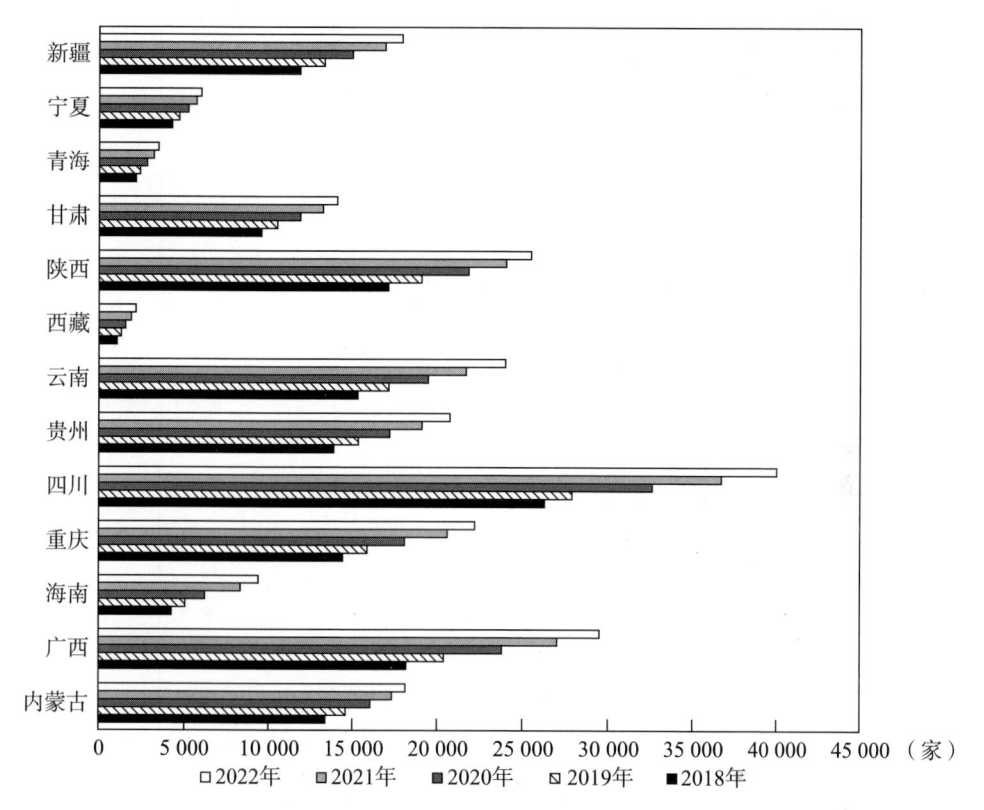

图 1-6　2018—2022 年西部陆海新通道各省份交通运输、仓储和邮政业市场主体数量

资料来源：企研数据。

（2）从业人员数量总体下滑。

从就业人口来看，如图 1-7 所示，2017—2021 年西部陆海新通道从事交通运输、仓储和邮政业的人数总体呈现出一定的下滑趋势。2017 年，西部陆海新通道共有 210.40 万人从事交通运输、仓储和邮政业，到 2021 年时，从业人数下降到 198.66 万人，下降了 11.74 万。具体到各省份，比较 2017 年与 2021 年的从业人数，出现下滑的省份包括内蒙古、广西、重庆、四川、云南、陕西、甘肃，其中重庆市以 5.93% 的跌幅位居跌幅榜首位，四川、云南分别以 3.01%、3.00% 的跌幅排名第二、三位。相反，海南、贵州、西藏、青海、宁夏、新疆的从业人数则呈现出增加的趋势，其中西藏由 2017 年的不足万人锐增至 2021 年的 2.30 万人，以 26.93% 的年均增长率位居各省份第一，其余五省份的增长率均在 1% 左右，总体增加缓慢。

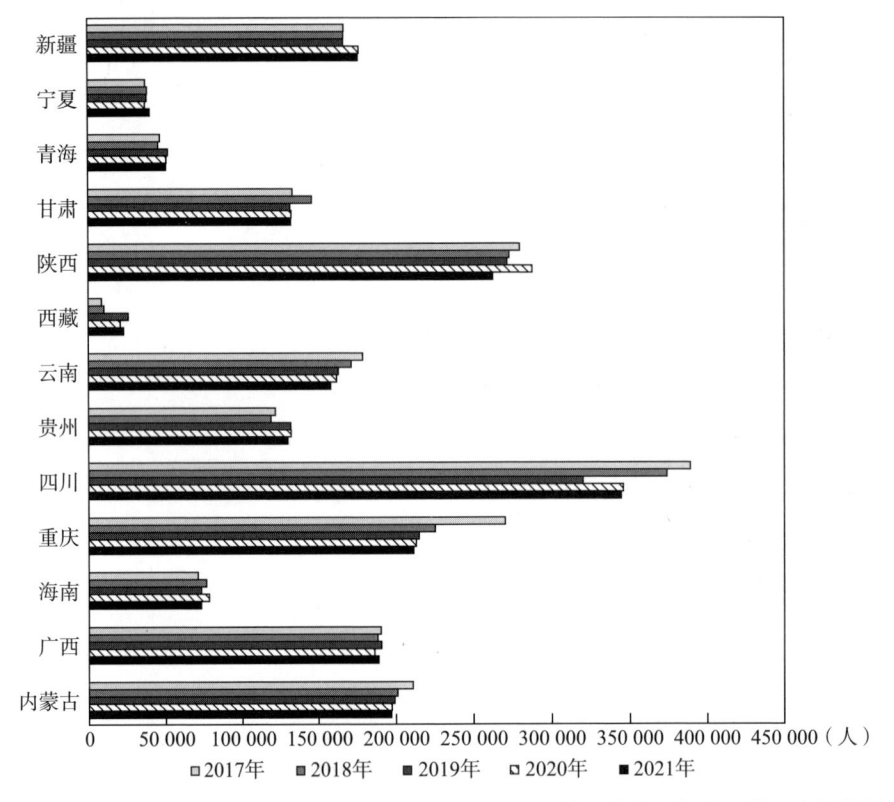

图 1-7 2017—2021 年西部陆海新通道各省份交通运输、仓储和邮政业从业人员数量

资料来源：《中国统计年鉴》。

(3) 产业规模总体在扩大，人均创收呈增加趋势。

表 1-9 所示为 2019—2021 年西部陆海新通道各省份交通运输、仓储和邮政业增加值及人均增加值。从行业增加值来看，除西藏与新疆外，2021 年西部陆海新通道各省份的交通运输、仓储和邮政业增加值相较 2019 年均有一定程度的增加，其中陕西增加 185.34 亿元，为增加数额最多的省份；海南则是增幅最大的省份，增幅达到了 42.87%，年均增长率为 19.53%。再从人均增加值来看，2019—2021 年，云南始终位列西部陆海新通道各省份之首，三年分别为 68.29 万元/人、68.57 万元/人、78.93 万元/人，内蒙古以 60.43 万元/人、58.98 万元/人、64.12 万元/人排名各省份第二。进一步看，除四川、新疆总体呈下降态势外，其他省份人均增加值总体表现出随年份上升的态势，海南以 19.53% 的年均增长率再次位列通道各省份之首，陕西、广西分别以 10.27%、8.45% 分列第二、三位。

表1-9 2019—2021年西部陆海新通道各省份交通运输、仓储和邮政业增加值及人均增加值

地区	增加值（亿元）			人均增加值（万元/人）		
	2021年	2020年	2019年	2021年	2020年	2019年
内蒙古	1 262.40	1 163.07	1 202.71	64.12	58.98	60.43
广西	1 050.5	908.81	902.04	55.68	48.85	47.34
海南	352.80	244.08	246.93	48.39	31.25	33.87
重庆	1 087.30	952.87	977.14	51.41	44.71	45.45
四川	1 553.60	1 472.28	1 468.52	45.12	42.59	45.91
贵州	817.70	725.39	709.88	62.97	54.99	53.92
云南	1 247.80	1 109.77	1 113.14	78.93	68.57	68.29
西藏	45.40	45.72	47.76	19.7	21.77	18.24
陕西	1 245.20	1 135.82	1 059.86	47.47	39.49	39.04
甘肃	471.50	420.2	438.39	35.73	31.75	33.32
青海	140.80	120.16	123.18	27.76	23.59	23.71
宁夏	204.00	181.88	178.21	50.48	48.82	46.42
新疆	703.60	613.39	953.72	40.00	34.77	57.25

资料来源：《中国统计年鉴》。

（二）发展成效

1. 已形成较为完善的制度框架

一是沿线各地正在加快优化物流贸易政策体系。自2019年西部陆海新通道上升为国家战略以来，通道沿线各省份对物流贸易的重视程度越来越高。根据课题组不完全统计[①]，近年来，通道各省份已出台了超50份政策规划，如表1-10所示。从内容上看，"十四五"规划占比最高。各省份密集出台相关规划，有助于确保党中央发展西部陆海新通道的战略安排能贯彻落实到各省份、各领域、各环节。重庆、四川、广西、内蒙古、青海等省份为响应国家战略，还出台了相应的建设陆海新通道行动方案与行动计划，为高质量建设物流贸易通道确定了科学、可行、详尽的发展方向，也为高水平推进内陆开放提供了有力支撑。

从各省份横向比较来看，通道沿线13个省份均发布了促进物流贸易发展的规划，物流贸易的重要性可见一斑。其中云南出台政策最多，共计9份，涉

---

① 统计时间截至2023年6月。

及综合立体交通、现代物流、水路交通、服务贸易等多个方面。数量在云南之后的广西出台了7份政策，作为主干道省份之一，其有3份规划内容直指西部陆海新通道的发展，以打造面向东盟更好服务"一带一路"建设的开放合作高地和国内国际双循环重要节点枢纽为目标，全面服务和融入新发展格局。各省份通过制定相应的规划或行动方案，明确自身未来若干年的发展方向，并在不同程度上对建设协同物流贸易通道进行了一定的规划，有助于西部陆海新通道一体化发展。

表1-10 西部陆海新通道各省份有关政策汇总

颁发省份	颁发时间	政策名称
重庆市	2023	重庆市加快建设西部陆海新通道五年行动方案（2023—2027年）
	2022	重庆市商贸物流发展"十四五"规划
	2022	重庆市推动外贸高质量发展三年行动计划（2022—2024年）
	2021	重庆市现代物流业发展"十四五"规划（2021—2025年）
	2021	重庆市口岸发展"十四五"规划（2021—2025年）
	2021	重庆市综合交通运输"十四五"规划（2021—2025年）
四川省	2022	四川省"十四五"现代流通体系建设实施方案
	2022	四川省综合立体交通网规划纲要
	2022	四川省加强成渝地区双城经济圈交通基础设施建设规划
	2021	四川省"十四五"现代物流发展规划
	2021	四川省"十四五"综合交通运输发展规划
	2020	2020年四川加快西部陆海新通道建设工作要点
贵州省	2022	贵州省"十四五"综合交通运输体系发展规划
	2022	贵州省商贸物流高质量发展专项行动工作方案（2022—2025年）
	2021	贵州省"十四五"现代物流业发展规划
	2021	贵州省进一步降低物流成本若干政策措施
云南省	2022	云南省"十四五"现代物流业发展规划
	2022	贯彻落实习近平总书记重要讲话精神维护好运营好中老铁路开发好建设好中老铁路沿线三年行动计划
	2022	关于加快建设区域物流中心的若干政策措施
	2022	云南省现代物流业发展三年行动（2022—2024年）

续表

颁发省份	颁发时间	政策名称
云南省	2022	云南省水路交通"十四五"发展规划
	2022	云南省"十四五"综合交通运输发展规划
	2021	云南省综合立体交通网规划纲要
	2021	云南省服务贸易发展"十四五"规划
	2019	云南省物流枢纽布局和建设规划（2019—2035年）
广西壮族自治区	2022	广西高质量建设西部陆海新通道若干政策措施
	2022	促进广西内外贸一体化发展实施方案
	2021	广西建设西部陆海新通道三年提升行动计划（2021—2023年）
	2021	广西综合交通运输发展"十四五"规划
	2019	广西加快西部陆海新通道建设若干政策措施（修订版）
	2019	西部陆海新通道广西物流业发展规划（2019—2025年）
	2019	西部陆海新通道广西海铁联运主干线运营提升实施方案（2019—2020年）
内蒙古自治区	2022	内蒙古自治区"十四五"现代物流发展规划
	2021	内蒙古自治区"十四五"口岸发展规划
	2021	内蒙古自治区物流枢纽布局和建设规划
	2021	内蒙古自治区"十四五"公路水路交通运输发展规划
	2021	内蒙古自治区"十四五"综合交通运输发展规划
	2020	内蒙古自治区推进西部陆海新通道建设实施方案（2020—2025年）
海南省	2021	海南省"十四五"综合交通运输规划
	2021	海南省"十四五"现代物流业发展规划
	2020	海南自由贸易港建设总体方案
西藏自治区	2021	西藏自治区"十四五"时期现代物流业发展规划
陕西省	2021	陕西省"十四五"物流业高质量发展规划
	2021	陕西省"十四五"综合交通运输发展规划
甘肃省	2021	甘肃省"十四五"及中长期铁路网发展规划
	2021	甘肃省"十四五"现代物流业发展规划
	2021	甘肃省"十四五"综合交通运输体系发展规划

续表

颁发省份	颁发时间	政策名称
青海省	2022	青海省"十四五"现代流通体系建设方案
	2021	青海省"十四五"综合交通运输体系发展规划
	2021	青海省中长期铁路网规划（2021—2050年）
	2020	青海省参与建设西部陆海新通道实施方案
宁夏回族自治区	2021	宁夏回族自治区现代物流发展"十四五"规划
	2021	宁夏回族自治区综合交通运输体系"十四五"发展规划
新疆维吾尔自治区	2022	新疆维吾尔自治区现代物流业发展"十四五"规划

二是国际区域性贸易协定正式建立。《区域全面经济伙伴关系协定》（RCEP）是由东盟与中国、日本、韩国、澳大利亚、新西兰等自贸伙伴共同推动达成的大型区域贸易协定。RCEP由东盟于2012年发起，在历经8年共计31轮正式谈判后，最终15方成员达成一致，并于2020年11月15日签署协定。2022年1月1日，RCEP在文莱、柬埔寨、老挝、新加坡、泰国、越南等6个东盟成员国和中国、日本、澳大利亚、新西兰4个非东盟成员国中正式生效实施。之后，RCEP又相继在韩国、马来西亚、缅甸、印度尼西亚和菲律宾生效。RCEP的正式签署，将有助于中国扩大与东盟十国以及日本、韩国、新西兰等国家的区域经贸和产业链供应链合作。

具体来看，首先，RCEP有助于带动西部陆海新通道战略规划的实施。RCEP的生效，将进一步增强中国与其他国家贸易链、产业链与供应链的韧性。作为连接中国和东盟的重要桥梁，西部陆海新通道自身也将迎来新的发展机遇，西部地区将释放巨大的市场潜力，进一步促进区域内贸易和投资往来。同时，西部陆海新通道战略的实施也可极大地提高RCEP的合作效率，借助西部陆海新通道的物流成本优势，RCEP所营造的高水平自由贸易环境将使中国与东盟贸易产业链产生更多融合和互补效果。

其次，RCEP将持续激发西部陆海新通道"内生动力"。RCEP通过统一关税承诺、原产地规则、贸易投资便利化以及其他贸易规则，截至2023年1月已整合15个成员国签署实施27个贸易安排和44个投资协定，有利于实现东亚地区"碎片化"经贸制度的大整合，大幅提升西部陆海新通道铁海联运的区域联动效率，促使沿线货物能够更快地"走出去"、海外货物能够更加顺畅地"走进来"，不断推动区域价值链的深度融合，让区域合作发展更加繁荣。

最后，RCEP将助力西部陆海新通道形成国内国际双循环相互促进的新发展格局。RCEP将促使西部地区各产业更充分地参与市场竞争，提升其在国内国际两个市场配置资源的能力。借由 RCEP 生效的东风,西部陆海新通道将加强与粤港澳大湾区、海南自由贸易港等其他国内经济圈的合作,充分发挥自身的"热辐射"效应,积极推动通道沿线地区经济、物流、产业等多方面的深度融合,形成对其他区域、城市的提携牵引作用,对稳定国内贸易,构建以国内大循环为主体、国内国际双循环相互促进的新发展格局产生强有力的推动作用。

2. 已形成较为通畅的交通网络

一是铁路营业里程和公路里程快速增长。铁路是综合交通运输体系中的骨干,在物流运输中发挥着重要作用。2018 年底—2021 年底,西部陆海新通道 13 省份铁路营业总里程在全国总里程中的占比均在 40% 以上,铁路营业总里程从 53 830 公里增加到 61 674 公里,增加了 7 844 公里,年均增速约为 4.64%,总体增长较快,且略高于全国平均增速。从各省份铁路营业里程来看(见图 1-8),内蒙古铁路营业里程最长,新疆、四川、陕西、广西位居其后;从增长幅度来看,西藏以年均 14.8% 的增长率位居通道第一,尽管其在 2019、2020 年铁路营业里程零增加,但在 2021 年里程增加 403 公里,实现大幅增长;新疆和青海分别以 9.5%、8.2% 的增长率位列第二、三名。

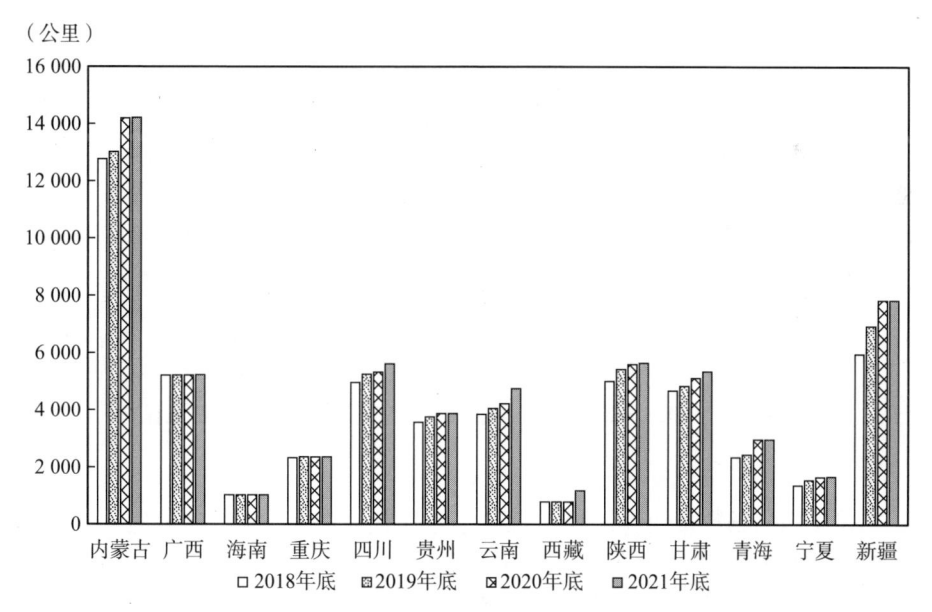

图 1-8 2018 年底—2021 年底西部陆海新通道各省份铁路营业里程

资料来源:《中国统计年鉴》。

公路特别是高速公路是现代化基础设施体系的重要组成部分,是经济社会发展的重要支撑。如图 1-9 所示,2018 年底—2021 年底西部陆海新通道公路总里程呈现出增长态势，2018年底通道公路总里程达2 026 758公里，其中，高速公路总里程约52 246公里，占公路总里程的2.58%。到2021年底，公路总里程增加至2 306 555公里，高速公路总里程增加至71 029公里，较2018年底分别增加13.81%和35.95%，公路网络规模明显扩大，高速公路网络建设成效显著。具体到各省份，四川公路里程最长，2021年底达398 899公里，排名其次的是云南，公路里程达300 890公里。从公路里程增长率来看，2018年底—2021年底，广西以年均8.59%的增长率居通道内增速之首，西藏、四川分别以7.10%和6.35%的年均增速排名第二、三位。从高速公路占比来看，2021年底，通道高速公路总里程占通道公路总里程的3.08%。其中，宁夏与广西高速公路里程占比最高，分别为5.53%、4.57%；云南与四川高速公路里程最长，分别为9 947公里、8 608公里，分别占通道高速公路总里程的14.00%、12.12%。

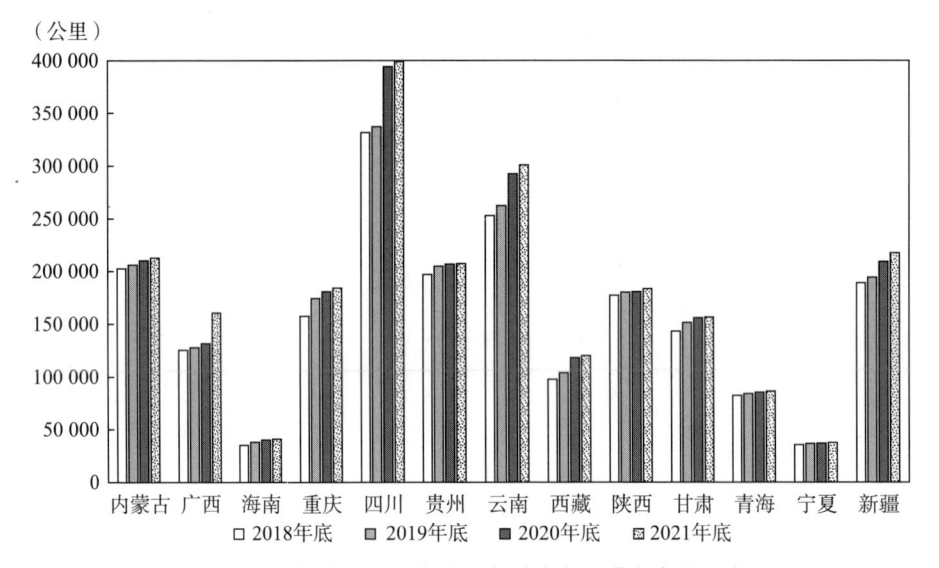

图1-9　2018年底—2021年底西部陆海新通道各省份公路里程

资料来源：《中国统计年鉴》。

二是民用机场数量快速增长。机场作为航空运输的重要基础设施，是综合交通运输体系的重要组成部分。2018年，我国境内（不含港澳台地区）民用运输机场共有235个，其中西部陆海新通道沿线13省份共有民用运输机场122个，占比为51.91%；2022年，我国境内民用运输机场共有254个，其中通道拥有134个，占比为52.76%，通道内民用机场数较多，占全国总量的一半以上。相较2018年，2022年全国民用运输机场数增加19个，其中通道内增加12个，机场建设成效显著。具体到通道内各省份（见图1-10），比较2018年与2022年的民用运输机场数,内蒙古、海南、贵州、云南、陕西、甘肃、青海和宁夏均保持不变;变化的省份中,广西新增 1 个,重庆、西藏各新增 2 个,四川新增 3 个,新疆无论是机场数(25 个)还是机场增加数量(4 个)均为通道内最多。

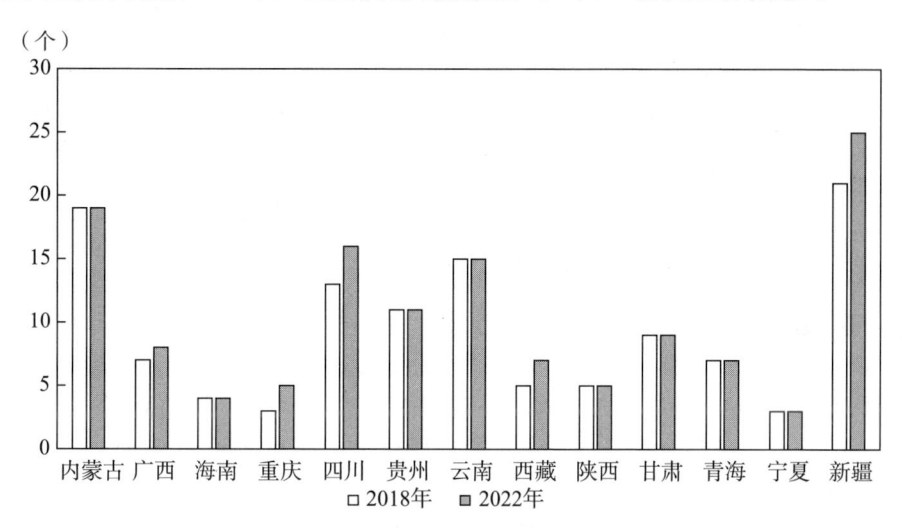

图 1-10 2018 年和 2022 年西部陆海新通道各省份民用运输机场数

资料来源:中国民用航空局。

3. 已初步建立区域协同发展机制

西部陆海新通道是西部地区以陆海联动带动区域协同发展的有机整体,沿线各省份应相互配合、相互合作、相互促进。在对外贸易方面,沿线各省份的协同主要表现在以下几个方面:

一是物流通道建设方面。各省份之间通过加强物流通道的建设,优化物流运输环节,提高物流效率和服务质量,进而更加方便快捷地进行国际贸易合作。如 2022 年 2 月,重庆市人民政府与四川省人民政府印发了《共建成渝地区双城经济圈口岸物流体系实施方案》,双方详细制定了一份包含 20 项双城经济圈口岸物流体系重点事项的清单,明确了双方责任单位,以打造高度一体化的成渝地区双城经济圈现代口岸物流体系为目标,支撑引领成渝地区双城经济圈全面融入和服务新发展格局。

二是产业链配合协作方面。沿线各省份之间根据各自的优势逐渐形成相互关联、相互依存的产业链,实现整体经济效益的最大化。例如,成渝两地积极推动产业链供应链协同,加快形成面向东盟的智能网联新能源汽车、智能终端、农机通机、绿色食品等 4 条标志性合作产业链,提升经济圈先进制造业中心的产业集聚辐射带动力;四川省港航投资集团联合通道沿线"13+1"省区市("1"为广东省湛江市,下同)的 500 余家单位,建立了西部陆海新通道物流产业发展联盟,推动区域物流一体化发展;

广西作为西部陆海新通道的重要出海口，已与重庆、四川等沿线省份以及新加坡等国家的企业达成合作，共同运营北部湾港，并与重庆、四川等沿线省份建立常态化沟通机制，推动成立陆海新通道运营有限公司，建立健全通道运营监测体系。

三是海关管理合作方面。各省份之间加强海关管理合作，优化通关服务，加快通关速度，通过建立更加高效有序的海关通关制度，提升沿线省份国际贸易发展速度和质量。2020年11月，重庆、四川等"13+1"省区市口岸部门签署了《国际贸易"单一窗口"西部陆海新通道平台建设合作协议》，明确将在便利化通关作业、加大国际合作力度等方面支持西部陆海新通道建设。2023年5月，重庆海关与南宁海关签署《共同支持西部陆海新通道建设合作备忘录》，两地海关将点对点开展3个方面14项合作，推动通道运输能力、通道贸易规模、通道资源整合、通道服务效率等进一步提速增效扩量，为高质量高标准高水平建设西部陆海新通道赋能增势。

四是贸易投资方面。沿线省份之间建立相对公平、稳定的营商环境和良好的沟通联系机制，互相推动和鼓励投资，加强贸易合作，通过落实政策、加强往来联系等方式促进项目合作，创造更多的经贸机会。截至2023年5月，已连续举办五届中国西部国际投资贸易洽谈会（以下简称"西洽会"）。2023年，在第五届西洽会期间，四川省巴中市各县区、市级相关部门、30余家巴中企业借力大会积极开展招商引资，精心组织企业展寻求商机，引进了一批好项目，签约超1.6亿元；重庆签约项目84个，合同投资达2854.15亿元；西藏昌都在会上签约招商引资项目5个，揽金6.55亿元。西部陆海新通道正形成推进"一带一路"及西部陆海新通道等国家战略建设合力，向着一体化高质量发展的目标迈进。

二、西部物流贸易大通道发展问题与短板

（一）对外贸易方面

1. 对外开放步伐缓慢，外贸潜力有待挖掘

近年来，随着我国积极推进"一带一路"建设，西部陆海新通道不断加快对外开放的步伐，在对外贸易、吸引外资方面都保持着较好的发展态势，开放水平得到了不同程度的提升，开放设施和开放环境得到了不同程度的改善。但由于开放资源和平台分布极不均衡、开放主体培育相对不足、开放成本较高、开放环境不优等问题，通道沿线仍然是我国区域开放布局中的"短板"。数据显示，2017—2021年西部陆海新通道沿线省份[①]的GDP之和在全国GDP中的占比分别

[①] 不包括新疆、西藏两地，统计范围为重庆、四川、云南、贵州、陕西、甘肃、青海、宁夏、内蒙古、广西、海南共11个省份。

为 19.44%、19.55%、19.76%、20.01%、19.95%，而对外贸易额占全国的比重仅为 6.26%、6.72%、7.15%、7.93%、8.05%。尽管沿线地区对外贸易额占全国的比重略有提升，但相较 GDP 在全国的比重，通道对外贸易整体规模仍显得较小。

进一步对比西部陆海新通道沿线省份对外贸易依存度，如图 1-11 所示，沿线省份的对外贸易依存度均处于较低水平，且沿线内部分层明显。2017—2021 年，全国对外贸易依存度分别为 39.07%、38.88%、37.48%、36.29%、38.81%，而在西部陆海新通道沿线地区中，最高的重庆仅为 22.47%、24.19%、24.54%、26.01%、28.68%，作为西南地区领头羊的四川，其对外贸易依存度也仅为 12.15%、13.86%、14.59%、16.66%、17.67%。贵州、甘肃、青海、内蒙古更是均在 10% 以下。显然对于西部地区以及海南而言，西部陆海新通道发展战略的布局与实施，将有力拓展其对外贸易的发展空间，对经济增长的促进作用也有望进一步加大。

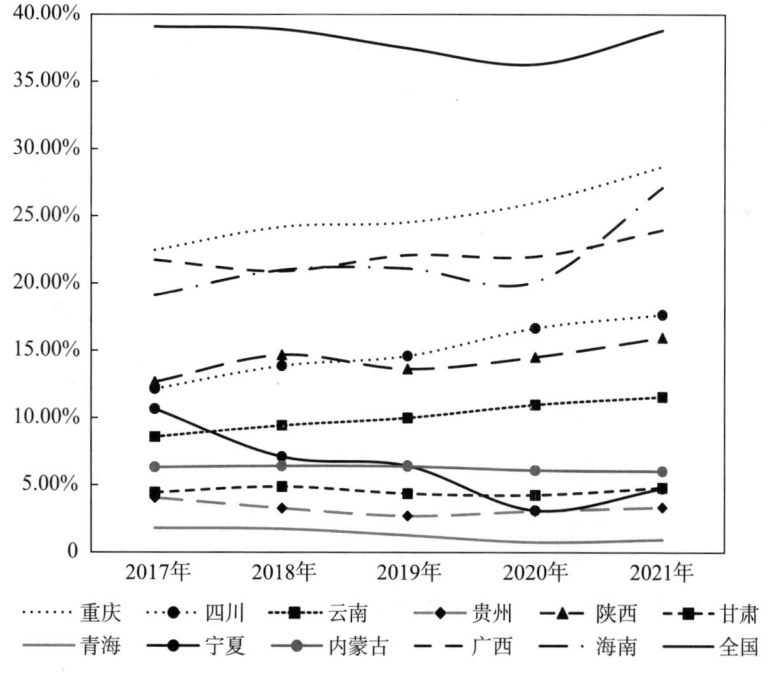

图 1-11 2017—2021 年全国及西部陆海新通道各省份对外贸易依存度

资料来源：《中国统计年鉴》及各省份统计年鉴。

2. 与东盟经贸竞争加剧，外贸结构有待优化

东盟的前身是由马来亚（现马来西亚）、菲律宾和泰国于 1961 年 7 月 31 日

成立的东南亚联盟。1967年8月8日，印度尼西亚、泰国、新加坡、菲律宾和马来西亚在曼谷发表《东南亚国家联盟成立宣言》，即《曼谷宣言》，正式宣告东南亚国家联盟（Association of Southeast Asian Nations，简称"东盟"）成立。之后，文莱（1984年）、越南（1995年）、老挝（1997年）、缅甸（1997年）和柬埔寨（1999年）先后加入，东盟扩大到10个成员国。

东盟对外出口贸易商品以电机、电气设备及其零件等，锅炉、机器、机械器具及其零件，以及矿物燃料、矿物油及其蒸馏产品这三类为主。如图1-12所示，2018—2021年，东盟出口商品排名首位的为第八十五章商品，其四年出口贸易额分别为3 000.39亿美元、3 057.57亿美元、3 319.58亿美元、3 952.61亿美元，占当年商品出口总额的比重分别为27.49%、28.01%、30.22%、29.45%；排名第二的为第八十四章商品，其四年出口贸易额分别为1 143.75亿美元、1 145.74亿美元、1 181.70亿美元、1 433.07亿美元，占比分别为10.48%、10.50%、10.76%、10.68%；排名第三的为第二十七章商品，其四年出口贸易额分别为906.07亿美元、784.87亿美元、578.14亿美元、901.66亿美元，占比分别为8.30%、7.19%、5.26%、6.72%。

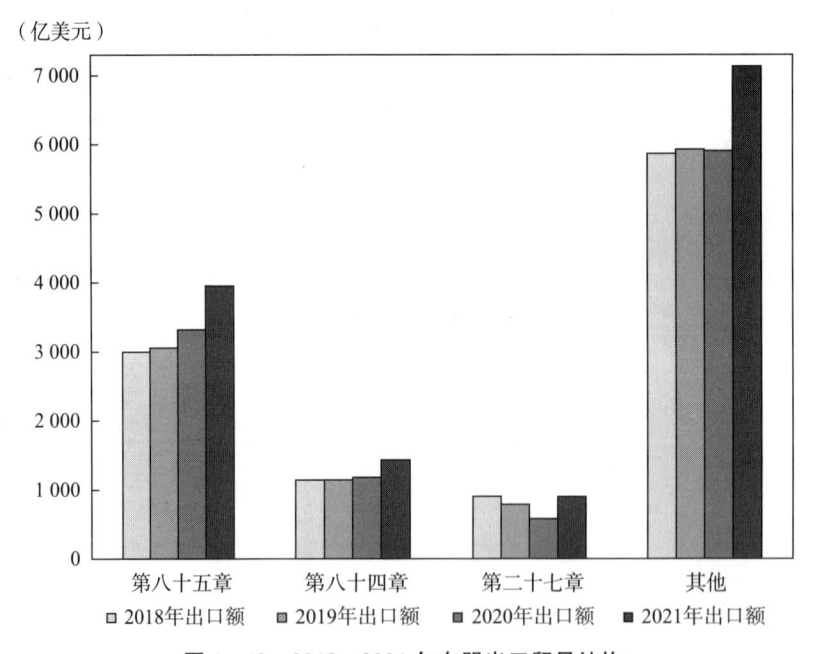

图1-12　2018—2021年东盟出口贸易结构

资料来源：东盟统计数据库。

从表1-11中可以看出，2018—2021年，东盟排名前九的出口贸易伙伴均为中国、美国、日本、韩国、中国香港、中国台湾、印度、澳大利亚和德国,四年间前四名排名未有变化,分别是中国、美国、日本和韩国,其中中、美、日三国是仅有的三个超 2 000 亿美元的贸易伙伴。

表 1 - 11　2018—2021 年东盟出口国家(地区)结构

排名	2018 年		2019 年		2020 年		2021 年	
	国家(地区)	出口金额(亿美元)	国家(地区)	出口金额(亿美元)	国家(地区)	出口金额(亿美元)	国家(地区)	出口金额(亿美元)
1	中国	4 785.35	中国	5 079.63	中国	5 186.18	中国	6 692.00
2	美国	2 621.26	美国	2 947.93	美国	3 090.89	美国	3 644.57
3	日本	2 301.13	日本	2 260.29	日本	2 049.81	日本	2 403.89
4	韩国	1 607.28	韩国	1 565.06	韩国	1 549.67	韩国	1 895.94
5	中国香港	1 180.70	中国台湾	1 192.94	中国台湾	1 255.44	中国台湾	1 642.20
6	中国台湾	1 170.69	中国香港	1 110.06	中国香港	1 126.29	中国香港	1 329.57
7	印度	804.28	印度	770.98	印度	657.11	印度	915.52
8	澳大利亚	656.33	德国	636.75	德国	570.98	澳大利亚	821.22
9	德国	650.91	澳大利亚	630.91	澳大利亚	548.77	德国	657.07
10	荷兰	441.38	阿拉伯联合酋长国	431.73	荷兰	395.52	阿拉伯联合酋长国	457.17

资料来源:东盟统计数据库。

从近几年的通道出口数据和东盟出口数据来看,通道与东盟在部分行业出口市场上有着强烈的竞争关系。在商品类型上,第八十五章商品和第八十四章商品是东盟与西部陆海新通道的主要出口商品,两地的对外出口结构较为相似,贸易互补性较差;在出口对象上,美国、中国香港、韩国、日本都是通道与东盟商品的主要进口国家和地区,两地商品的出口对象高度重合;另外,东盟与通道在地理位置上接壤,在国际海洋货物运输距离上也无较大差异。地理位置上的接壤以及出口商品和对象上的相似,使得通道与东盟在对外贸易上有着高度同质性,在出口市场上有着明显的竞争关系。

(二)物流运输方面

1. 交通基础设施相对落后

观察通道沿线各省份交通基础设施,可以得出通道整体发展水平偏低、区域分化明显的结论,与通道加快建设交通强区、推动交通运输高质量发展的要求相比还存在较大差距。

一是陆路基础设施覆盖不足。由于西部地区的地理条件复杂，地势起伏较大，存在着大面积的山区和高原地区，因此在这些地区修建和改善陆路基础设施存在一定的困难。并且，由于通道经济发展水平相对落后，对于基础设施建设的投入相对不够，因此在陆路基础设施方面存在一些覆盖不足的问题。如截至2022年初，四川仍有12个市（州）未通高速铁路、47个县（市、区）未通高速公路，39.1%的乡镇不通三级及以上公路，36.5%的30户及以上自然村不通硬化路，甘孜、阿坝两州更是未通铁路。云南铁路路网密度仅为全国平均水平的70%，4个市（州）未通铁路，8个市（州）未通高铁，高速公路路网密度仅为东部发达地区的50%左右，19个县未通高速公路。广西铁路复线率、电气化率低于全国平均水平，公路路网密度排全国第25位、西部地区第7位，处于中下游水平，"十三五"期间规划建设的15条高速公路通道仅建成7条。

二是水路运输开发程度较低。一方面，通道沿线河流河道狭窄、通航能力差，限制了水路运输的发展；另一方面，通道内较多港口基础设施建设相对滞后，如航道疏浚不及时、航标设置不完善、码头升级改造缓慢等，影响了水路运输的效率和安全性。加之通道沿线地区的经济结构相对单一、发展阶段相对落后，以重工业和传统农业为主，沿线地区的产业结构和发展方向对水路运输的需求相对有限，因此缺乏对水路运输的重视和支持，这使得陆海新通道沿线地区尽管河流密布、水系发达，但水路运输开发程度较低。如云南航道等级总体偏低，三级航道仅占通航里程的0.3%，港口规模化和专业化水平低。重庆嘉陵江、乌江等支流航道对干线运输贡献率不足10%。广西北部湾港缺乏大吨级泊位和深水航道，江海联运的水运体系尚未形成，内河枢纽过船设施通过能力不足，阻航碍航现象仍然存在；桂江通航不畅，绣江、贺江等支线航道仍处于断航状态。

三是空路运输能力相对不足。西部地区机场群旅客吞吐能力远低于长三角、京津冀和粤港澳大湾区。其中成渝地区空域资源紧张，缺乏旗舰型主基地航空公司，国际航线偏少、货邮功能不强；云南运输机场建设进展缓慢，通用机场数量偏少；贵州航空物流基础设施薄弱，场地狭小，装卸设备差，航空物流信息平台建设不完善，系统网络无法实现更大范围的信息共享，导致物流信息资源和网络技术资源的严重浪费，还直接影响到航空物流运作效率的提高。

四是综合交通枢纽发展滞后。以西部经济的领头羊成都为例，双流国际机场空域容量受限、国际航线占比偏低、货邮功能不强，中欧班列（成都）双向运输不平衡；综合枢纽港站建设滞后，截至2022年初，仍有6个市（州）未建成综合客运枢纽，仅成都、遂宁建有多式联运货运枢纽，枢纽集疏运体系不完善，港口重点作业区高等级公路接入率仅67%，仅泸州港建有进港铁路。

2. 交通运输方式效率偏低

一是铁路、公路交通网络密度较低。仅从铁路营业里程和公路里程的绝对长度来看，西部陆海新通道各省份铁路和公路的发展水平与东部发达地区相比并无较大差距，但若将区域面积因素纳入考虑，结论则存在一定的不同。图1-13所示为2021年底西部陆海新通道各省份和通道外地区铁路密度和公路密度。从通道内外比较来看，通道总体铁路密度约为89.61公里/万平方公里，公路密度约为3 351.34公里/万平方公里，分别低于通道外的327.75公里/万平方公里、10 944.42公里/万平方公里。从省份比较来看，通道内所有省份铁路密度均低于通道外铁路密度，其中海南、重庆和陕西的铁路密度较高，分别为291.81公里/万平方公里、286.28公里/万平方公里、273.80公里/万平方公里；重庆、贵州和海南的公路密度分别为22 342.42公里/万平方公里、11 761.00公里/万平方公里、11 594.92公里/万平方公里，居于通道公路密度前三，高于通道外公路密度；西藏、新疆和青海由于地广人稀加之地形复杂，无论是铁路密度还是公路密度均处于较低水平。除西藏、新疆和青海外，通道10省份平均铁路密度约为150.89公里/万平方公里，公路密度约为5 718.90公里/万平方公里，仍低于通道外地区密度。可见，通道地区铁路、公路交通网络密度较低，交通基础设施较东中部地区有不小差距。

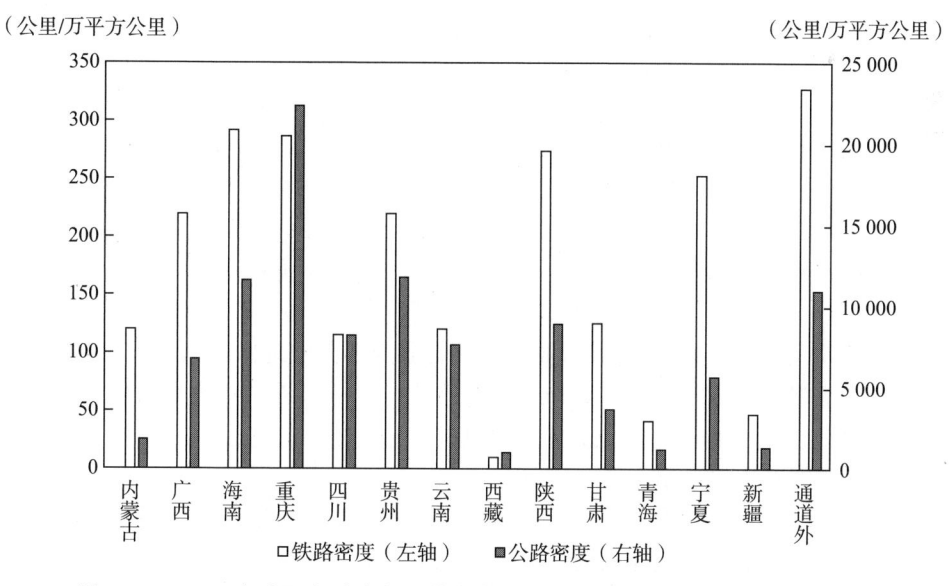

图1-13 2021年底西部陆海新通道各省份和通道外地区铁路密度和公路密度

资料来源：《中国统计年鉴》。

二是高速公路占比较低。如图1-14所示，从区域的比较上看，西部陆海新通道等级公路与高速公路占公路网的比重分别为93.69%和3.08%，分别低于全国的95.86%和3.20%。西藏与重庆的等级公路占比与高速公路占比均低于全国平均水平；宁夏等级公路占比为99.98%，高速公路占比为5.53%，均为通道内最高，且高于全国平均水平；新疆、青海和西藏等级公路占比不足90%，四川、重庆和西藏高速公路占比不足3%。各省份之间等级公路和高速公路占比都存在较明显的差异，通道内不平衡；且通道总体同全国平均水平相比，存在一定的差距。

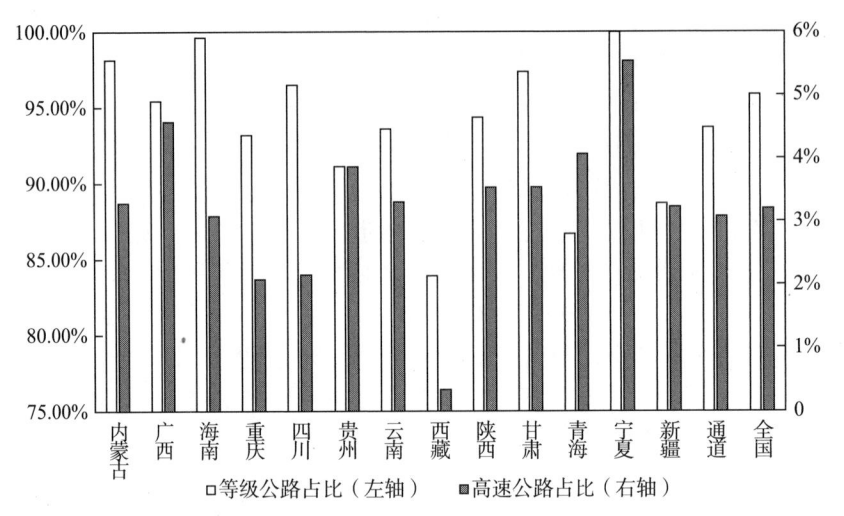

图1-14　2021年底西部陆海新通道各省份和全国等级公路与高速公路占比

3. 物流行业发展整体偏弱

（1）行业市场主体数量匮乏，发展动力不足。

市场主体规模不大、质量不高是西部地区经济发展水平较东中部落后的原因之一。西部地区基础设施落后、地形地貌复杂、投资环境较差，物流行业发展难度较大，一个表现便是物流行业市场主体规模较小。从图1-15中可以看出，截至2022年末，东部地区的物流行业主体数明显高于其他地区，其中广东以13.68万家位列榜首。相比之下，西部陆海新通道沿线省份（图中柱状为深色）物流行业主体数明显落后于全国平均水平，仅四川一省主体数超过全国平均水平，其中西藏落后全国平均水平最多。

此外，2013—2022年这十年西部陆海新通道的主体发展后劲不及全国平均水平。以每年新增行业主体来看，如图1-16所示，尽管在全国层面以及通道层面上，平均新增数总体上均呈增长态势，但两者对比来看，全国平均新增数均大于通道平均新增数，且自2013年开始到2020年，这一差距在不断拉大，由1251.74家扩大到3257家，直到2021年这一差距才有所减小。可见，通道内物流行业的新鲜血液供给不足，发展动力相对不够。

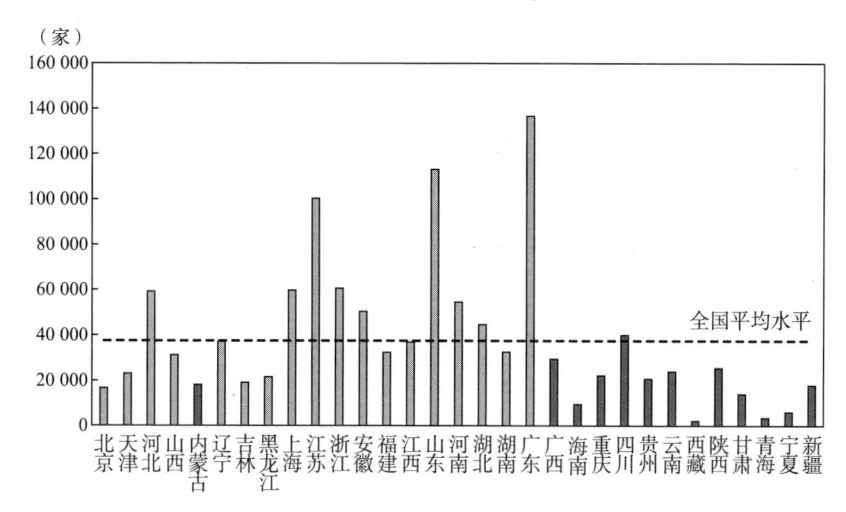

图 1-15　2022 年末全国各省份物流行业主体数量

资料来源：企研数据。

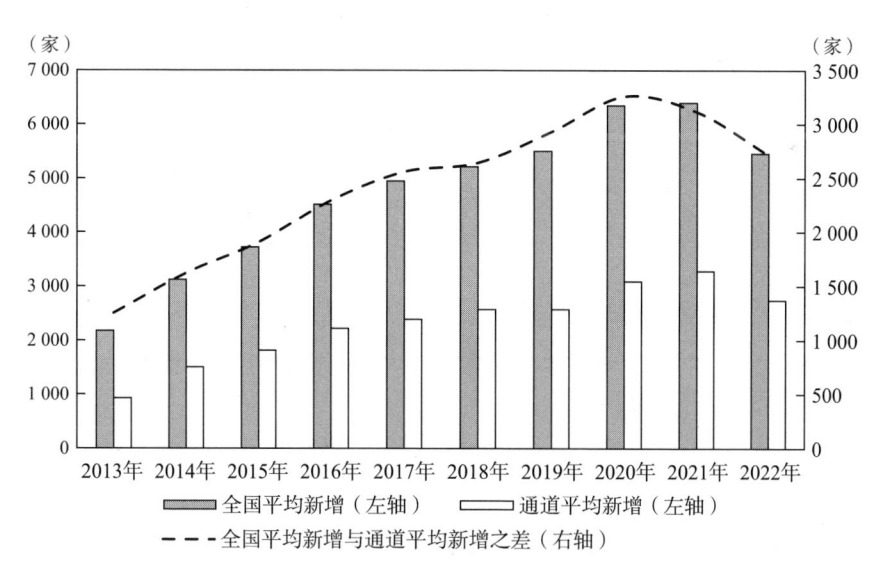

图 1-16　2013—2022 年全国及西部陆海新通道平均新增行业主体数对比

资料来源：企研数据。

（2）行业产值与人均产出较低，多数省份不及全国平均水平。

西部陆海新通道物流行业整体发展偏弱的又一表现为行业产值较低。如图 1-17 所示，在与其他省份，尤其是东部省份的比较中，通道省份物流行业无论是生产总值还是人均产值均明显处于下风。2022年，全国物流行业平均产值为1 508.01亿元，最高的山东为4 166.8亿元，相比之下，通道沿线省份几乎都在平均线以下，仅四川一省高出全国平均水平45.59亿元，海南、甘肃、西藏、青海、宁夏五个省份均不足500亿元，西藏更是不足百亿元，以45.40亿元排名全国末尾。

比较人均产值，通道沿线多数省份同样落后于全国水平。2022年，全国物流行业人均产值为56.99万元，通道沿线仅内蒙古、贵州、云南三省区在该平均线之上，三者分别为64.12万元、62.97万元、78.93万元，其余各省份则均在平均线以下，最低的仍为西藏，人均产值为19.70万元。

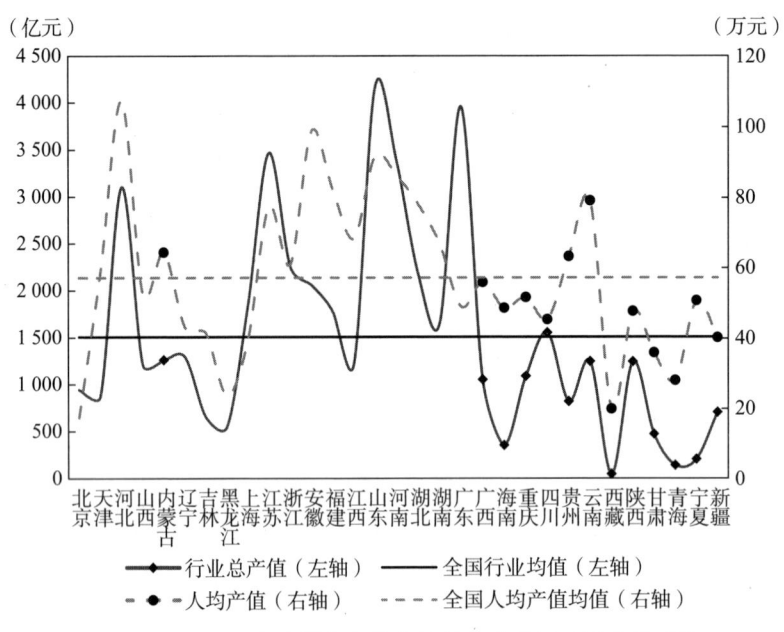

图 1-17 2022年全国各省份物流行业产值及人均产值对比

资料来源：《中国统计年鉴》。

（3）地区货运量、周转量较少。

货运量体现了地区对货物运输的需求，其大小取决于当地的经济规模和发展水平；货物周转量考虑了运输距离因素，体现了运输生产的成果，两者都从数量上反映了物流产业发展水平。

2021年，全国地区货运量合计超过5 210 000万吨，通道货运量合计1 400 676万吨①，占全国总量的26.86%。从图1-18中可以看出，2021年通道外大部分

---

① 受四舍五入的影响，此处的通道货运量合计数据与表1-5中的数据加总存在细微差异。

省份货运量明显高于全国平均水平，其中安徽以 401 415 万吨位列榜首。相比之下，西部陆海新通道沿线各省份货运量明显落后于全国平均水平，仅有内蒙古、广西和四川超过全国平均水平，西藏货运量最少，仅 4 583 万吨。

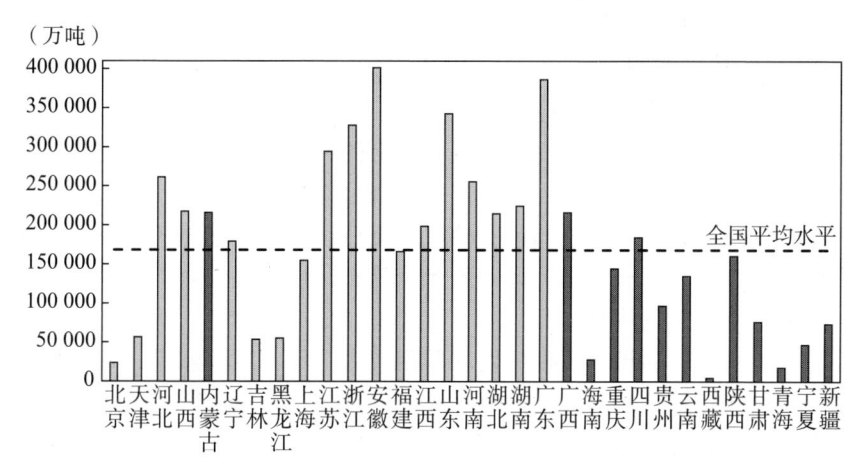

图 1-18　2021 年全国各省份货运量

资料来源：《中国统计年鉴》。

货物周转量过少也是西部陆海新通道物流行业发展偏弱的表现之一。2021年，全国货物周转总量约为 217 819 亿吨公里，通道货物周转总量约为 39 203 亿吨公里，占全国的 18%，货物周转量比重明显低于货运量比重。从图 1-19 中可

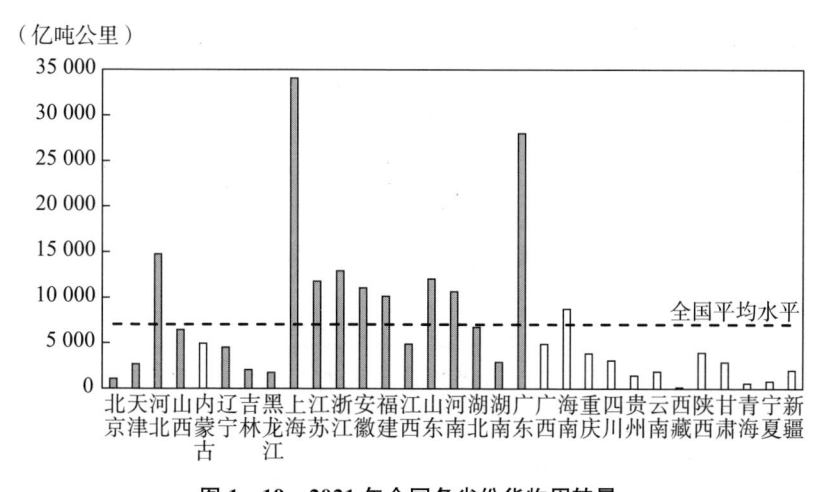

图 1-19　2021 年全国各省份货物周转量

资料来源：《中国统计年鉴》。

以看出，通道外有 9 个省份货物周转量超过全国平均水平，其中上海和广东货物周转量分别为 34 074、28 031 亿吨公里，位列全国第一、二名；通道内仅海南一省明显高于全国平均水平，西藏、青海和宁夏的货物周转量低于 1 000 亿吨公里，通道总体明显不如全国平均水平。

（三）省际协作方面

1. 政策协调机制仍有欠缺

西部陆海新通道兼具自上而下与自下而上的特点，这就要求通道沿线在更高的层面上形成宽领域、深层次、多形式的区域合作局面。通道的发展不仅需要市场化机制来优化资源配置，还与政府的政策支持和导向息息相关。不过，由于通道发展涉及多个省份、多个部门，因此无论是省际协作还是省内不同部门之间的协作，都面临着一定的困难。

一是省际协作。通道内各地区发展差距较大，经济发展水平、市场发育水平高低不一，既包括经济相对发达的成渝地区，也包括市场化程度低、经济较封闭的西藏、新疆、青海等地。不同经济发展水平的省份共同建设通道，受地方保护和市场分割的影响，不可避免地会形成沟壑壁垒，出现各自为政的现象。此外，相比东部地区，西部地区标准不一，不联不通，政府之间交流合作较少，加之西部地区政府体制改革比较缓慢，数字化程度较低，进一步制约了资源的有效共享。沿线省份在参与西部陆海新通道建设的过程中，在协作的同时竞争同样激烈，不少政策也多从自身利益出发，在综合交通、物流贸易上进行规划部署，未有效平衡区域利益关系，也未坚持市场主导、效率优先的原则，显然不利于西部陆海新通道整体发展。

二是省内不同部门之间的协作。一方面，尽管政策众多，有指导意见、发展规划或相关通知，形式多样也各有侧重，但存在面面俱到而又过于粗放等问题，出现了政策体系衔接性不够的"碎片化"现象。通道的建设涉及领域、行业和部门众多，需要多部门协同联动，甚至需要专门的领导小组来协调一致。但是，当前各部门的政策之间缺少衔接联动，甚至出现了政出多门或者相互冲突的情况。另一方面，尽管同个省份的相关部门表面上合在一起，但内部则各自独立，存在"信息孤岛"，不同部门的多头管理也造成了信息资源的重复建设、重复投资和信息不畅，资源浪费严重。此外，过多的政策规划无疑增加了各个部门的工作难度与工作压力，宏观政策的协调性难以保证，可能导致最终作用适得其反。要想协调各部门职能，可操作、可执行的细节方案就显得尤为必要。

2. 物流节点建设仍存堵点

国家物流枢纽是物流体系的核心基础设施，其具备辐射区域广、集聚效应强、服务功能优、运行效率高的特点，在区域物流协作上发挥着关键节点的作用。在整体经济发展水平落后的背景下，西部区域间物流节点发展滞后，协作能力受限，势必会制约通道物流贸易健康发展。

一是物流枢纽分布不均衡。尽管当前通道各省份愈加重视物流节点的建设，但相对东中部地区，其空间分布并不完善。目前，宁夏和海南尚未设立国家物流枢纽，存在空白。部分省份物流枢纽与铁路、港口等交通基础设施以及产业集聚区距离较远，集疏运成本较高。以西藏为例，其面积占全国国土面积近八分之一，但仅有一个国家物流枢纽，使得西藏与其他省份的互联互通能力大打折扣。2016年印发的《推进物流大通道建设行动计划（2016—2020年）》中提到的重点建设的23个国家骨干联运枢纽（城市）、51个区域重点联运枢纽（城市），仍以东中部城市为主，西部地区的国家级枢纽建设仍存巨大发展空间。

二是节点建设存在恶性竞争。当前，部分地区在开通西部陆海新通道班列的竞争中争当枢纽，存在"做主人不做客人，做'客厅'不做'通道'，做引领不做跟随"的心态，区域协作分工机制不完善，直接导致资源浪费乃至恶性竞争。西部各地已经开通的多条重叠的铁海联运线路，正在以低价争抢货源，个别地区甚至已经出现运用补贴进行"价格战"的苗头。以到越南海防港为例，补贴后的报价可低至1 250美元甚至900美元，而真实的成本是1 400美元左右①。不当竞争已使得铁海联运价格低于江海联运，个别货主为了省钱"舍近求远"，将货物运往补贴高的地方上车。靠巨额财政补贴支撑班列运行，不但造成资源浪费，还会使得通道建设战略效果不达预期。

三是供应链保障能力不够。通道内物流节点同质化严重，缺乏一定的互补能力，农村物流、冷链物流、应急物流、航空物流等专业物流和民生保障领域物流存在短板，结构性失衡问题亟须破局。对此，须加快物流枢纽资源整合，优化物流枢纽布局，加强物流中心、配送设施、专业市场等与物流枢纽的功能对接、联动发展。同时，还须加强专业物流和民生保障领域物流的发展，提升物流服务的能力和水平，以满足西部地区经济发展和民生需求。

三、高水平共建西部物流贸易大通道的对策建议

（一）加强跨国协作，促进对外贸易

在中美博弈加剧、贸易摩擦频发、全球一体化遭受巨大冲击、国际环境错综复杂的背景下，西部陆海新通道战略的规划实施将打通欧亚大陆与海洋的连接，

---

① 《瞭望》新闻周刊. "陆海新通道"的困守与突围. （2019 - 04 - 09）[2024 - 03 - 15]. https://app.cqrb.cn/cover/2019 - 04 - 09/77295.html.

为我国挖掘东盟广阔的市场提供良机。积极稳妥地实施"走出去""引进来"的战略，推进区域经济合作，加强多领域的互利合作，实施互利双赢的开放战略显得尤为必要。

1. 推动双边和多边贸易协议签订和落实

积极倡导和推动区域自由贸易协定的谈判和签署，进一步降低贸易壁垒和关税，提高贸易自由化水平。同时，政府可以鼓励企业参与谈判，提供反馈和建议，使协定更加符合实际情况和企业需求。

一是建立和完善贸易合作伙伴关系。通过政府间的高层对话，进一步加强与贸易合作伙伴之间的政治互信和经济沟通，共同制定和落实贸易合作的政策和规划，积极构建平等、互惠、稳定和有利的贸易关系，扩大共识、增强互信，增加贸易机会。改进跨国投资政策，进一步鼓励企业开拓国际市场，提供适当的投资保护措施和优惠政策，推动贸易投资自由化和便利化。

二是深化产能合作，提升经贸合作层次。充分挖掘新业态、新动能合作潜力，基于贸易双方经济发展层次和产业结构特征，推动国内优势企业参与东盟的产能合作。通过实施产业国际转移实现优势互补、合作共赢。推动项目及时落地生根，以点带线、以线促面，更好地惠及贸易双方。共同规划未来合作领域及其计划步骤，制定合作项目清单，循序推进双边产能合作深入发展。

三是鼓励民间企业广泛合作，实现利益共享。举办贸易洽谈会、投资合作论坛、企业家交流会等活动，提供民间企业之间互相了解和交流的机会，加深彼此的了解和信任，为合作奠定基础。鼓励和支持民营企业参与国际贸易，为其提供政策支持和金融保障，提高民营企业的竞争力和国际化水平，提升中小企业在国际贸易中的话语权和影响力。

2. 推动跨国运输协作，加强司法和金融合作

在全球化的进程中，跨境贸易逐渐成为国家经济发展的重要组成部分，但随之而来的便是贸易保护主义、汇率波动、知识产权保护等一系列问题。任由这些问题发展可能会影响国际贸易的平衡和公平，出现贸易壁垒，对双边乃至世界经济产生不利影响。跨国贸易不仅需要基础设施层面联动，还应该在司法和金融等方面达成共识。

一是建立和完善跨国运输协作机制。加强航空、船舶和铁路等运输运营商之间的合作，促进对运输关键技术的研发和推广，包括智能物流、物联网、5G、人工智能等，提高运输效率、服务质量和安全水平，推动跨国运输协作的数字化升级。

二是建立司法合作机制。通过与国际司法机构之间的合作，提供法律援助和法律服务，维护企业和消费者的合法权益，增强贸易保障，提升贸易信用。支持和发展国际商事仲裁和调解机制，提高贸易争端解决的效率和公正度，降低贸易

风险和不确定性。加大对跨国贸易中知识产权侵权行为的打击力度，保护企业的知识产权，提高司法保障水平。

三是扩大跨国金融交流。促进货币和资产流动，加强各国之间的金融关系，为企业开展跨国贸易提供融资和风险管理服务。建立和完善跨境金融平台，提供多元化的金融产品和服务，促进金融创新和跨境金融业务发展。加强反洗钱和反恐怖融资工作，在跨国贸易过程中防范各种违法和犯罪活动，维护贸易秩序和金融稳定。

3. 推动跨境运输发展，提高运输效率

提高跨境物流的运输效率，需要打通复杂的物流环节，同时也需要逐步建立标准化、数字化的跨境货物运输体系。加强联合运营、智能化运营，推进交通运输方式多样化，并对各种交通运输方式进行合理规划，通过这些方式提高运输效率，才能更加快速、有效、可控地完成跨境物流业务。

一是加强跨境运输基础设施建设。协调通道与其他国家或地区的铁、公、水、空四种运输方式，加大跨境运输基础设施建设投资和支持力度，合理规划路线，结合运输工具，优化物流线路，从而提升港口、机场、铁路、公路等基础设施的运营效率和安全性，提高交通运输的快捷性和便利性。

二是推广数字化、智能化作业和物流。充分利用自动化技术和数字化平台来提高效率和运力，使用自动化分拣系统、无人机和机器人等技术来实现快速、准确的物流处理，实施智能化发货管理，利用数字化平台优化物流流程，进行精细化管理，以实现更高效的货物跟踪和信息共享。

三是推进跨境运输标准化。加强国际运输协调和合作，探索跨境运输改革，建立和完善跨境运输机构，制定和规范运输协议和规章制度，简化流程，完善运输保障措施，提高运输等级和标准化水平，保障运输合法性和安全性。

（二）提高物流水平，畅通交通运输

党的二十大报告强调加快建设交通强国，加快推动交通运输结构的调整优化。大力发展完善交通物流，是西部陆海新通道延伸产业链、提升价值链、打造供应链的重要支撑，也是构建新发展格局的重要抓手。西部陆海新通道主要分布于西部地区，受制于地理、人文环境，更应加大力度调整物流结构，整合物流网络资源，提高物流产业水平，实现物流产业发展方式的根本转变。

1. 改善交通基础设施，弥补短板，优化空间分布

物流基础设施建设、物流网络资源整合，以及物流市场的运作模式，直接影响着通道物流发展水平和竞争力。为此，要积极改善物流基础设施，为物流的良好发展奠定坚实的基础。

一是合理布局和规划物流基础设施。加快形成综合立体、陆海统筹、双向开放、多边延伸的国际物流服务体系，建设包括铁路网、公路网、物流园区、物流

枢纽、物流配送中心在内的物流基础设施，提升国内物流干线运行效率，畅通跨区域高质量干线物流通道网络，完善末端物流配送"微循环"。通过统筹规划、合理布局，建立省际规划协调机制，有效整合物流资源，引导和鼓励货运配送组织模式创新，构建完善的物流运作基础设施平台。

二是高效利用存量物流资源。保障物流设施用地空间，确保物流基础设施用地规模底线，强化物流场站、物流仓储用地的规划管控，促进功能提升。盘活仓储、设备、土地等物流基础设施存量资产，发挥存量资源的作用，充分利用现有运输条件，实现物流业的集约发展。

三是加强物流基础设施数字化建设。通道应从畅通国内国际经济循环出发，进一步加强物流基础设施数字化建设，加快产业数字化转型，全面提升供应链效能，促进新发展格局加快形成，有效提升物流运行效率与质量。如设立物流基础设施数字化改造重大专项支持基金，出台公路、铁路、海运等物流基础设施数字化标准，从顶层设计引导数字化升级，并在重点项目建设中评选一批标杆示范项目进行推广。

2. 加强多种运输方式的协调配合，鼓励多式联运

多式联运可有效缩短货物运送时间，降低成本，减少货损货差，从而提高货运质量。然而，尽管多式联运的概念在我国已提出多年，在国家顶层规划和各种政策的强力推进下也略有起色，但和发达国家相比，仍差距明显，跨方式运输基础设施统筹规划和建设协调依然不足，枢纽站场"连而不畅""邻而不接"等"最后一公里"问题依然突出。

一是大力推进多式联运发展，优化调整运输结构，加快公路、铁路、航空货运场站等物流节点设施建设速度，通过优化整合，发挥物流节点的整体效能，把各种运输方式自身的发展融入综合运输协同发展大局，实现跨方式、跨领域、跨区域、跨产业一体化融合发展，形成集公路、铁路和航空货运于一体的物流综合运输体系。

二是着力构建跨区域物流通道体系，加快物流枢纽建设，推进干支仓配一体化建设，提高智慧物流信息服务水平，推进城市绿色货运配送体系建设，夯实现代物流业发展的基础支撑，形成"通道＋枢纽＋网络"三位一体的现代物流运行体系。

三是优化调整货物运输结构，鼓励港口与铁路、航运等企业加强合作，推动集装箱集疏港由公路向铁路转移；鼓励创新运输组织模式，推进多式联运示范工程建设，探索发展钟摆式班列运输组织模式和跨境公路运输直通模式，培育空铁联运等其他多式联运，推动多式联运"一单制"改革等。

3. 提高物流产业发展水平，发展特色物流、智慧物流

物流产业是基础性、战略性产业，是经济的"血液"，是连接生产和需求、促进供给和消费协调匹配的核心环节。促进物流产业的高质量发展，对于提高国

民经济整体运行效率具有十分重要的意义。

一是加大3A级及以上物流企业培育力度。支持大中型物流企业规模化、集约化经营，引导具备条件的货运企业向综合物流服务转型发展。推动物流业与制造业、商贸业协同发展，鼓励物流企业面向制造业、商贸业转型升级需求，提供精细化、定制化、一体化服务，延伸制造业、商贸业的服务链条，进一步降低制造业、商贸业物流成本。

二是做精做细中小物流企业。中小物流企业在我国物流业中扮演着重要角色，可以充分弥补大型物流企业灵活性与创新性的不足，对产业的优化升级起到促进作用。为此，要激发市场主体活力，推进中小物流企业信息化建设，积极拥抱高新技术，充分利用数字化红利，建立有效的企业管理机制、运行机制。

三是不断完善产业链。积极发挥政府的引导和组织作用，围绕核心企业和资源构筑产业链，发展特色物流、智慧物流，建设物流产业集群，形成有利于产业之间协调发展、增强竞争力的产业发展机制。企业物流实体要加强与第三方物流的合作，使企业自身物流体系摆脱传统的单一运输业务的局限性，扩大与上下游企业及其他物流企业的合作，促进现代物流产业链的完整发展，共同寻求最终的利润。

四是加快建设物联网平台。物联网是计算机产业和下一代互联网的关键技术，是物流业下一代信息技术应用的核心技术，物联网技术正在引领新一轮的物流技术革命。通道应加快建设基础科研平台、物联网创新平台、物联网产业发展公共服务平台的步伐，构建完整的物联网产业链，在"智慧物流"的研发应用上迈出关键的一步。

(三) 完善协调机制，发展服务平台

西部陆海新通道沿线省份间的协调性与协同发展机制尚未成熟，各自建立的信息服务平台仍须进一步整合。目前，沿线省份在参与西部陆海新通道建设的过程中，竞争比较激烈，多数仍以我为主，缺乏整体思维。因此，沿线各省份应有效平衡区域利益关系，统筹协调机制有效运行，坚持市场主导、效率优先，在满足川渝陕等物流源头地区较大贸易需求的同时，要积极推动云贵甘等发展相对落后的地区融入通道建设当中，以陆海联动实现经济共同发展和繁荣。

1. 完善国家级、省级协调机制

物流业是国民经济的基础性、先导性、战略性产业，是经济发展的重要动力引擎，涉及政府多个部门，要加强政府对物流业的组织和协调职能，必须深化通道沿线各省份物流体制改革，解决物流业条块分割、职责不明确的问题。

一是成立权威性的物流协调机构。建立省际协商合作联席会议制度，成立国家级物流业管理机构，统一领导、组织、协调通道各省份物流业发展中带有全局性、战略性的问题。建立物流信息共享平台，整合物流相关的数据和信息资源，

为协调机构提供数据支持和决策依据，优化协调效果。通过政策引导、改进管理、强化服务功能，为通道物流业的发展创造良好的宏观环境。

二是形成推进物流业发展的合力。充分发挥各省份物流与采购联合会的职能，在物流企业和政府管理部门之间架起沟通的渠道，强化物流行业协会的服务能力，提高服务水平，扩大协会的影响力，形成强大凝聚力，畅通信息渠道，形成政府、协会和企业三方合力，共同推动通道物流业的发展。

三是构建物流综合管理体系。继续深化通道沿线铁路、公路、民航、邮政、快递、货代等领域的体制改革，建立和完善物流综合管理体系。进一步规范运输、货代等行业的管理，加快仓储企业经营体制改革，打破行业垄断和地区封锁，逐步建立统一开放、竞争有序的物流服务市场。加强监管，规范物流市场秩序，强化物流环节质量安全管理。完善对物流企业的交通安全监管机制，落实企业的安全生产主体责任。

2. 发展金融、信息等中介和服务平台

物流及对外贸易涉及多个职能部门，要从物流业发展的大局出发，构建高质量中介和综合服务平台，形成支持物流业发展的动力和合力，为物流业全面、协调和可持续发展创造良好的体制环境。

一是大力推进物流公共信息平台建设。采取有力措施，加大政策支持，促使通道物流信息工作上台阶、上水平，重点建设电子口岸、综合运输信息平台、物流资源交易平台和大宗商品交易平台以及面向中小企业的物流信息服务平台、金融平台。鼓励物流企业采用ERP、SCM、CRM等先进的信息管理系统，全面提高企业的物流信息化管理水平。

二是强化市场机制的功能。充分发挥市场机制在物流贸易资源配置过程中的基础性作用，有效利用市场的竞争机制，以建立规范的物流市场秩序，实现物流资源的市场化配置。

三是加强中介机构内部治理监管。督促各类中介和服务平台完善内部治理、严格质量控制、防范执业风险，引导中介机构在人员调配、财务安排、业务承接、技术标准和信息化建设方面加强内部治理，建立健全公开、透明、规范的内部一体化管理体系。持续深化与相关监督部门的合作监督，建立健全与行业监管、审计、税务、海关、金融、市场监管、地方政府、司法机关等单位的信息共享机制。

3. 加强物流贸易人才的组织与培育工作

在"一带一路"建设和新时代西部大开发背景下，西部地区已跃升为中国对外开放的前沿。加强物流领域人才的培养和引进，建立完善的人才培养体系和人才引进机制，为物流贸易发展提供充足的人才保障尤为重要。

一是设立人才服务机构或部门。根据需求和市场情况，为物流贸易企业和从业

人员提供人才招聘、人才咨询、职业发展规划等服务，帮助企业和个人更好地匹配人才需求和提升职业能力。建立完善的服务评估体系，通过收集用户反馈和评价，不断改进和提升服务质量，确保人才服务机构或部门能够真正满足通道发展需求。

二是建立人才合作网络。建立物流贸易专家人才库，搭建交流互动平台，加强行业专家间的交流联系，开展决策咨询、专题研讨等工作，积极为解决通道商贸物流发展中的难点和堵点提供帮助。与各类教育机构、企业、行业协会等建立合作关系，加强产学研合作，共同开展人才培养和引进工作，实现资源共享和优势互补。

三是提升人才国际化水平。引进培育一批掌握现代物流技术、熟悉物流贸易业务管理、具备国际化视野的创新型物流贸易人才。积极开展国内外人才交流与合作，引进国内外先进的物流贸易理念和技术，提高西部地区物流贸易人才的国际化水平。同时，鼓励本地人才到国内外先进地区学习交流，拓宽视野，提高综合素质。

参考文献

[1] 杨骏. 一个更高水平的西部陆海新通道指日可待 [N]. 重庆日报，2023-03-28 (4).

[2] 王润琦. 借助西部陆海新通道打造贵州现代物流服务体系 [N]. 贵州日报，2021-12-01 (9).

[3] 秦小辉，赵晨曦. 西部陆海新通道物流产业效率及时空演化研究 [J]. 铁道运输与经济，2023，45 (2)：11-18.

[4] 郝攀峰. 加快推动西部陆海新通道与东南亚产业链供应链的衔接 [J]. 中国远洋海运，2023 (4)：68-71.

[5] 张经阳，梁子陵，沈俊鑫. 西部陆海新通道交通基础设施使用效率评价 [J]. 物流科技，2023，46 (20)：105-109+126.

[6] 马永腾，蒋瑛，鲍洪杰. 交通基础设施、数字经济与贸易增长：基于西部陆海新通道沿线区域的实证分析 [J]. 改革，2023 (6)：142-155.

[7] 谭庆红. 西部陆海新通道建设的机遇、问题及路径 [J]. 社会科学家，2022 (8)：88-95+103.

[8] 侯政，黄永辉. 新发展格局下推进西部陆海新通道高质量发展的对策研究 [J]. 南宁师范大学学报（哲学社会科学版），2021，42 (6)：29-47.

——执笔人：杨奇明，浙江理工大学经济管理学院；叶武威、施丹燕，企研数据科技（杭州）有限公司；陈雷，浙江财经大学经济学院；薛天航，浙江大学中国西部发展研究院

第二章　高水平共建西部产业科技大通道

摘　要

本章首先从经济发展、产业结构以及科技创新三个角度分析了西部产业科技大通道的发展基础，并从优势产业演化、市场主体分布情况、创新发展绩效、创新平台构建四个方面详细梳理了通道的发展现状。在区域经济高质量发展、产业科技体系逐渐完备的基础上，以及"一带一路"倡议谋划实施的加持下，近年来，通道迎来了难得的发展机遇。不过，与发达地区相比，通道内仍面临着诸多挑战，如总体规划滞后、区域产业同构、投资活力偏低、高端人才集聚缓慢等。在充分参考国际发达区域的发展历史，总结其发展经验的基础上，本章最后提出了一系列具体措施，包括完善物流基础设施、明确区域功能定位、培育优质市场主体、强化产业分工协作等多条对策建议。这些措施将有助于促进西部地区产业升级和创新发展，增强其核心竞争力，也有助于提高西部地区在国家经济格局中的地位。总之，本章认为高水平共建西部产业科技大通道将为通道内部的产业升级和创新发展提供强有力的支持，从而促进经济增长和社会进步。

Abstract

This chapter firstly analyzes the development foundation of the western industrial science and technology corridor from three perspectives: economic development, industrial structure, and technological innovation. It then provides a detailed overview of the development status of the corridor from four aspects: the evolution of advantageous industries, distribution of main market entities, innovative development performance, and construction of innovative platforms. In recent years, with the support of the high-quality development of regional economy and the gradual improvement of the industrial science and technology system, as well as the implementation of the Belt and Road Initiative, the corridor has encountered rare development opportunities. However, compared to developed regions, the corridor also faces many challenges, such as lagging overall planning, regional industrial homogeneity, low investment vitality, and slow accumulation of high-end talents. Based on a comprehensive study of the development history of developed international regions and summarizing their experiences, this chapter finally proposes a series of specific measures, including improving logistics infrastructure, clarifying regional functional positioning, cultivating high-quality market entities, and strengthening industrial division and cooperation. These measures will help promote the industrial upgrading and innovative development of industries in the western region, enhance its core competitiveness, and improve its position in the national economic landscape. In summary, this chapter believes that the high-level co-construction of the western industrial science and technology corridor will provide strong support for the industrial upgrading and innovative development within the corridor, promoting economic growth and social progress.

高水平共建产业科技大通道是西部陆海新通道沿线城市产业提效、创新增能和产业科技高效协同发展的共同要求，也是构建国内国际双循环相互促进的新发展格局的应有之义。高水平共建产业科技大通道作为西部陆海新通道高质量发展的核心内容，具体包括产业通道、技术通道、人才通道、资金通道、信息通道的建设。产业通道是指建立产业链合作机制，推动产业链上下游企业长期合作，共同打造具有国际竞争力的现代化产业体系，实现区域产业高效协同发展；技术通道是指建立科技创新合作机制，强化协同创新，实现科技成果的共享和转化，推动技术创新和产业升级；人才通道是指促进人才流动和交流，建立人才培养、引进、使用、评价等机制，吸引和集聚高层次人才，打造创新人才高地；资金通道是指建立合作资金管理机制，鼓励企业和投资机构参与科技合作，加强资金对科技创新的支持和引导，确保合作资金的安全和有效使用；信息通道是指建立信息资源共享平台，加强信息集成和共享，推动信息技术与产业深度融合，提升产业智能化水平。

高水平共建产业科技大通道，有助于推动西部陆海新通道的科技创新和产业升级，提升通道沿线城市经济社会发展水平和可持续性。通过在通道沿线建立高水平的产业科技创新平台，可以吸引更多的高端科技企业和创新人才，推动科技成果转化和产业化，进一步提高该地区的经济和科技实力。同时，这些平台也将为沿线中小企业提供技术支持和创新服务，带动区域经济的发展和升级。此外，高水平共建产业科技大通道，有利于加强产业国际合作和交流，促进西部陆海新通道沿线和"一带一路"各国创新企业和科学家之间的产业协作和联合创新，有助于提升通道在国际上的地位和竞争力，对我国产业科技安全也起到至关重要的作用。

一、西部产业科技大通道发展现状与成效

（一）发展现状

高水平共建产业科技大通道，有必要对沿线主要城市产业科技发展现状进行分析，包括从产业协同视角分析沿线主要城市之间优势产业培育情况，以及从创新主体、投入、成果等方面分析科技创新发展现状。

1. 优势产业演化分析

区位商由哈盖特（P. Haggett）提出，是衡量区域产业优劣势的重要指标之一，反映了区域产业专业化程度。其计算公式如式2-1所示：

$$LQ_{ij} = \frac{y_{ij}}{y_i} \bigg/ \frac{Y_j}{Y} \tag{2-1}$$

LQ_{ij}表示i地区j产业的区位商，即i地区j产业的产值占该地区总产值的比重与j产业产值占整个区域总产值的比重之比。当$LQ_{ij} \geqslant 2$时，表明该地区具有非常强的比较优势和竞争力；当$2 > LQ_{ij} > 1$时，表明该地区具有比较优势，一定程度上显示出较强的竞争力；当$LQ_{ij} = 1$时，表明该地区该产业处于均势，产业优势并不明显；当$LQ_{ij} < 1$时，表明该地区该产业处于比较劣势，竞争力较弱。

根据区位商计算公式，对通道沿线14个主要城市[①]2012年和2021年的三次产业区位商进行计算，可得表2-1。由表2-1可知，从2012年到2021年，部分城市优势产业发生了改变。2012年成都市和重庆市的优势产业均为第二产业和第三产业，到2021年成都市优势产业仅有第三产业，重庆市则为第二产业；2012年湛江与北海两市的优势产业均为第一产业，到2021年第二产业也具备了一定优势；2012年柳州市的优势产业是第二产业，到2021年则变为第一产业和第二产业共同支撑柳州市经济发展。各城市随着时间的变化，优势产业发生了一定的改变，可能的原因是各地根据自身的比较优势和自然禀赋，集中精力壮大自

---

① 根据《西部陆海新通道总体规划》提及的空间布局，课题组筛选出14个通道沿线主要城市，具体包括：重庆、贵阳、南宁、湛江、钦州、防城港、北海、海口、怀化、柳州、成都、泸州、宜宾、百色。本章所称通道沿线主要城市，如未专门提及，均特指以上14个城市。

己的优势产业。

从2021年各产业区位商来看,贵阳市、海口市和成都市第一产业区位商最小,不足0.6;湛江市、钦州市和百色市第一产业区位商均大于2.3,区位商极差较大,通道内第一产业错位发展。南宁、贵阳、海口和成都四个省会城市第三产业区位商大于1但第二产业区位商小于1;而除省会城市、钦州市与怀化市之外的其他城市第二产业区位商均大于1,第三产业区位商均小于1。总体来说,省会城市的优势产业是第三产业,其他城市则第一产业、第二产业占优势。可见通道沿线城市主导产业差异较为显著,产业发展形成了省会城市与周边城市优势互补的格局,有利于促进通道产业结构调整与升级。

表2-1 2012年和2021年西部陆海新通道沿线主要城市三次产业区位商

城市	2012年			2021年		
	第一产业	第二产业	第三产业	第一产业	第二产业	第三产业
重庆市	0.826	1.006	1.029	0.890	1.106	0.946
贵阳市	0.460	0.922	1.188	0.531	0.985	1.075
南宁市	1.404	0.844	1.075	1.531	0.646	1.156
湛江市	2.253	0.855	0.891	2.326	1.065	0.775
钦州市	2.580	0.857	0.823	2.478	0.892	0.866
防城港市	1.710	1.045	0.811	1.895	1.347	0.651
北海市	2.216	0.973	0.781	1.935	1.166	0.764
海口市	0.685	0.371	1.597	0.537	0.465	1.410
怀化市	1.580	0.986	0.896	1.888	0.836	0.984
柳州市	0.875	1.378	0.646	1.090	1.153	0.889
成都市	0.432	1.015	1.100	0.378	0.847	1.185
泸州市	1.468	1.243	0.661	1.423	1.359	0.709
宜宾市	1.880	1.172	0.649	1.462	1.375	0.694
百色市	2.484	1.063	0.635	2.427	1.180	0.686

资料来源:各城市统计年鉴和所在省份统计年鉴。

2. 市场主体分布情况分析

(1)总体情况:市场主体数量显著增加,第三产业占比逐年升高。

市场主体是产业发展和科技创新的重要载体之一,是创新决策、研发投入、成果转化等环节的参与者和实践者。如图2-1所示,2013—2022年通道沿线主要城市市场主体数量逐年增加。其中,2022年共有400.91万家,相较2013年的89.02万家,年均增长18.20%。从增长率趋势来看,通道沿线主要城市市场主体数量的增速总体呈现出回落的趋势，其中2014年增速最高，达到了30.74%，2019年增速最低，为9.48%。

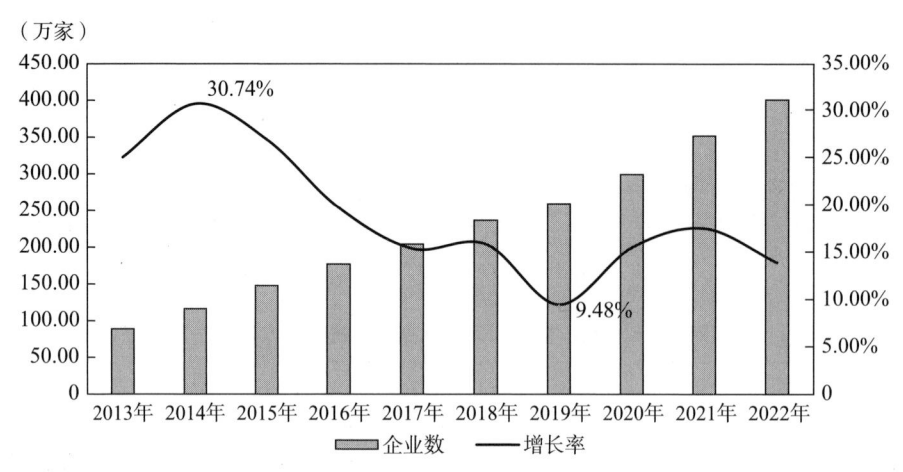

图2-1　2013—2022年西部陆海新通道沿线主要城市市场主体数量及增长率

资料来源：企研数据。

分行业来看，第一产业、第二产业、第三产业的市场主体数量同样在持续增加，其中第一产业由2013年的10.30万家增加至2022年的27.39万家，年均增幅达11.48%；第二产业由2013年的13.31万家增至2022年的48.05万家，年均增幅为15.33%；第三产业的市场主体数量与年均增幅均最大，2022年共计325.47万家，是2013年的65.41万家的4.98倍，年均增幅高达19.52%。从市场主体三产占比来看，如图2-2所示，第一产业与第二产业占比均存在降低的趋势。其中，2013年第一产业与第二产业的占比分别为11.57%、14.96%，到2022年，

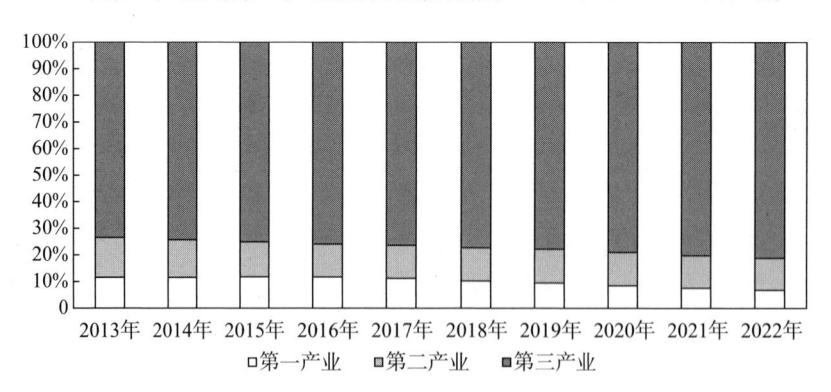

图2-2　2013—2022年西部陆海新通道沿线主要城市市场主体三产结构

资料来源：企研数据。

两者分别降至6.83%、11.98%，分别下降4.74、2.98个百分点。相比之下，第三产业占比稳步提升，2013年占比为73.47%，到2022年升至81.18%，增加了7.71个百分点。

(2) 分城比较：成渝两地遥遥领先，省会城市优势突出。

如图2-3所示，2018—2022年，通道沿线主要城市市场主体数量随时间推移均明显增加，2022年市场主体数量最多的城市为成都市，共有134.32万家，排名次席的重庆市共有101.19万家，成渝两地在沿线城市中的占比高达58.74%，遥遥领先排名第三、第四的海口市与南宁市，两城市市场主体分别为40.05万家、36.33万家，占比分别为9.99%、9.06%。可见，成渝两地在通道沿线城市中的发展处于独一档水平。

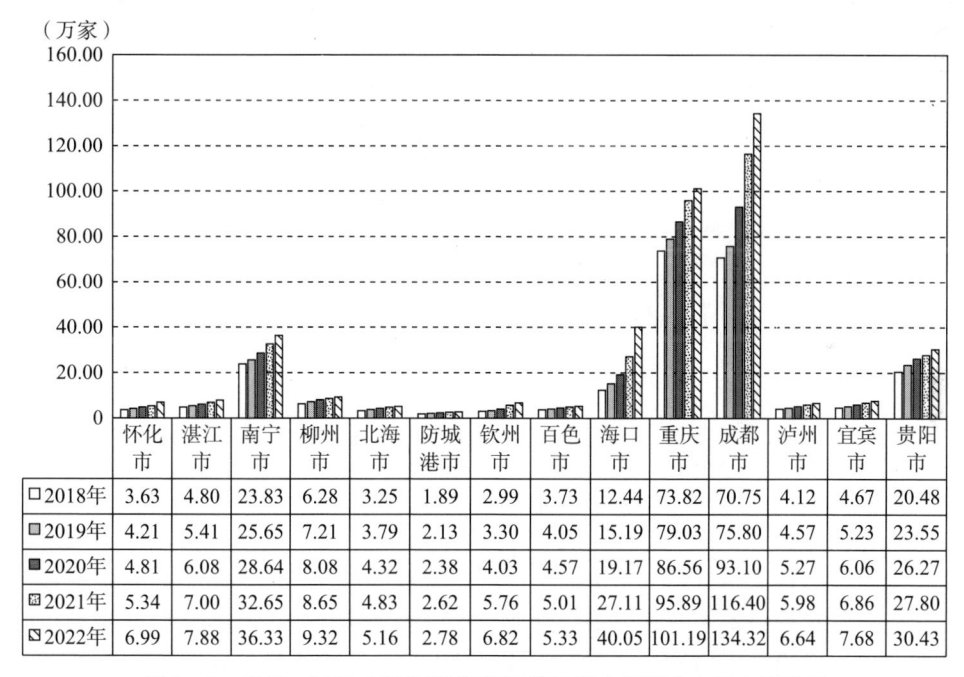

（万家）	怀化市	湛江市	南宁市	柳州市	北海市	防城港市	钦州市	百色市	海口市	重庆市	成都市	泸州市	宜宾市	贵阳市
2018年	3.63	4.80	23.83	6.28	3.25	1.89	2.99	3.73	12.44	73.82	70.75	4.12	4.67	20.48
2019年	4.21	5.41	25.65	7.21	3.79	2.13	3.30	4.05	15.19	79.03	75.80	4.57	5.23	23.55
2020年	4.81	6.08	28.64	8.08	4.32	2.38	4.03	4.57	19.17	86.56	93.10	5.27	6.06	26.27
2021年	5.34	7.00	32.65	8.65	4.83	2.62	5.76	5.01	27.11	95.89	116.40	5.98	6.86	27.80
2022年	6.99	7.88	36.33	9.32	5.16	2.78	6.82	5.33	40.05	101.19	134.32	6.64	7.68	30.43

图2-3　2018—2022年西部陆海新通道沿线主要城市市场主体数量

资料来源：企研数据。

从图2-4中可以看出2022年通道沿线主要城市的市场主体产业结构[①]。可以看到，各个城市的第三产业市场主体占比均要大于第一产业与第二产业，其中南宁、北海、海口、成都、贵阳五市的第三产业占比均超80%，海口市又以

---

① 行业分类主要依据《国民经济行业分类》(GB/T 4754—2017)，其中第一产业为A，第二产业为B、C、D、E，第三产业为A、B、C、D、E外的所有行业。

89.53%的占比领先于其他城市。进一步看，这五个城市中有四个城市为省会城市，显然这与改革开放以来省会城市人口不断聚集、城市化进程中服务行业快速发展、相关配套设施不断健全完善相吻合。从第一产业与第二产业看，怀化市分别以24.62%、19.90%的占比位列通道沿线主要城市之首，海口市则分别以2.01%、8.46%的占比位列各城之末。

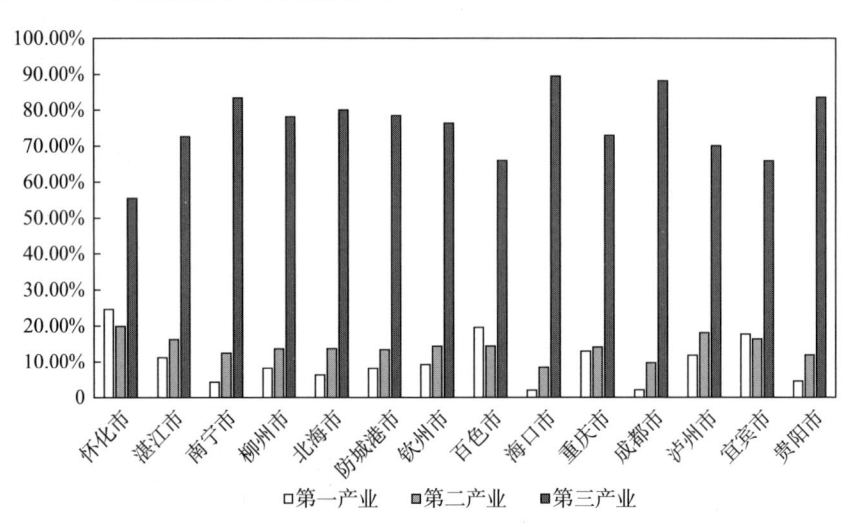

图2-4 2022年西部陆海新通道沿线主要城市市场主体产业分布

资料来源：企研数据。

(3) 区域比较：产业结构变化趋同，第一产业占比明显偏高。

作为通道经济的典型发展案例，西部陆海新通道与区域一体化发展的典型代表长三角城市群①（以下简称长三角）、粤港澳大湾区珠三角九市②（以下简称珠三角）相比存在着一定的差异。表2-2所示为2013—2022年西部陆海新通道沿线主要城市与长三角、珠三角市场主体产业分布的对比情况。可以看到，三地的三次产业变化趋势基本一致，第一产业与第二产业市场主体比重随时间呈现出降低的趋势，而第三产业市场主体比重则呈现出上升的态势。分别从三次产业来看，从第一产业看，通道沿线主要城市的第一产业市场主体占比始终较长三角、

---

① 根据2019年中共中央、国务院印发的《长江三角洲区域一体化发展规划纲要》，长三角城市群城市共包括：江苏九市，即南京、无锡、常州、苏州、南通、盐城、扬州、镇江、泰州；浙江九市，即杭州、宁波、温州、嘉兴、湖州、绍兴、金华、舟山、台州；上海一市；安徽八市，即合肥、芜湖、马鞍山、铜陵、安庆、滁州、池州、宣城。

② 根据2019年中共中央、国务院印发的《粤港澳大湾区发展规划纲要》，粤港澳大湾区包括香港特别行政区、澳门特别行政区和广东省九市（珠三角九市）：广州、深圳、珠海、佛山、惠州、东莞、中山、江门、肇庆。此处仅选择珠三角九市作为研究对象。

珠三角更高。2013年，通道沿线主要城市的第一产业市场主体以11.57%的占比，分别高于长三角、珠三角6.35个百分点、10.69个百分点。伴随着经济的发展，三个区域的第一产业占比均呈现出一定的降低趋势，到2022年，通道沿线主要城市第一产业市场主体占比较长三角、珠三角分别高出4.67个百分点、6.24个百分点。从第二产业看，通道沿线主要城市均落后于长三角与珠三角。而从第三产业看，通道沿线主要城市多数年份介于长三角与珠三角之间。

表2-2　2013—2022年西部陆海新通道沿线主要城市、长三角、珠三角市场主体产业分布

产业	区域	2013年	2014年	2015年	2016年	2017年	2018年	2019年	2020年	2021年	2022年
第一产业	通道沿线	11.57%	11.54%	11.78%	11.77%	11.25%	10.23%	9.46%	8.47%	7.54%	6.83%
	长三角	5.22%	4.93%	4.42%	3.98%	3.58%	3.25%	2.84%	2.52%	2.23%	2.16%
	珠三角	0.88%	0.85%	0.80%	0.74%	0.71%	0.66%	0.63%	0.61%	0.58%	0.59%
第二产业	通道沿线	14.96%	14.13%	13.12%	12.31%	12.36%	12.44%	12.73%	12.53%	12.23%	11.98%
	长三角	25.42%	23.61%	21.14%	19.37%	18.81%	18.37%	18.25%	18.55%	18.78%	18.93%
	珠三角	22.81%	20.58%	18.86%	17.51%	17.01%	16.26%	15.58%	14.85%	14.57%	14.68%
第三产业	通道沿线	73.47%	74.33%	75.11%	75.92%	76.39%	77.33%	77.82%	79.00%	80.23%	81.18%
	长三角	69.36%	71.46%	74.44%	76.65%	77.61%	78.38%	78.90%	78.93%	78.99%	78.91%
	珠三角	76.30%	78.57%	80.34%	81.75%	82.28%	83.09%	83.79%	84.54%	84.85%	84.73%

资料来源：企研数据。

3. 创新发展绩效分析

(1) 创新投入持续提升，总体水平仍有不足。

表2-3显示了2017—2019年西部陆海新通道沿线主要城市和全国R&D经费内部支出与投入强度情况。从R&D经费投入总量来看，通道R&D经费内部支出占全国比重不断上升，2017年，通道R&D经费内部支出9 212 599万元，占全国总量的5.23%，2018年、2019年占比分别为5.35%、5.50%。虽然通道R&D经费投入总量受限于经济发展水平，与其他地区相比较为逊色，但总体保持稳定增长，与其他地区差距逐渐缩小。从R&D经费投入强度来看，尽管2017—2019年通道R&D经费投入强度均小于全国R&D经费投入强度，但通道R&D经费投入强度从2017年的1.62%到2019年的1.79%，上升了0.17个百分点，高于全国上升的0.12个百分点。重庆市和成都市在R&D经费内部支出和R&D经费投入强度上远高于通道沿线其他城市，其中，2017年重庆、柳州和成都三市投入强度超过通道平均强度，2018年和2019年则变为重庆市和成都市超过通道平均强度。此外，三年间仅有成都一市投入强度超过全国水平，湛江市、钦州市、北海市、海口市、泸州市和百色市投入强度三年均低于1%，其他城市投入强度介于1%至2%之间。通道沿线主要城市R&D经费投入高度集中在成渝

两市，头部效应愈加显著，区域创新水平分化明显。从通道内年度变化来看，重庆市、贵阳市、怀化市和成都市的R&D经费投入强度增长明显；贵阳市、钦州市、怀化市、泸州市和百色市的R&D经费内部支出年平均增长率超过20%，防城港与北海两市则总体呈下降趋势。结合各城市区位商可以发现，第一产业区位商较大的城市其R&D经费投入通常较小，两者之间呈现出一定的负相关。

表2-3　2017—2019年西部陆海新通道沿线主要城市和全国R&D经费内部支出与投入强度

区域	2019年		2018年		2017年	
	R&D经费内部支出（万元）	R&D经费投入强度（%）	R&D经费内部支出（万元）	R&D经费投入强度（%）	R&D经费内部支出（万元）	R&D经费投入强度（%）
重庆市	4 695 714	1.99	4 102 094	1.95	3 646 309	1.79
贵阳市	712 065	1.76	579 752	1.53	475 527	1.34
南宁市	525 513	1.17	468 427.7	1.13	477 249	1.25
湛江市	135 571	0.44	121 521.1	0.40	108 881	0.39
钦州市	43 859	0.32	57 802	0.48	22 836	0.21
防城港市	72 236	1.03	73 969	1.12	77 017	1.24
北海市	1 932	0.01	63 248	0.53	40 728	0.39
海口市	146 500	0.87	143 314	0.93	122 590	0.86
怀化市	282 273	1.75	216 771	1.43	123 174	0.88
柳州市	563 273	1.80	381 625	1.27	466 784	1.74
成都市	4 525 439	2.66	3 923 101	2.50	3 312 620	2.38
泸州市	142 884	0.69	122 896	0.65	97 045	0.57
宜宾市	294 185	1.12	244 450	1.04	218 720	1.17
百色市	41 251	0.33	28 457	0.25	23 119	0.22
通道平均	12 182 695	1.79	10 527 428	1.68	9 212 599	1.62
全国	221 436 000	2.24	196 779 000	2.14	176 061 000	2.12

资料来源：各省份统计年鉴、《中国城市统计年鉴》、《中国统计年鉴》。

(2) 研发人员总量不足，地区差异较为明显。

由表2-4可知，与R&D经费内部支出结构相似，西部陆海新通道R&D人员也主要集中在成渝两市，2018年和2019年两市R&D人员数皆超过10万人，在通道创新活动中占据主导地位。从人数增长率来看，广西的南宁市、钦州市、防城港市、北海市和百色市R&D人员数出现负增长现象，其中北海市减少了88.93%，下降最多；其余城市R&D人员数均有所增加，海口市以36.67%的增幅位列通道各城首位。从人数规模来看，钦州、防城港、北海、怀化、泸州和百色六市的 R&D 人员较少，两年都不足 1 万人，这些城市的 R&D 经费内部支出较少，R&D 人员配置薄弱不稳定，研发活动较少，研发意愿也较弱，难以形成规模较大的创新产业集群，不利于实现科技创新、区域产业升级。

表 2-4　2018—2019 年西部陆海新通道沿线主要城市 R&D 人员数　　单位：人

城市	2019 年	2018 年
重庆市	160 668	151 117
贵阳市	32 156	28 784
南宁市	22 378	26 225
钦州市	1 030	1 619
防城港市	844	1 137
北海市	157	1 418
海口市	10 175	7 445
怀化市	7 641	6 117
柳州市	16 923	13 827
成都市	145 950	143 289
泸州市	6 706	5 212
宜宾市	10 944	9 706
百色市	1 342	1 897

资料来源：各省份统计年鉴、《中国城市统计年鉴》。

(3) 创新成果总体增长，地区差距逐渐拉大。

知识产权的高质量创造是创新发展的基本内涵。党的十九届五中全会通过的《中共中央关于制定国民经济和社会发展第十四个五年规划和二〇三五年远景目标的建议》强调："加强知识产权保护，大幅提高科技成果转移转化成效。"关键领域的技术创新和核心专利的科学布局与有效运用，正推动全球产业分工的深化和经济结构调整。与技术创新相伴相随的专利[①]，成为国家发展

---

① 本章所使用的专利数据是指各类市场主体所申请的专利，不包含自然人、科研院所、高校申请的专利。本章所使用的中国专利数据库来源于中国国家知识产权局，数据更新至 2022 年底，不含未通过形式审查（未公开）的专利。在三类专利当中，对实用新型和外观设计这两类而言，因只需进行形式审查，故本章所用专利数据中，它们均为已授权专利。而发明专利在公开后需要进一步进行实质审查，故本章所用发明专利数据包含部分已公开（已通过形式审查）但（最终）未授权的专利。根据《中华人民共和国专利法》（以下简称《专利法》）第三十四条之规定，通过形式审查的专利自申请日起满 18 个月即行公布，即专利从申请到公布最长需要 18 个月。故截至 2022 年 6 月底，2020 年 12 月 31 日前申请的专利，若符合要求，原则上应当已经公布，即包含在本章所使用的专利数据中。然而，2020 年 12 月 31 日之后申请的专利，可能有部分因暂未公布而不包含在本章所使用的专利数据中。为保证统计结果的完整性和稳定性，本章剔除了 2020 年 12 月 31 日后申请的专利，仅保留之前的专利数据。

的战略性资源和增强国际竞争力的核心要素，以技术创新为源头的专利创造、保护、管理与运用受到相关政府部门、行业组织、高校、科研机构和企业等各方的高度关注。西部产业科技大通道的谋划与建设，需要发挥知识产权对创新发展的引领和促进作用。创新驱动就是知识产权驱动，保护知识产权是实现创新发展的内在要求。

1) 申请数：实用新型专利增幅明显，发明与外观设计专利波动变化。

图 2-5 所示为 2010—2020 年西部陆海新通道沿线主要城市发明专利、外观设计专利、实用新型专利申请数量的发展趋势。从专利申请数量来看，发明专利、外观设计专利均表现出一定的波动趋势，实用新型专利则表现出总体增加的趋势。具体来看，发明专利申请数在 2010—2015 年逐渐增加，2016 年出现小幅下滑后，于 2017 年达到阶段高点，随后下滑至 2019 年的阶段低点，并于 2020 年小幅反弹；外观设计专利则是在 7 000~22 000 区间范围内波动；2010 年实用新型专利申请数为 0.88 万件，2020 年为 10.75 万件，后者为前者的 12.22 倍，数量明显大幅增加。

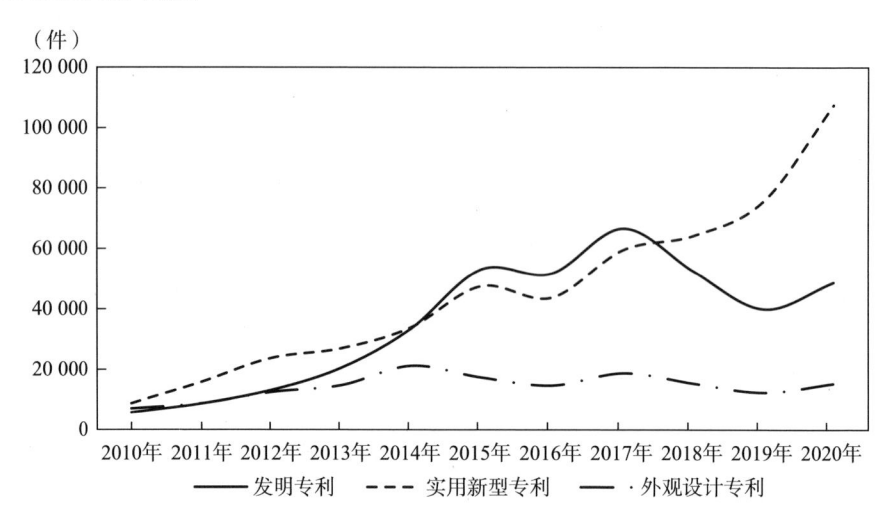

图 2-5　2010—2020 年西部陆海新通道沿线主要城市专利申请数量

资料来源：企研数据。

2) 授权数：发明专利数量较少但稳定增长。

如图 2-6 所示，从专利授权数量来看，三种专利同样呈现出不同的特点。其中，实用新型专利数量呈现出螺旋攀升的趋势，2020 年授权数是 2010 年授权数的 10.93 倍。外观设计专利则呈现出波动状态，在 2015 年与 2018 年分别达到阶段高点后又出现回落的趋势。发明专利由于申请难度较高、耗时较长，其数量要明显少于实用新型专利和外观设计专利。不过从增长趋势来看，发明专利表现出较为稳定的上升趋势，2010年至2020年的年均增长率为23.53%。

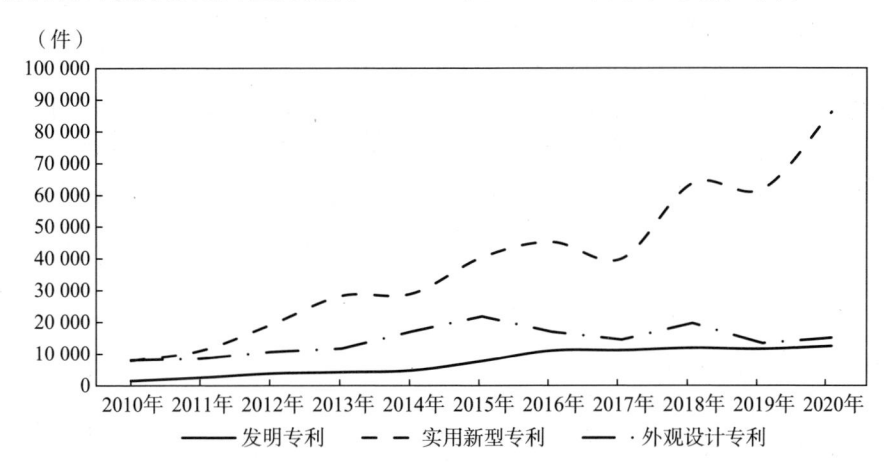

图2-6 2010—2020年西部陆海新通道沿线主要城市专利授权数量

资料来源：企研数据。

3) 城市对比：成渝两地大幅领先，区域创新格局断层明显。

从通道内部城市的对比来看，如图2-7所示，2020年无论是专利申请数还是专利授权数，成都市与重庆市均遥遥领先于其他城市，两城市专利申请数分别为6.86万件、5.72万件，专利授权数分别为4.53万件、3.89万件。排名第三的贵阳市专利申请数与专利授权数分别仅为1.19万件、0.78万件，分别为成都市的17.36%、

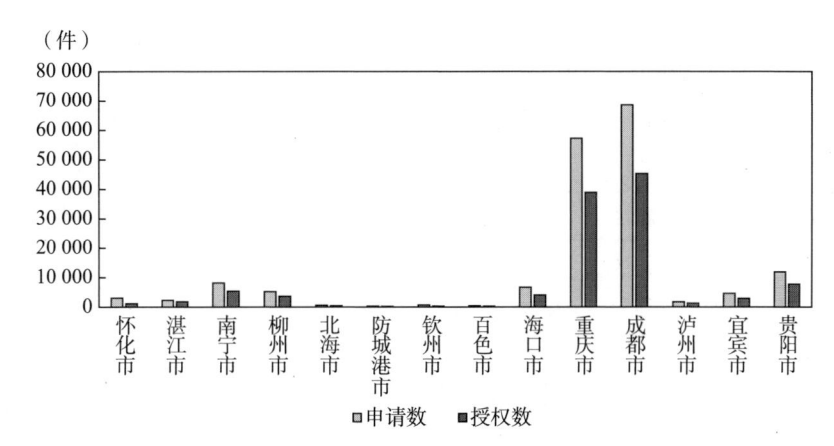

图2-7 2020年西部陆海新通道沿线主要城市专利申请与专利授权数量

资料来源：企研数据。

17.14%①。广西的北海、防城港、钦州、百色四市创新水平在通道内处于落后位置，申请数量与授权数量均未破千，与其他城市差距明显。

4. 创新平台构建分析

以科技创新为核心的高新技术产业，已成为国民经济发展的一个重要增长点，在优化产业结构、促进产业发展、增强国际竞争力等方面发挥了重要作用。近年来，尽管通道内沿线城市重视科技创新，但受制于研发投入，通道高新技术产业整体发展缓慢且以大城市为主。截至2021年底，通道沿线城市获批两个国家级自主创新示范区（成都国家自主创新示范区、重庆国家自主创新示范区），拥有8个国家创新型产业集群试点（培育）单位（重庆市3个、成都市2个、南宁市1个、柳州市1个、贵阳市1个），拥有12个国家高新区（见表2-5）。创新产业集群数量较少且主要集中在成渝地区，区域发展不平衡不充分。从各城市高新区主导行业来看，尽管各城市借助自身特殊的资源禀赋发展特色产业，在创新产业优势领域上存在一定的差异，但在城市创新产业布局上仍具有较高的同质性，大多以生物医药、装备制造、电子信息和新材料为主，产业链上下游互补性较差。

表2-5 西部陆海新通道沿线城市国家高新区一览表

城市	高新区名称	主导行业
怀化市	怀化高新区	生物医药、农产品精深加工、装备制造
南宁市	南宁高新区	电子信息、生命健康、智能制造
柳州市	柳州高新区	汽车、装备制造、新材料
北海市	北海高新区	电子信息、海洋生物、软件服务
重庆市	重庆高新区	汽车、电子及通信设备、新材料
	璧山高新区	装备制造、互联网
	荣昌高新区	消费品、电子信息、生物医药、智能装备
	永川高新区	装备制造、电子信息、新型材料、智慧交通与安全
成都市	成都高新区	电子信息、生物医药、新经济、人工智能、精密仪器制造
泸州市	泸州高新区	装备制造、新能源、新材料、医药
海口市	海口高新区	医药、汽车及零部件、零食
贵阳市	贵阳高新区	装备制造、电子信息、生物医药

资料来源：科技部火炬高技术产业开发中心。

① 此处的占比数据根据换算成万件前的原始数据计算得出，成都市专利申请数与授权数分别为68 593件、45 325件，贵阳市分别为11 910件、7 767件。

(二) 发展成效

1. 经济发展总体情况

西部陆海新通道沿线主要城市经济总量虽然在全国范围内占比较小，但占整个西部地区比重较大，增长速度高于全国平均水平，是推动西部经济发展的重要引擎。如表 2-6 所示，从经济规模来看，2021 年西部陆海新通道沿线主要城市生产总值之和约 7.9 万亿元，占全国生产总值的 6.99%；与 2016 年相比年均增长 9.38%，高于全国年均增长率。除湛江市、海口市和怀化市外，2021 年通道沿线主要城市中的西部城市生产总值约为 7.18 万亿元，占西部地区生产总值的 29.95%。从通道城市空间布局来看，2021 年成渝双城实现地区生产总值约 4.78 万亿元，2012 年、2016 年和 2021 年两地占通道沿线主要城市生产总值的份额均在 58% 以上，在通道内起到引领发展的作用；而北部湾（钦州市、防城港市、北海市）出海口充分发挥区位优势，2021 年实现地区生产总值 3 968.14 亿元，较 2020 年提高 9.2%，发展势头强劲。

表 2-6　2012 年、2016 年和 2021 年西部陆海新通道沿线主要城市地区生产总值及占比情况

城市	2012 年地区生产总值（亿元）	占比（%）	2016 年地区生产总值（亿元）	占比（%）	2021 年地区生产总值（亿元）	占比（%）
重庆市	11 595.37	33.80	18 023.04	35.61	27 894.02	35.21
贵阳市	1 710.30	4.99	3 157.70	6.24	4 711.04	5.95
南宁市	2 503.18	7.30	3 405.99	6.73	5 120.94	6.46
湛江市	1 845.70	5.38	2 487.25	4.91	3 559.93	4.49
钦州市	631.71	1.84	957.35	1.89	1 647.83	2.08
防城港市	389.21	1.13	555.69	1.10	815.88	1.03
北海市	614.77	1.79	978.76	1.93	1 504.43	1.90
海口市	858.49	2.50	1 303.14	2.57	2 057.06	2.60
怀化市	1 001.07	2.92	1 388.23	2.74	1 817.80	2.29
柳州市	1 771.18	5.16	2 420.90	4.78	3 057.24	3.86
成都市	8 619.60	25.12	11 874.07	23.46	19 916.98	25.14
泸州市	1 003.40	2.92	1 500.64	2.97	2 406.08	3.04
宜宾市	1 119.80	3.26	1 609.56	3.18	3 148.08	3.97
百色市	644.37	1.88	947.51	1.87	1 568.71	1.98

注：受四舍五入影响，2012 年和 2016 年地区生产总值占比相加之和均不足 100%。
资料来源：各城市统计年鉴和所在省份统计年鉴。

表 2-7 所示为 2021 年西部陆海新通道沿线主要城市常住人口数及占比变化情况。从中可以看出，2021 年西部陆海新通道沿线主要城市常住人口总数达 10 529.17 万人，比 2020 年增加 84.24 万人。其中，重庆市和成都市的常住人口

数分别为 3 210.67 万人和 2 104.9 万人，分别占沿线主要城市总人口的 30.49%和 19.99%，低于其生产总值占比，人均生产总值较高。2012—2021 年，贵阳市、南宁市、成都市三个省会城市与重庆市人口虹吸效应明显，而怀化市和百色市均出现人口负增长现象。2021 年通道沿线主要城市人均地区生产总值 75 244 元，低于人均国内生产总值。怀化市人均地区生产总值最低，仅 39 767 元，而成都市高达 94 622 元，是最低值的 2.4 倍，城市间人均生产总值差异较大。通道沿线主要城市之间人口、经济存在较大差距，区域发展不均衡、两极分化现象突出。

表 2-7　2021 年西部陆海新通道沿线主要城市常住人口数及占比变化情况

城市	2021 年常住人口数（万人）	占比		
		2021 年	2016 年	2012 年
重庆市	3 210.67	30.49%	31.77%	32.09%
贵阳市	604.61	5.74%	4.79%	4.80%
南宁市	879.27	8.35%	7.26%	7.36%
湛江市	700.58	6.65%	7.18%	7.59%
钦州市	330.86	3.14%	3.33%	3.40%
防城港市	105.21	1.00%	0.96%	0.96%
北海市	186.40	1.77%	1.69%	1.70%
海口市	289.73	2.75%	2.52%	2.36%
怀化市	457.11	4.34%	5.05%	5.16%
柳州市	416.93	3.96%	4.07%	4.15%
成都市	2 104.90	19.99%	18.76%	17.24%
泸州市	425.80	4.04%	4.31%	4.56%
宜宾市	459.70	4.37%	4.58%	4.82%
百色市	357.40	3.39%	3.72%	3.81%

注：受四舍五入影响，2016 年和 2021 年人口数占比相加之和均不足 100%。
资料来源：各城市统计年鉴和所在省份统计年鉴。

2. 产业结构演化情况

西部陆海新通道建设已初具成效，成为连接西部地区与东南亚国家的重要纽带。枢纽功能的持续发挥，推动了通道沿线主要城市产业结构在调整中不断优化。近年来，通道沿线主要城市第三产业比重不断提升，第一、二产业稳健增长。2012 年三次产业占比排序为"二、三、一"，仅过一年排序就变为"三、二、一"。2013 年，第三产业占比超出第二产业 2.28 个百分点，之后第三产业占比逐年上升，2016 年超过 50%，2019—2021 年稳定在 56%左右，稳居通道内经济第一大产业地位。三次产业结构从 2012 年的 9.2∶45.5∶45.3 调整为 2021 年的 7.7∶36.3∶56.0，10 年间第二产业比重下降接近 10 个百分点，第三产业比重上升 10.7 个百分点。分城来看，如图 2-8 所示，2021 年，钦州市第一产业比重最高，高达 19.18%；宜宾市第二产业比重最高，高达 49.83%；海口市第三产业比重最高，高达 78.99%。各城市发展优势和资源禀赋不同，三次产业结构差异分明。

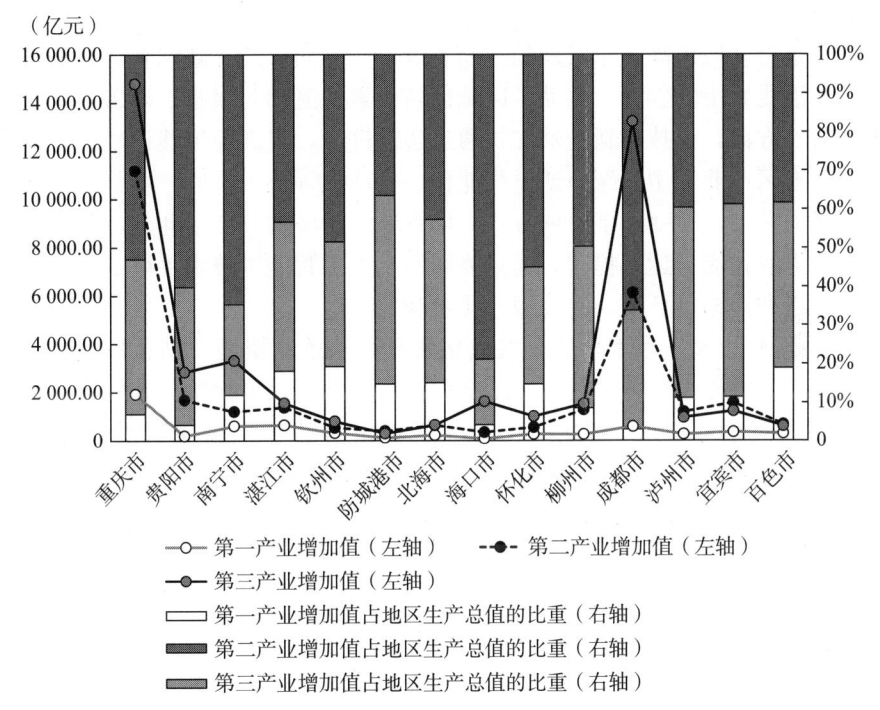

图 2-8　2021 年西部陆海新通道沿线主要城市三次产业增加值及占比情况

资料来源：各城市统计年鉴和所在省份统计年鉴。

近年来，随着现代金融业和数字产业等的蓬勃发展，通道内上下游产业链供应链逐步完善，持续推动第三产业发展。2012 年通道沿线主要城市第三产业增加值仅 15 550 亿元，2021 年增加至 44 375 亿元，年均增长率超过 12%，高于地区生产总值年均增长率。从各地发展情况来看，2012 年，半数城市的第三产业比重低于 40%；2016 年，半数以上城市的第三产业比重超过第二产业，成为城市主要经济增长点；到 2021 年，有 6 个城市第三产业比重达到 50%，其中，贵阳市、南宁市、海口市和成都市比重超过 60%。从 2012 年到 2021 年的动态变化来看，绝大多数城市第三产业比重都在增加，仅防城港市比重常年保持在 36% 左右且略有下降。2012—2021 年，除防城港市外其他城市第二产业比重均有所下降。不过，通道沿线主要城市第二产业增加值保持稳定增长，2021 年为 28 720 亿元，与 2018 年相比增加了 5 450 亿元，年均增长率为 7.3%。第一产业是第二、三产业发展的基础，2021年通道沿线主要城市第一产业增加值为6 132亿元，较2020年增加了308亿元。与2012年相比，大多数城市第一产业比重有所下降，使得通道沿线主要城市第一产业比重整体下降了1.45个百分点。

3. 科技创新总体情况

创新是推动城市高质量发展的重要力量。一方面，西部陆海新通道的规划建设促进了沿线城市的创新，推动了区域创新要素的流动与聚集，改善了区域创新环境；另一方面，科技创新能够加快通道建设进度，提高通道建设质量，也能够促进西部地区产业转型升级，通过智能化、自动化等技术手段，增强制造业与服务业发展的动力，转变经济发展方式，培育新的经济增长点。此外，科技创新还能够为通道的物流与运输提速，通过物联网、人工智能等技术手段，更好地优化物流、配送和运输等环节，提高服务质量和效率。

自2017年以来，首都科技发展战略研究院从创新资源、创新环境、创新服务、创新绩效等4个维度对我国288个城市进行创新水平评价，并发布《中国城市科技创新发展报告》。据此，我们可以对比西部陆海新通道沿线主要城市2020—2022年的排名变化，如图2-9所示。科技创新指数全国排名有明显提高的

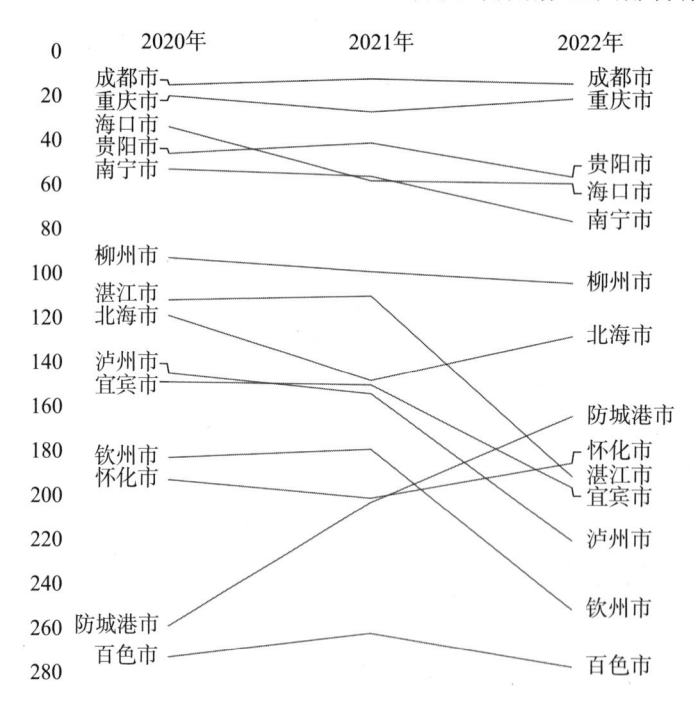

图2-9　2020—2022年西部陆海新通道沿线主要城市科技创新指数全国排名

资料来源：首都科技发展战略研究院《中国城市科技创新发展报告》。

城市是防城港市和怀化市。其中，防城港市尽管在2020年科技创新发展水平处于全国下游水平，但两年时间位次跃迁超过90位，在通道内进步最快。成都市科技创新指数全国排名有小幅提升。与之相反的是，湛江市、钦州市、泸州市和宜宾市科技创新指数排名下滑幅度较大，2022年排名比2020年下降至少40名。重庆市、贵阳市、南宁市、北海市、海口市、柳州市和百色市排名均有小幅下降。2022年，通道沿线主要城市中，重庆市和成都市进入全国前20，贵阳市、海口市和南宁市进入全国前100，泸州市、钦州市和百色市排名靠后，排在全国200名开外。总体来看，通道内大多数城市科技创新指数排名都较为靠后，且有排名下降趋势，表明通道城市整体上创新资源有所不足，创新能力有待提高。

二、西部产业科技大通道发展机遇与挑战

在新发展格局背景下，西部陆海新通道逐渐成为推动西部发展和进一步开放的重要支撑。从功能定位来看，西部陆海新通道不仅是物流通道，也是国际贸易通道，还应该是产业科技合作通道。不过，西部地区是西部陆海新通道主要规划区域，其经济发展整体处于较低水平，使得共建西部产业科技大通道在宏观上面临着地区间战略关联不强、市场主体偏弱，微观上优质市场主体缺乏、科技资源投入偏低、高端人才集聚缓慢等众多挑战。

（一）发展机遇
1. 持续深化"一带一路"的发展成果

"一带一路"自2013年发展至今，取得显著成效，"西部陆海新通道"和"一带一路"紧密相连，前者在后者的建设下应运而生，进一步扩大了中国对外开放的南向大通道，是对"一带一路"倡议的重要补充和提升。高水平共建西部产业科技大通道，对深化"一带一路"的发展具有重要的战略意义：一是通道连接欧亚大陆和东南亚，打通了西部陆地经济与海洋经济之间的联系，有助于促进西部地区及周边国家经济的发展，扩大区域经济合作的空间和范围。二是西部陆海新通道在加强区域互联互通方面发挥着重要的作用，该通道连接了中国西部地区与中亚和欧洲的铁路、公路和海运网络，促进了中国西部地区与中亚、俄罗斯和欧洲国家之间的互联互通，有助于推动"一带一路"沿线国家的交流和合作，推动区域产业协同发展。三是西部陆海新通道还有助于促进中欧贸易的发展，推动区域市场的开放和合作。通过加快通道建设，提升物流和运输效率，形成清晰的服务模式和透明的贸易环境，有助于打破贸易壁垒，促进海上、陆上物流畅通。

2. 建立自立自强的产业科技体系

建立自立自强的产业科技体系是我国形成强大的科技实力和产业竞争力的重

要手段。党的二十大报告提出加快实现高水平科技自立自强。科技自立自强不仅是发展问题，更是生存问题。当前，国际政治环境持续紧张，美国等发达国家对华制裁持续加码。面对不确定性日益增加的外部环境，唯有不断增强产业科技创新实力，才能减小对外部技术的依赖，降低国家在产业科技上的风险。西部陆海新通道的规划建设，通过促进区域内部产业协作、加强产业间资源互补、提升运输和信息等基础设施建设水平，为高水平建设产业科技大通道提供了一个全新的发展契机。同时，近年来，全球技术民族主义呈现出回潮态势，加之科技的"泛安全化"倾向加剧，使高水平建设产业科技大通道变得更为紧迫。显然，高水平建设产业科技大通道有助于我国增强科技创新能力、优化经济结构、提升整体经济竞争力，用确定性对冲不确定性，更好地保障国家产业安全，给发展带来更大的"安全感"。

3. 顺应构建新发展格局国家战略

国内国际双循环相互促进的新发展格局，为高水平建设产业科技大通道带来了战略机遇。这一发展格局提出了发展两个循环，即国内循环和国际循环相辅相成，以实现内外联动和互促双赢。首先，国内循环将为高水平建设产业科技大通道提供广阔的市场空间和重大发展机遇。实行以国内大循环为主体的新发展模式，要求西部地区有能力成为国内大循环的重要汇聚区和重要战略支撑区。其次，国际循环也为高水平建设产业科技大通道提供了更为广阔的发展空间。通过与"一带一路"沿线国家的合作和交流，能够扩大对外合作的规模，提高对外合作的水平，有效推动通道沿线与周边国家的科技合作、跨境流通和贸易、产业链整合。最后，国内国际双循环相互促进的新发展格局还将为高水平建设产业科技大通道带来加速区域产业升级和结构转型的机遇，有助于优化经济结构，推动技术进步和节能降耗，从而增强区域竞争力。同时，高水平建设产业科技大通道，还将带动区域内的基础设施建设、人才培育和能源资源配置等方面的发展，进而推动区域科技创新和经济发展。

4. 区域经济高质量发展条件成熟

通道产业科技发展以成渝双城为龙头，贵阳、南宁等主要城市为节点，其所拥有的产业科技现有资源，为高水平建设产业科技大通道提供了物质基础。第一，作为西部陆海新通道的起点，成渝双城产业基础雄厚、市场空间广阔、开放程度高，是西部地区经济最具活力和发展潜力的地区，在通道乃至国家发展大局中具有独特而重要的战略地位。其规模庞大的现代产业体系、完善的科技创新体系和高水平的产业基础，可带动区域其他城市和产业的发展，形成齐头并进的区域创新产业联动与协同发展态势。第二，贵阳、南宁等通道重要节点城市，是连接成渝双城和北部湾地区的重要枢纽，也具备多元化的产业布局。如贵阳以信息技术、生物医药等新兴产业为主导，南宁则以交通物流、食品加工等行业为主导，这些产业与产业科技大通道相融合，为大通道建设提供了稳健的发展基础。此外，通道沿线城市的高速公路、铁路、机场等交通基础设施不断完善，相互之间的物流成本得到降低，货物和信息的流通速度得到提高，在产业链上的配合也将越发紧密，发展效率将得到更大的提升，区域经济高质量发展条件已渐趋成熟。

（二）主要挑战

1. 总体规划尚显滞后

（1）产业发展缺乏总体规划布局。

2019年，国家发展改革委印发《西部陆海新通道总体规划》，对西部陆海新通道的发展做出了详细的指导与约束。不过，该规划从全局出发，以主通道、重要枢纽、核心覆盖区、辐射延展带的布局为核心，以交通物流贸易为重点建设内容，是一个纲领性的规划文件。总的来说，针对沿线城市或地区的产业发展，该规则缺乏更为细致的规划，包括通道沿线各地分工协作、协同发展的具体规划，以及系统的产业规划布局和调控政策措施。西部陆海新通道的建设需要各地区协调合作，不过，由于各地区的经济、文化等方面存在巨大差异，实现区域协调发展仍然面临很大挑战。同时，部分地区存在各自为政的现象，如目前从甘肃、重庆始发的班列都不愿经过贵州，使得贵州很难实现集拼加挂，一体化协同发展并未很好贯彻[①]。因此，亟须在各省份之间建立针对西部陆海新通道的常态化合作机制，形成整体推进、协作联动、共建共享的格局。

（2）尚不具备产业备份功能。

国家安全的内涵在不断拓展，外延也在不断扩大，逐渐由政治安全、国土安全和军事安全扩展到经济安全、网络安全、能源安全等各个领域。其中国家产业科技安全是指保障国家经济科技实力和核心竞争力，确保国家发展不受到多种内外部风险和不确定性因素的干扰和威胁，保障国家经济和产业的可持续发展、长期安全和稳定。在大国之间博弈加剧、自然风险与突发性事件频出的情况下，完全基于全球化的供应链并不安全可靠。美国连续十余年推动制造业回流，日本也积极推动制造业回流和产业链分散，无疑对我国产业链、供应链的安全带来了一定的冲击，因此我国必须要做好产业备份。

西部陆海新通道是联通我国西部地区腹地，连接沿海港口与沿边口岸，通达东盟主要国家，辐射澳新、中东及欧洲等地区的重要通道，在构建新发展格局中

---

① 《瞭望》新闻周刊. "陆海新通道"的困守与突围. (2019-04-09). [2024-03-15]. https://app.cqrb.cn/cover/2019-04-09/77295.html.

具有重要战略地位。同时,西部陆海新通道资源丰富,主通道和重要枢纽建设加快推进,发展环境不断优化,理应承担起保障我国产业科技安全的责任。然而,我国工业体系始终存在着枝繁但叶不茂、高精尖领域薄弱的问题,很多行业不得不依赖从发达国家进口。对于西部陆海新通道而言,这一问题有过之而无不及。从市场主体所在行业结构来看,尽管西部陆海新通道当前工业门类覆盖了第二产业下的所有分类,但其技术创新能力低下、产品缺乏竞争力、以传统产业为主的现状显然不利于我国发达地区产业向其转移,要想实现产业备份更是难上加难。

2. 区域产业同构严重

不同城市之间产业结构的趋同化程度可用产业结构趋同度指标来衡量。其计算公式如式 2-2 所示:

$$S_{ij} = \frac{\sum_{k=1}^{n}(X_{ik} \cdot X_{jk})}{\sqrt{\sum_{k=1}^{n} X_{ik}^2 \cdot \sum_{k=1}^{n} X_{jk}^2}} \quad (2-2)$$

其中,X_{ik} 和 X_{jk} 分别表示 k 产业增加值占 i 地区和 j 地区当地生产总值的比重。S_{ij} 表示 i 地区和 j 地区产业结构趋同程度,介于 0~1,其值越大则说明两地区产业结构趋同程度越高,S_{ij} 值为 1 说明两地产业结构完全相同,S_{ij} 值为 0 说明两地产业结构完全不同。

根据产业结构趋同度计算公式,利用第一产业,工业,建筑业,交通运输、仓储和邮政业,批发和零售业,住宿和餐饮业,金融业,房地产业以及其他行业等 9 个产业的增加值数据,分别计算 2018 年和 2021 年通道沿线 10 个城市的产业结构趋同度,结果见表 2-8 和表 2-9。重庆市产业结构与其他城市间有着较高的趋同度,而海口市与其他城市间的趋同度相对较低。通道沿线 10 个城市之间的产业结构趋同度平均值从 2018 年的 0.883 下降到 2020 年的 0.875,之后又上升到 2021 年的 0.878,总体上有所下降。但 2018—2021 年,绝大多数城市间的产业结构趋同度都超过了 0.85,通道产业结构趋同度处于高位。其中,怀化市与湛江市间的产业结构趋同度 4 年均超过 0.99,为通道内最高趋同度;同时,通道内趋同度最低值从海口市与柳州市的 0.617 变成海口市与宜宾市的 0.561,最低趋同度呈下降趋势。整体来看,尽管有部分城市间的产业结构趋同度有所下降,但是仍然难以改变通道沿线城市间存在的产业结构严重趋同现状。通道内较高的产业结构趋同度使得各城市无法发挥自身的资源和地理环境优势,跨区域产业分工协作的实现难度较大,上下游产业链合作的条件基础薄弱,进而可能会抑制通道内的科技创新与产业发展。

表 2-8 2018 年西部陆海新通道沿线部分城市产业结构趋同度

城市	重庆市	贵阳市	南宁市	湛江市	海口市	怀化市	柳州市	成都市	泸州市
贵阳市	0.965								
南宁市	0.868	0.918							
湛江市	0.919	0.855	0.859						
海口市	0.786	0.864	0.919	0.721					
怀化市	0.939	0.882	0.889	0.991	0.760				
柳州市	0.927	0.844	0.707	0.907	0.617	0.912			
成都市	0.956	0.963	0.913	0.896	0.888	0.928	0.900		
泸州市	0.954	0.928	0.841	0.944	0.703	0.950	0.929	0.922	
宜宾市	0.948	0.886	0.793	0.957	0.654	0.961	0.970	0.912	0.986

资料来源：各城市统计年鉴和所在省份统计年鉴。

表 2-9 2021 年西部陆海新通道沿线部分城市产业结构趋同度

城市	重庆市	贵阳市	南宁市	湛江市	海口市	怀化市	柳州市	成都市	泸州市
贵阳市	0.963								
南宁市	0.852	0.914							
湛江市	0.926	0.862	0.836						
海口市	0.704	0.813	0.863	0.662					
怀化市	0.936	0.882	0.878	0.992	0.715				
柳州市	0.959	0.914	0.806	0.966	0.697	0.961			
成都市	0.950	0.963	0.868	0.889	0.828	0.907	0.957		
泸州市	0.945	0.922	0.818	0.959	0.679	0.941	0.975	0.918	
宜宾市	0.968	0.887	0.761	0.954	0.561	0.944	0.968	0.888	0.959

资料来源：各城市统计年鉴和所在省份统计年鉴。

3. 产业互动有待加强

（1）城市间的互投能力显著分化。

市场主体是现代化产业体系的主力，产业间的关联程度则依托于主体之间的联系。城市间的主体互投可反映区域之间经济产业的联系紧密程度，主体互投的金额越大，表明产业联系越紧密，区域一体化程度也就越高。相反，主体互投的金额越小，表明产业越缺乏联系，区域之间壁垒越多，一体化程度也就越低。积极扩大主体有效投资，既有利于扩大当前需求、应对经济下行压力，又有利于优化供给结构，推动高质量发展。图 2-10 所示为 2013—2022 年西部陆海新通道沿线主要城市主体对外投资及接受投资的金额。从通道城市对通道内其他城市的投资来看，成都相对最为活跃，其对外投资总额为 2 304.09 亿元，排名第二、三位的分别为重庆、南宁，对外投资总额分别为 843.23 亿元、689.99 亿元，投资超 200 亿元的还有贵阳、柳州、海口三市，投资金额分别为 268.46 亿元、262.23 亿元、245.67 亿元，其余城市共计 440.30 亿元。从通道城市接受通道其他城市的投资来看，贵阳一枝独秀，共计接受投资 1 012.81 亿元，是 14 个通道沿线主要城市中唯一一个超千亿元的城市。排名第二、第三的分别为重庆的 738.51 亿元以及成都的 708.25 亿元，成渝也是仅有的两个接受投资超 700 亿元的城市。柳州、南宁、防城港、海口四市以 600.84 亿元、516.08 亿元、364.05 亿元、341.29 亿元分列第四到七位，其余城市共计接受投资 772.14 亿元。上述数据表明，通道内城市主体之间的投资意愿与能力较弱；不论是对外投资还是接受投资，城市间分化明显。

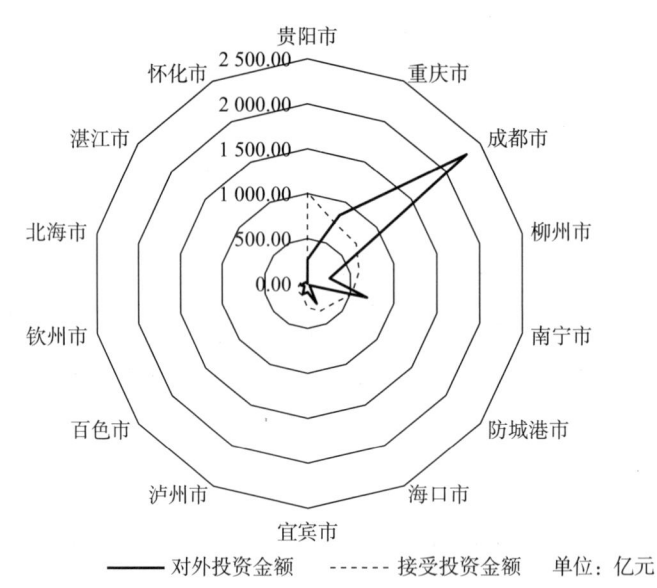

图 2-10　2013—2022 年西部陆海新通道沿线主要城市主体对外投资及接受投资的金额

资料来源：企研数据。

进一步分析城市与城市之间详细的互投情况，如图 2-11 所示，线条的粗细程度表示投资金额的相对大小。从图中明显可以看出，成都、重庆、南宁对外投资金额较大，通道内其他城市所接受的投资也主要来源于以上三市，其他城市之间的线条均较为细小，反映出这些城市之间的主体联系程度较低。

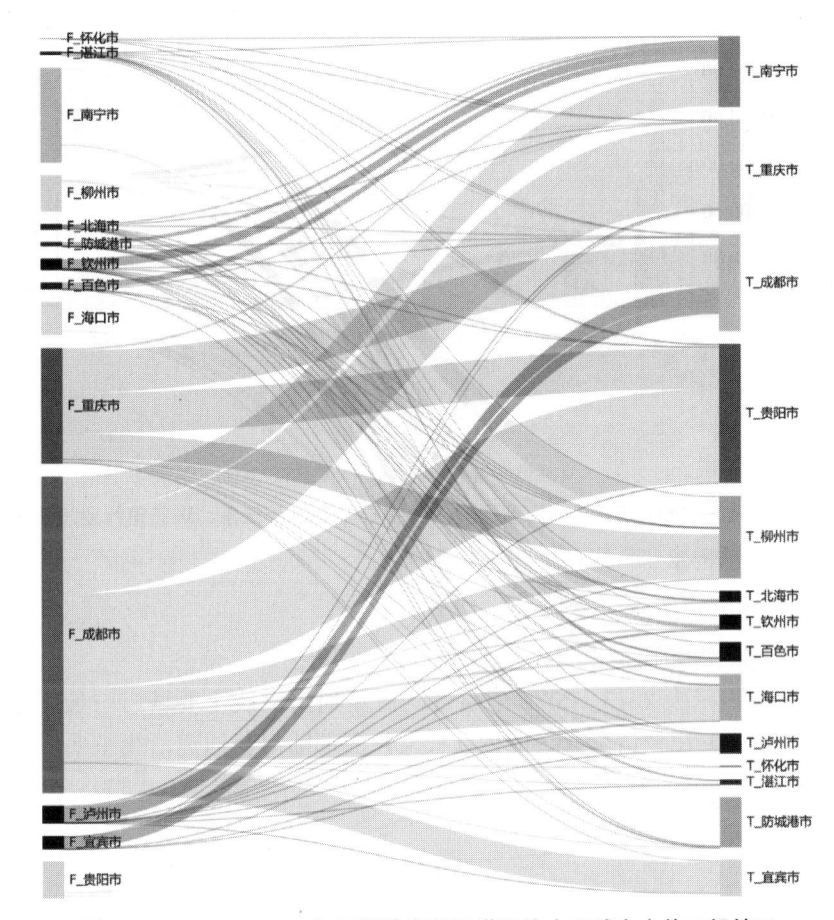

图 2-11　2013—2022 年西部陆海新通道沿线主要城市主体互投情况

注：剔除了本市主体对本市主体的投资，F_表示投出地主体，T_表示投入地主体。贵阳市由于投资金额较小，线条显示不完整。

资料来源：企研数据。

（2）行业间的互投比例明显失衡。

图 2-12 所示为 2013—2022 年西部陆海新通道沿线主要城市、长三角、珠三角行业投资情况。租赁和商务服务业是三地产业对外投资的主力军，通道沿线主要城市、长三角、珠三角投资金额分别为 41 128.47 亿元、89 436.56 亿元、50 885.46 亿元，在各自对外投资总额中的占比分别达到了 54.97%、47.18%、35.76%。西部陆海新通道在租赁和商务服务业上的占比较高，一方面说明了其行业间的投资存在一定的失衡现象；另一方面其他行业对外投资金额较低，也在一定程度上表明这些行业对外联系程度偏低。

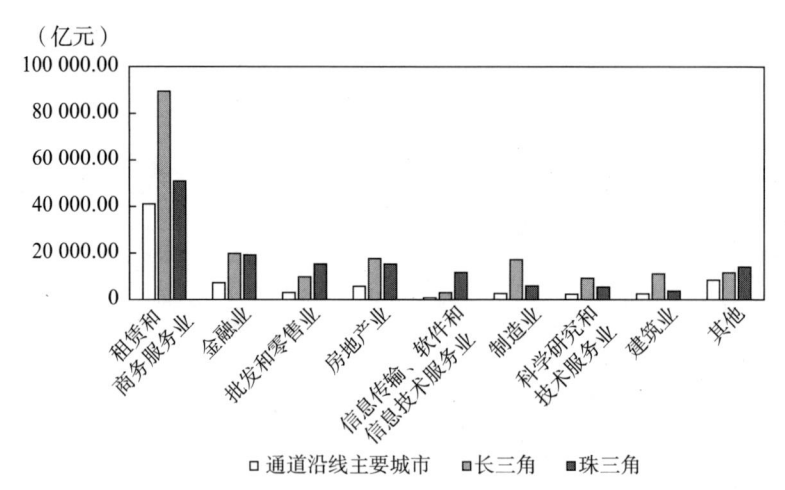

图 2-12　2013—2022 年西部陆海新通道沿线主要城市、长三角、珠三角行业投资情况

资料来源：企研数据。

4. 投资活力整体偏低

（1）西部陆海新通道内互投金额落后于长三角、珠三角。

图 2-13 所示为 2013—2022 年西部陆海新通道沿线主要城市与长三角、珠三角的投资金额①比较情况。从中可以看出，西部陆海新通道沿线主要城市无论

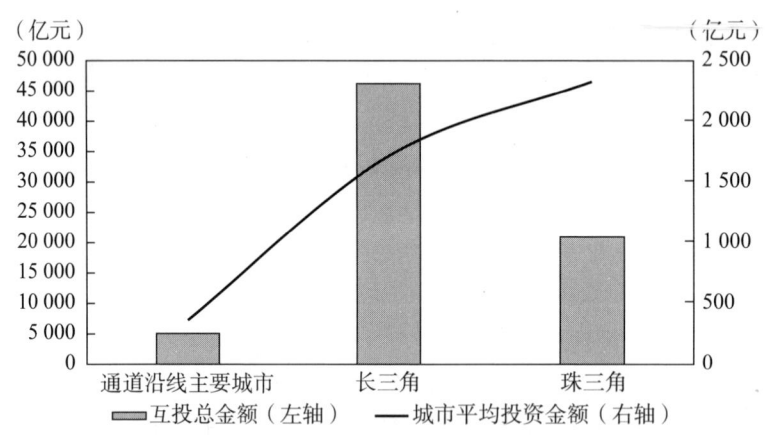

图 2-13　2013—2022 年西部陆海新通道沿线主要城市与长三角、珠三角的投资金额比较

资料来源：企研数据。

---

① 考虑到目前注册资本登记制度为认缴制，出资时间在认缴期间内即可，为便于对比研究，此处仅考查时间介于 2013 年到 2022 年之间的企业互投样本，并排除自然人出资部分。

是互投总金额还是城市平均投资金额均少于长三角与珠三角。其中，西部陆海新通道沿线主要城市互投总金额为5 053.97亿元，是长三角的10.93%、珠三角的24.13%；城市平均投资金额为361亿元，是长三角的21.08%、珠三角的15.51%。这进一步表明，在西部陆海新通道内部，市场主体对外投资的活力不足，对外来投资的吸引力较发达地区存在明显差距。

（2）西部陆海新通道与外部互投活力不足。

将通道沿线主要城市作为整体，以主体及主体所在的行业为研究对象，分析通道沿线主要城市与长三角、珠三角之间的互投情况。如图2-14所示，通道沿线主要城市对长三角与珠三角的投资金额均低于长三角、珠三角对通道沿线主要城市的投资，其中长三角对通道沿线主要城市的投资金额相对最高，为6 575.24亿元，通道沿线主要城市对珠三角的投资金额相对最低，为4 998.07亿元，区域间的产业关联不活跃。

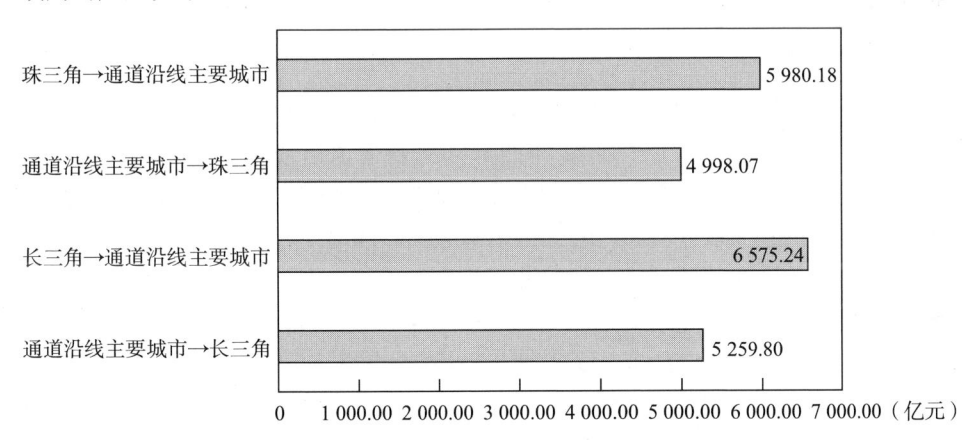

图2-14　2013—2022年西部陆海新通道沿线主要城市与长三角、珠三角之间的互投情况

资料来源：企研数据。

（3）西部陆海新通道与外部的行业互投集中于个别行业。

先来分析西部陆海新通道沿线主要城市与长三角行业互投情况。如图2-15所示，2013—2022年西部陆海新通道与长三角之间的互投主要集中于租赁和商务服务业以及金融业上。从投向上看，租赁和商务服务业是长三角投向通道沿线主要城市最多的产业，金额高达3 111.94亿元；而金融业则是通道沿线主要城市投向长三角最多的产业，投资金额为1 879.40亿元。相比之下，两区域在其他产业上的互投金额均处于较低水平，除房地产业与制造业外，均低于500亿元。

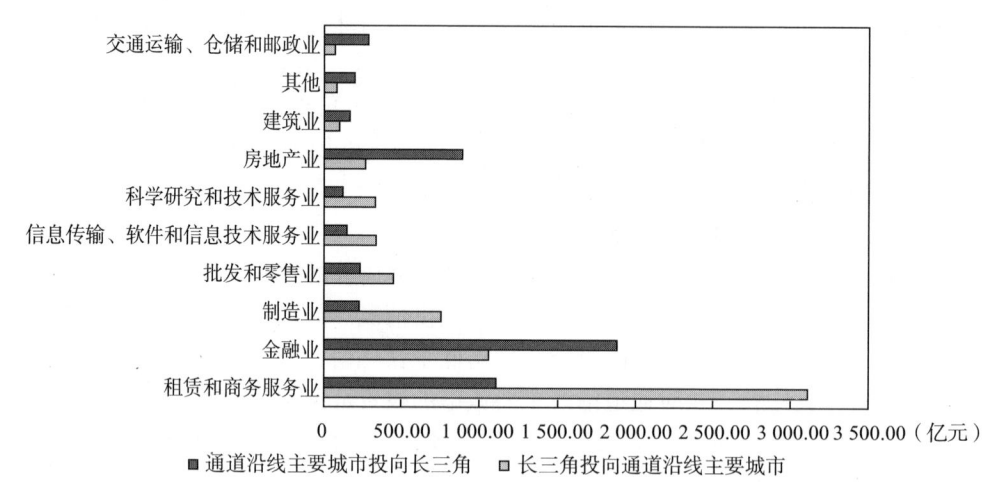

图 2-15　2013—2022 年西部陆海新通道沿线主要城市与长三角行业互投情况

资料来源：企研数据。

再来看西部陆海新通道沿线主要城市与珠三角的行业互投情况。如图 2-16 所示，与长三角类似，2013—2022 年西部陆海新通道沿线主要城市与珠三角的互投仍然集中于租赁和商务服务业以及金融业上，除去珠三角批发零售业对通道沿线主要城市的投资 1 173.38 亿元排名靠前外，其余产业同样投资金额不高，反映出两区域的产业关联还有较大的提升空间。

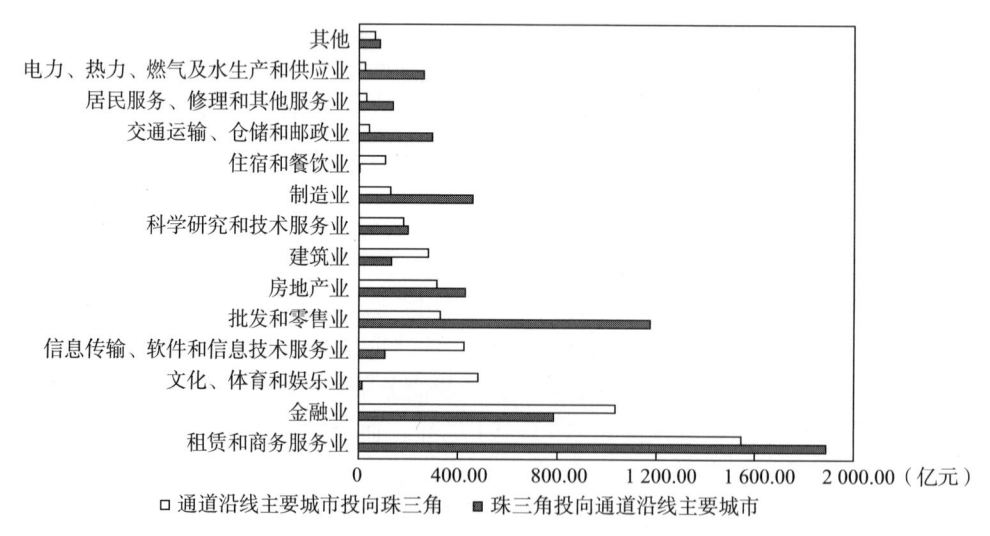

图 2-16　2013—2022 年西部陆海新通道沿线主要城市与珠三角行业互投情况

资料来源：企研数据。

5. 优质主体缺乏

（1）通道内部主体发展不平衡。

通道内部面临主体发展不平衡的问题，成渝地区整体大幅领先于其他城市。表2-10展示了2021年通道沿线主要城市A股上市企业、专精特新"小巨人"企业、高新技术企业、科技型中小企业共四类优质主体①的数量。从中可以看出，通道内各个城市的优质主体数量存在较大差异，其中重庆市在专精特新"小巨人"企业的数量上处于领先水平，在通道沿线主要城市中的占比达35.53%；成都市则在A股上市企业、高新技术企业、科技型中小企业的数量上遥遥领先，三类主体在通道沿线主要城市中的占比分别为39.02%、41.91%、44.48%。

表2-10　2021年西部陆海新通道沿线主要城市优质主体数量　　　单位：家

城市	A股上市企业	专精特新"小巨人"企业	高新技术企业	科技型中小企业
怀化	3	4	403	584
湛江	3	1	372	301
南宁	15	23	1 399	1 001
柳州	5	25	676	733
北海	5	4	97	142
防城港	/	1	48	81
钦州	1	/	134	125
百色	/	5	61	56
海口	26	16	769	386
重庆	63	**124**	5 147	3 042
成都	**96**	106	**7 660**	**6 836**
泸州	3	5	154	538
宜宾	5	9	200	1 043
贵阳	21	26	1 159	502
合计	**246**	**349**	**18 279**	**15 370**

资料来源：企研数据。

---

① A股上市企业统计时间节点为2022年3月。专精特新"小巨人"企业、高新技术企业、科技型中小企业统计时间节点均为2021年末。

（2）区域整体发展较落后。

从区域比较上看，西部陆海新通道沿线主要城市的市均优质主体数明显少于长三角与珠三角。如表2-11所示，A股上市企业，西部陆海新通道沿线主要城市市均17.57家，分别落后于长三角、珠三角的60.33家、76.78家；专精特新"小巨人"企业，西部陆海新通道沿线主要城市市均优质主体24.93家，分别是长三角42.04家的59.30%、珠三角45.56家的54.72%。高新技术企业与科技型中小企业，三地数量均显著多于专精特新"小巨人"企业与A股上市企业，不过西部陆海新通道沿线主要城市仍然大幅落后于长三角与珠三角，前者通道沿线主要城市共有1 305.57家，分别是长三角、珠三角的38.25%、20.51%；后者通道沿线主要城市共有1 097.86家，分别是长三角、珠三角的31.06%、20.09%。

表2-11 西部陆海新通道沿线主要城市、长三角、珠三角市均优质主体对比

单位：家

优质主体类型	通道沿线主要城市	长三角	珠三角
A股上市企业	17.57	60.33	76.78
专精特新"小巨人"企业	24.93	42.04	45.56
高新技术企业	1 305.57	3 412.93	6 366.44
科技型中小企业	1 097.86	3 534.56	5 463.89

资料来源：企研数据。

6. 科技资源投入偏低

通道基础研究投入总量不足，R&D经费投入结构不合理。即使是通道内科技资源较为丰富的成渝两市，与通道外科创实力强劲的城市相比也存在着一定的差距。图2-17展示了2021年成都市和重庆市与通道外八大城市以及全国R&D经费分活动类型占比的对比情况。从中可以发现，通道基础研究投入总量不足，成都市和重庆市基础研究经费占R&D经费比重分别为5.70%和4.90%，低于其他城市中最低的西安市（5.95%），也低于全国平均水平6.50%。比较各城市基础研究经费占比和应用研究经费占比发现，成都市、重庆市和西安市基础研究经费不足应用研究经费的一半，其中成都市应用研究经费占比高达20.10%，仅低于北京市的24.99%。一般而言，基础研究投入高、周期长，决定了一个地区科技创新能力的底蕴和后劲。相比之下，成渝两市更愿意将R&D经费投入在那些满足市场需求的"短平快"应用型研究上，在基础研究上的投入相对不足。综合来看，通道自主研发创新能力较弱，R&D经费投入结构较不合理，表现为基础研究投入不足，研发经费投入偏向试验发展，主要以国外技术研究为基础开展试验发展活动。

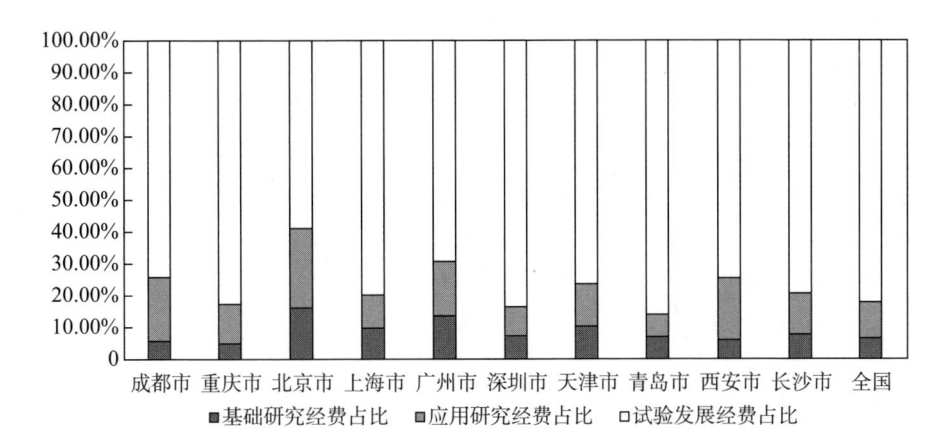

图 2-17 2021 年部分城市与全国 R&D 经费分活动类型占比

资料来源：各城市统计年鉴。

7. 高端人才集聚缓慢

（1）高端人才数量短缺。

产业科技的发展离不开人才的智力支撑，高端人才资源是支撑我国新兴产业发展的基石，也是引领我国产业高质量发展的核心动力。以 2021 年新增的两院院士为分析对象，中国工程院新增 84 位中国籍院士，中国科学院新增 65 位中国籍院士，两院共新增 149 位中国籍院士。图 2-18 展示了上述新增两院院士工作

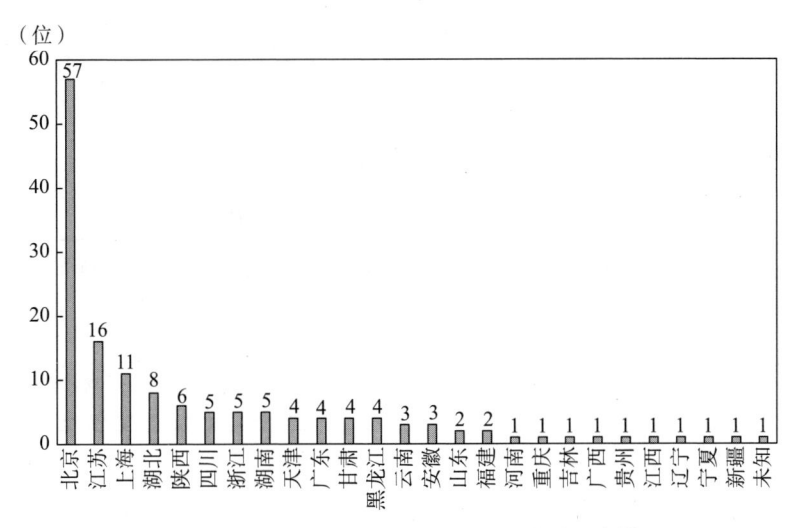

图 2-18 2021 年新增两院院士工作所在地分布情况

资料来源：中国工程院、中国科学院官网，课题组整理。

所在地分布情况，从中可以看出，我国高端人才分布呈现出以下特点：东部地区是我国高端人才的集中区，其数量占全国总数的67.79%，其中尤以北京、江苏、上海为主要集聚区；中西部高端人才占比不高，"势差"较大，东强西弱的格局长期存在；在西部地区内部，高端人才的集聚同样存在区域差异，陕西与四川为其主要集聚区，显然在西部陆海新通道内部，不少城市缺乏对高端人才的支持与引领。西部陆海新通道高端人才集聚不足的主要原因是，西部地区工资待遇偏低，科研资源条件较差，生活配套基础设施不完善以及发达地区的虹吸效应明显，人才"孔雀东南飞"的现象较为普遍。

（2）高等学校数量不足且分布不均。

西部地区高等教育发展滞后是难以吸引人才的一个重要原因。高等教育是区域人才培育的主体，一个地区的人才资源和自主创新能力很大程度上取决于当地高等教育的规模和水平。截至2021年9月30日，通道沿线主要城市及全国普通高等学校数如表2-12所示，通道沿线主要城市拥有高等学校247所，平均每市拥有17.64所。但从区域分布上来看，高校扎堆分布在省会城市和直辖市，重庆市69所，贵阳市35所，南宁市35所，成都市57所，四市拥有高等学校数占通道沿线主要城市高校总数的79.35%，其余城市高等教育资源稀薄。从每百万人拥有的高校数来看，绝大多数城市高校数量太少，不能满足城市人口的需求，不利于对区域人才的培养。从本科教育来看，通道本科院校数占高等学校数比重低于全国平均水平，高校较为集中的重庆市、贵阳市和南宁市的本科院校数占比也低于全国平均水平，成都市本科院校数量较多，且通道"双一流"建设高校主要集中在成都市，有7所，较其他城市有明显优势。从总体上看，通道沿线主要城市高等教育资源短缺，地区分布不均衡，且质量不高，直接影响到城市基础研究能力的发展，最终也将影响到通道科技创新能力的提高。

表2-12　通道沿线主要城市及全国普通高等学校数　　单位：所

区域	本科院校数	高职（专科）院校数	普通高等学校合计数
重庆市	26	43	69
贵阳市	16	19	35
南宁市	15	20	35
湛江市	4	2	6
钦州市	1	2	3
防城港市	0	1	1
北海市	2	2	4

续表

区域	本科院校数	高职（专科）院校数	普通高等学校合计数
海口市	6	7	13
怀化市	2	2	4
柳州市	2	4	6
成都市	28	29	57
泸州市	2	5	7
宜宾市	1	1	2
百色市	2	3	5
通道合计	107	140	247
全国合计	1 270	1 486	2 756

资料来源：中华人民共和国教育部。

三、国际区域产业科技发展的经验借鉴

区域连点成线扩面发展是当今全球区域经济发展的主流模式之一，依托根植于地方社会文化结构的产业组织，形成分工明确、共生协调的区域规模优势，为工业化和城市化进程提供强大推力和产业基础，主要表现为都市圈、城市群等形式。当前世界上都市圈、城市群的发展案例较多，发展经验丰富。西部陆海新通道在地理上表现为通道经济，在空间上则仍然是区域块状的发展模式，有必要也应该向国际发达区域寻求发展经验上的借鉴与支撑。

（一）典型案例

1. 纽约都市圈

纽约都市圈以国际金融中心纽约为核心，拥有科技教育中心波士顿、历史文化中心费城、老工业中心巴尔的摩和政治中心华盛顿4座次级核心城市以及分布于周围县域的中小城镇及卫星城，城市定位相对单一，但都市圈的整体功能远远大于单个城市叠加。同时，周边的麻省理工学院、哈佛大学和波士顿大学等世界知名高等学府不断为大量科研机构和高新技术企业注入新的活力。纽约都市圈对西部陆海新通道建设有着重要启示。

首先，纽约都市圈拥有发达的公路系统、铁路系统和港口群。公路和铁路是中心城市与都市圈内其他区域联系的重要通道，也是城市内通勤的主要通道，发达的交通系统使得都市圈形成了分散的多中心向外扩展融合的城市布局，加速了

都市圈经济的发展。纽新港口群组建跨州港务局，共同制定港口发展规划，沿岸港口形成了不同的功能特色，提高了港口物流效率。区域间发达的交通网络和沿岸港口统一规划是都市圈发展的基础。西部陆海新通道应充分借鉴纽约都市圈的发展经验，完善港口联运体系，加强港口协调合作能力，推动北部湾港、洋浦港和湛江港资源整合、错位发展，实现港口之间的高度协调，促进一体化发展。同时，通道应发挥城市枢纽功能，进一步完善铁路、公路网络，强化交通基础设施建设，加快通道交通运输发展，提升综合交通运输能力。

其次，波士顿、费城、巴尔的摩和华盛顿4座次级核心城市根据自身特点发展与都市圈核心城市纽约错位的产业，都市圈内5座大城市功能互补、专业化分工协作。都市圈以中心城市为核心，在向外扩展的过程中，各城市根据其区位优势、产业结构的分布特点，形成各自的功能定位。都市圈内各城市分工协作明确、功能定位合理，使得区域内的产业分布呈现出多元和互补的格局，加快了整个都市圈经济高效运行的速度。区域发展应以中心城市为核心，进行严密的分工合作。西部陆海新通道沿线城市之间产业趋同度较高，应充分发挥通道沿线城市各自的区位优势，以通道为主体统筹沿线城市产业发展规划，推动通道产业优化升级，打造各具特色的产业集群，形成明显的功能分工格局。

最后，纽约都市圈各城市内拥有专业化的分工体系。各中心城市在坚持产业多样化发展的基础上，主要通过将非核心功能向周边卫星城市和中小城镇转移，卫星城市依托多层次基础设施承接中心城市转移产业，强化产业上下游垂直分工。中心城市和周围城镇在产业链中有明确的定位，充分发挥比较优势，深化纵向合作，建立稳定的前后向供应链关系，打造具有战略性和全局性的完整产业链。西部陆海新通道应构建紧密联系的产业链、价值链分工体系，将沿线城市串联起来，通过专业化生产形成集聚效应，高效助力产业升级，促进通道的高质量发展。

2. 东京都市圈

东京都市圈也称"首都圈"，是日本三大都市圈之一，也是世界五大都市圈之一。狭义的东京都市圈包括东京、琦玉、千叶、神奈川（"一都三县"），广义的东京都市圈则在"一都三县"的基础上加入茨城县、枥木县、山梨县和群马县，形成"一都七县"的区域格局。东京都市圈在区域协调发展、产业规划布局和空间圈层优化等方面，均积累了很多成功且成熟的经验，对于西部陆海新通道的发展具有重要的参考作用。

一是在区域协调发展上，以中央政府为主导，自上而下进行宏观调控。东京都市圈的规划实践表明，区域性统一规划的关键在于能够跨越行政区划的范围，从国家战略需求和最大限度上发挥区域发展规模效益与集聚优势的角度出发，依据都市圈整体发展的水平、范围和特质，对空间组织、基础设施、城市环境、产业布局及公共服务等区域性问题进行统筹考虑，并开展整体规划和有针对性的项目规划。东京都市圈内的区域性协调机制，多年来主要由中央政府主导，即中央政府通过完善、权威的区域性规划体系和强有力的项目资金保障、政策配套以及自上而下的宏观调控，达到区域行政协作的目的。而以地方政府为主体的区域联合组织或机构的数量和活动范围受到诸多行政法令的严格限制。从西部陆海新通道的发展来看，其目前覆盖"13+1"省份，不同省份间的发展存在行政隔阂，倘若各省份各自为政，势必难以发挥通道经济的优势。因此，对于西部陆海新通道而言，亟须设立一个超越行政边界、能够实现区域统一规划发展的组织或机构。

二是在产业规划布局上，因地制宜布局产业。日本是一个非常受制于地理环境的国家，其狭长的岛链地形已经决定了其产业格局在大自然的初步分配下有了一个基础的分工，它只能在此基础上，依托强大的政策调配，根据区位、地理环境和资源禀赋来布局产业。目前，中心城市东京以金融业、商贸业与生产性服务业为主，高端制造业和科技产业分布在次中心城市和环核心城市带，重工业及资源型产业则分布在更外围的地区，要素和资源在都市圈内有序、无障碍地流动，构建了完善的产业链和价值链。这对归属于通道经济的西部陆海新通道具有重要的借鉴意义，即通道各个地区的产业发展应互相配合、互相补充，形成统一整体。

三是在空间圈层优化上，形成"点—线—面"结构。东京都市圈由中心城市、次中心城市、中小城镇卫星城、乡村所组成的现代城市体系形成了合理有序的多个圈层，互相之间协调发展并有序配合，向外界展示了在面对"单核集中"的困境时该如何破局。在西部陆海新通道中，成渝地区毫无疑问是经济发展的领头羊，因此围绕成渝地区，同样可进行空间圈层优化。首先是注重城市中心化，建设优质的成渝城市中心，增强其吸引力和辐射力，带动周边区域的发展，吸引人才和资金的涌入，推动地区发展；其次是注重城市轴线化，在通道内打造多条经济文化发展轴线，整合资源，提高效率，扩大地区的产业发展规模，提高产业发展水平；最后是注重城市次中心化，通过建设城市副中心，降低中心城区的压力，实现城市周边区域的协同发展，构建一个多中心的城市群体系。

3. 莱茵-鲁尔城市群

莱茵-鲁尔城市群是欧洲最大的城市群之一，位于德国的西北部，地处欧洲的交通路口，由15座城市组成。莱茵-鲁尔城市群煤炭资源丰富，早期形成了以重化工业为基础，煤炭和钢铁工业为主导的产业结构。随着采煤业的衰退和新技术的出现，电气、电子工业得到了快速发展，该地区不断调整产业结构，始终保持较强的生命力，形成了多特蒙德、埃森和杜伊斯堡三大工业中心。近年来，城市群调整生产方向，向信息通信技术产业和环保领域转变。莱茵-鲁尔城市群在传统煤钢产业衰退后，通过工业转型升级成为高新技术产业集聚区，对西部陆海新通道发展有重要的借鉴意义。

一是改变单一生产结构，逐步淘汰落后产能，鼓励新兴产业，注重多元化发展。煤炭工业和钢铁工业曾经是莱茵-鲁尔城市群的支柱，煤钢等传统工业的衰退引起了城市群的衰落。20世纪60年代，莱茵-鲁尔城市群开始对煤钢产业结构进行调整，淘汰落后产能，对技术和设备进行更新改进，提高产品技术含量。70年代后，政府政策向高新产业倾斜，将经济结构从以第二产业为主转向以新兴产业为主，对新兴产业投资者按投资规模给予补贴，在扶持新兴产业的同时也注重产业多元化，服务贸易、创意文化和以旅游为主的服务业得到大力发展成为后起之秀，利用旧有的工业设施打造的"工业旅游"品牌提升了区域的文化质量。从西部陆海新通道发展历史来看，应加大开放力度，努力吸引、利用外来资金和技术，重视新兴产业的引入和扶持。同时，应重视和扶持传统产业的转型，在政策扶持上注重实现产业内部的技术革新和上下游产业的协同发展，推动传统产业的改造升级。

二是大力发展教育和科研机构，增加科技创新的资金投入，提升技术创新能力。莱茵-鲁尔城市群将科技创新视为经济增长的源泉和动力。在产业转型升级过程中，一方面，注重教育发展和创新人才的培育，先后建立了波鸿鲁尔大学、多特蒙德大学（2007年更名为多特蒙德工业大学）、哈根函授大学、杜伊斯堡-埃森大学（2003年由杜伊斯堡大学和埃森大学合并而成）等教育科研机构，同时每所大学都设有"技术转化中心"，帮助有价值的技术实现商用化。此外，城市群还拥有多个德国知名科研机构和大企业的科技创新中心，为产业结构的转型输送了大量人才和技术成果。另一方面，城市群从多个方面加大科技创新的资金投入，同时鼓励企业和个人进行投资。西部陆海新通道沿线城市在不同程度上都面临着科技创新能力不足的情况，科技创新基础（科研中心、高科技人才、核心技术）相对薄弱，难以满足产业转型升级的需要。因此，通道应该增加高校建设、人才培养、资金支持等方面的投入，加强产学研结合，把高等教育与通道经济发展紧密结合，培养大批产业转型升级所需的人才。

4. 阿拉米达货运走廊

洛杉矶港和长滩港是美国集装箱吞吐量排名前两位的大港。20世纪80年代，港口的迅速发展以及集装箱吞吐量的快速增长，给城市集疏运系统带来了巨大压力，港口与城市在功能布局和资源空间上的矛盾日益严峻。同时，由于洛杉矶市自身的发展，用地受限、交通拥堵、噪声、环境污染等众多问题随之而来。

为了缓解港口吞吐压力，解决城市交通拥堵等问题，美国加利福尼亚州政府提出了优化疏港铁路的资源配置以协调港口和都市区的发展，在港口后方建设一条货运通道的构想，阿拉米达货运走廊由此诞生。阿拉米达货运走廊的成功，对于同样依托货运贸易而兴起的西部陆海新通道，具有极重要的借鉴和参考意义。

一是走廊采用PPP（政府和社会资本合作）建设模式，发行长期债券，多方成立平台机构共同建设运营，摆脱了单纯靠政府资金来建设的模式。政府与社会经营主体建立起"利益共享、风险共担、全程合作"的共同体关系，这种方式减轻了政府财政负担，降低了社会主体的投资风险，同时提高了资源使用效能和建设、运营效率，有效保障了阿拉米达货运走廊的顺利建设和长期稳定运行，并带来了逐渐增长的收益。因此，西部陆海新通道可借鉴阿拉米达疏港通道在项目策划、资金筹集、运营等方面的经验。

二是建设多式联运设施，升级统一运输设备。实践证明，阿拉米达货运走廊的建设，有效地促进了美国西海岸多式联运效率的提升，带动了洛杉矶市经济、产业的快速发展，使铁路运行速度由不足20公里/小时提升至65公里/小时，运行效率大大提高，可满足每天150列火车通过。现港区与场站之间的列车运行时间由原先的2小时降低至30~45分钟，每天运行的列车最高达60列。因此，西部陆海新通道应加快对多式联运设施的建设，提升运输水平。

三是积极发展绿色物流，实现可持续发展。阿拉米达货运走廊制订了一系列绿色物流计划，包括鼓励使用清洁能源、推广电动车辆和混合动力车辆等措施，减少排放和能源消耗。洛杉矶港和长滩港也在大力推行绿色港口计划，包括进行噪声和空气质量监控、推广清洁能源设备和技术、减少污染物排放等。绿色物流和可持续发展促进了物流行业技术的升级，推动了物流业务模式的转型，加速了产业技术的转移和转化。因此，西部陆海新通道理应运用创新技术，发展新型物流业务模式，打造生态友好型物流体系，以实现更加可持续、智能化的发展。

（二）经验启示

综合分析以上四个区域，可以总结出以下几点值得西部陆海新通道借鉴的发展经验。

一是完备的基础设施。基础设施包括经济性基础设施与社会性基础设施，其中经济性基础设施包括公共设施、公共工程和交通设施，社会性基础设施包括保健设施、体育教育设施、文娱设施等。以上四个地区的发展经验表明，区域经济产业的发展离不开基础设施的提升与完善。对于相对落后的西部陆海新通道而言，基础设施的投入更是必不可少。首先，基础设施投入可以对GDP产生直接促进作用；其次，基础设施建设将提升区域可达性并降低交易成本，推动劳动力从生产率低的农业部门向生产率高的非农部门转移；最后，时代的变迁赋予了基础设施更为广泛的概念，我国"新型基础设施建设"涵盖了5G、人工智能、工业互联网、城际高速铁路和轨道交通、特高压、新能源汽车充电桩、大数据中心等七大领域，这些领域的投资和运营将为西部陆海新通道的发展带来巨大的机遇和活力。

二是合理的产业分工。纽约都市圈、东京都市圈、莱茵-鲁尔城市群均形成了很高程度的产业分工，合理的区域产业分工与合作是区域经济协调发展的基本要求。推动区域的产业科技增长，需要构建合理高效的现代化产业分工体系，充分发挥核心城市人力资本和信息资源丰富，以及周边城市要素价格相对较低的比较优势，推动核心城市第三产业集中化和制造业向周边城市的有序转移，形成合理的产业分工。西部陆海新通道沿线城市资源禀赋和经济发展水平不同，产业分工能够使资源得到较为合理的配置，促进规模经济的形成。同时，在参与产业分工的过程中，通道可逐渐摆脱对低水平分工格局的依赖，实现分工升级，以提高国家产业安全水平。

三是科学的建设模式。建设项目可以充分协调利用政府、社会资源，更好地发挥市场功能和政府功能，政府与社会经营主体应建立起"利益共享、风险共担、全程合作"的共同体关系。一方面，政府要努力营造优越的营商环境，进一步打破行业垄断和行政壁垒，切实降低准入门槛，建立公平、开放、透明的市场规则，营造权利、机会、规则平等的投资环境，吸引更多的内外资进行投资建设；另一方面，加强政府和社会资本合作，建立旨在促进产业转型升级的产业基金，助推产业科技的高质量发展。此外，对待重点领域、重点项目，应强化自上而下的市场开发机制，寻求与相关国家部委、地方政府、央企和金融机构总部等的战略合作，优先支持纳入国家重大战略的投资标的，推动政策导向和市场运作有机结合。

四、高水平共建西部产业科技大通道的对策建议

（一）完善物流基础设施，夯实通道高质量发展根基

"要致富，先修路"，便捷的交通物流是推进产业发展的必要基础，提高区域物流运输能力，可有效优化社会资源配置，促进产业发展，进而实现经济的高质量发展。为此，需要合力加快西部陆海新通道、亚欧通道和东向开放通道建设，优化通道布局。

一是加强通道顶层设计，制定统一规划。2019年，西部陆海新通道上升为国家战略，通道沿线城市应以此为契机，制定更加详细的战略规划和政策，建立科学规范的产业科技发展指导思想、体系和方法论，从顶层设计和全局建设上，

统一规划交通物流基础设施，避免出现各自为政的情况。

二是加强基础设施建设，畅通内外循环。完善出海出境大通道体系，加快建设内陆国际物流枢纽，优化港口和航道建设，加强高铁站货运能力建设，推进以货运功能为主的机场布局建设，支持港口和铁路站场融入现代物流功能要素，形成以铁路、水运为主的大宗货物和集装箱中长距离运输格局，提升各种运输设施的衔接水平，推进多式联运发展，共促西部陆海新通道高质量建设。

三是构建绿色物流系统，聚力转型升级。积极调整运输结构，推进多式联运重点工程建设，加快发展公-铁、铁-水、空-陆等联运模式。升级物流网络，完善物流配送体系，加快向智能物流、绿色物流等高标准物流方式转型升级。打造绿色物流系统，推广绿色低碳运输工具，建造绿色物流仓库，推进快递物流包装绿色化、减量化、可循环。

四是促进新型基础设施建设，拓宽发展方向。坚持需求导向、问题导向和目标导向，结合自身产业发展基础、产业支撑能力、区域承接能力和创新发展能力，有序开展新型基础设施建设，在补齐传统基础设施短板的基础上，推动人工智能、工业互联网、5G、新能源等技术深度应用，布局重大科技基础设施，增强科技创新能力。

（二）强化产业科技安全，打造重要产业链备份基地

2020年，习近平总书记在《国家中长期经济社会发展战略若干重大问题》一文中，从保障国家产业安全及国家安全的高度，提出"要着力打造自主可控、安全可靠的产业链、供应链，力争重要产品和供应渠道都至少有一个替代来源，形成必要的产业备份系统"。基于西部陆海新通道对国家产业安全的重要作用，须从以下几个角度来强化产业科技安全，增强我国产业韧性，以打造重要产业链备份基地。

一是完善配套支持政策体系，构建区域协同发展格局。通过引导区域搭建一体化政策体系，形成产业链备份基地建设和发展的政策推动合力。加强通道内城市的区域合作，坚持以市场为导向，促进政策协同，打破行政壁垒，加强全方位协同，深化全领域合作，畅通市场供需循环，引导产业链备份基地立足于自身产业梯度、发挥比较优势承接东部产业转移。

二是坚持协同开放发展理念，聚焦建链、延链、补链、强链。产业链备份基地要求具备较多的产业门类和制造业大类，既要保证未发生产业链断供时备份产能的经济安全，也要满足发生产业链断供时备份产能快速供应的要求。为此，须大力培育现代化产业体系，实施一批建链、补链、延链、强链项目，提高产业链完整度。借好发达地区优强企业"外力"，推进产业共建和优势互补，全力争取更多优质企业到通道内投资布局，推动产业集群发展。

三是实施创新驱动发展战略，加大科技创新投入力度。大国竞争的核心是科

技，通道高质量发展的内核是创新。为此，需要不断加大原创性、引领性科技创新投入力度，积极引进和培育一流创新主体和科创平台，打造创新策源地。以增强科技创新能力为目标，统筹抓好体制机制改革、创新主体培育、平台载体建设、创新人才激励、创新资源整合、创新成果转化、创新环境优化等工作，全面激发科技创新的动力和活力。

（三）明确区域功能定位，推动产业科技协同发展

实施区域协调发展战略是全面建成小康社会进而实现全体人民共同富裕的内在要求。西部陆海新通道沿线城市存在产业同质的特点，在新发展格局的大旗下，这显然不符合高质量发展的要求。对此，建议从以下几个方面明确区域功能定位，提高产业科技发展协同度，因地制宜发展特色产业。

一是明确自身定位，有效解决发展落差。客观评估通道各省份自身经济、社会、人口、资源等方面特点，确定自身产业优势和发展方向，充分发掘本地区的经济潜力，合理引导各类资源的配置和利用，转"发展落差"为"发展势能"。加强与周边城市和地区的合作，推动产业协同发展。通过结盟或联盟等形式，把本地区的优势资源与周边城市和地区的资源相结合，互相促进，提高整个地区的综合实力。

二是建立共享机制，促进要素自由流动。打破区域壁垒，减少行政管理障碍，建立要素自由流动的高效机制，加强市场理性化调配和优化配置，建立公平的规则和竞争机制，促进资源要素合理流动。加强政策沟通和合作，完善产业链上下游合作机制，促进各类产业间、相关产业和科研机构间要素的流动和合作。建立更加高效的多方对接平台和信息平台，降低信息传递过程中的交易成本，利用技术平台加快要素自由流动。推广业务拓展和市场开拓机制，发挥专业组织和行业协会的作用，促进企业之间的要素自由流动和信息交换，增强企业的自我创新能力，提高产业链的市场竞争力。

三是构建对接渠道，促进产业协同发展。现阶段西部陆海新通道面临着产业老化、同化等问题，建立现代化经济体系必须不断促进传统产业优化升级，加快发展现代服务业。对于落后产业，要敢于淘汰转型，积极寻找经济发展新动能，科学制定产业定位和发展规划，对整个产业布局进行优化统筹，推动各地区依据主体功能定位发展。

（四）优化战略规划布局，畅通东中部产业转移路径

西部陆海新通道是连接东盟与欧亚大陆的重要通道，具备较为丰富的自然资源和优质的生态环境，叠加区域较低的劳动力成本和较强的优惠政策支持，在承接东中部产业转移方面具有广阔的发展前景。产业技术向通道内转移，确保新的产业链和价值链的建立，需要从优化战略规划布局着手，以畅通产业转移路径并

提高转移效率为主要手段，提升西部陆海新通道的战略地位。

一是加强与周边国家的协作，建立跨境物流联运体系，推动陆海新通道的一体化和协同发展。应当打造国际化、智能化、绿色化的通道模式，提高通道综合效益。

二是优化陆海新通道沿线的经济布局和产业结构，推动东部地区向中西部地区转移产业，实现城市资源的合理分配。同时，加强陆海新通道沿线经济区域的统筹规划和协调发展，促进经济区域互补性的完善。通过建立供应链和产业链的深度合作，形成新的产业链和价值链。

三是针对不同省份、地区之间的经济和社会发展情况，科学制定差异化的战略规划，加强各方面的配套建设和政策支持，形成陆海新通道特色产业，促进各地经济的快速发展。

四是增强陆海新通道在国内交通、物流领域的中枢作用，进一步扩大中西部地区在对外贸易、旅游和海运等方面的影响力。加大对西部陆海新通道沿线地区的交通建设投入力度，提高交通运输效率，优化物流、供应链等基础设施和配套服务，改善物流环境，降低物流成本。

五是优化营商环境。加强营商环境建设，提升区域竞争力，优化投资环境，推动外来企业和资本到西部地区投资发展。加强陆海新通道的品牌推广和形象宣传，吸引更多的国内外投资企业和旅游者前来发展和旅游。

（五）培育优质市场主体，增强产业科技发展动能

市场主体是经济活动的主要参与者、就业机会的主要提供者、技术进步的主要推动者，打造高质量市场主体有助于推动产业科技的高质量发展，提高市场的效率和效益。当前西部陆海新通道市场主体总体质量不高，竞争力不足，对此，建议从以下三个方面加强对优质市场主体的培育。

一是围绕地方特色产业培育一批领军型创新主体。鼓励通道沿线城市因地制宜根据当地特色产业培育一批高质量市场主体，如工业领域重点寻求专精特新企业和高新技术企业的数量突破。制订高质量主体培育成长计划，支持并指导通道沿线各城市对辖区内的潜力企业和众创空间、孵化器内在孵企业进行充分挖掘和筛选。同时，为相关企业提供税收优惠、人才培育、园区办公场所、产业链配套支持等多维度的政策帮扶，切实改进其发展的政策环境。

二是着力消除企业异常经营情况，提升主体发展质量。针对通道沿线城市主体存在的异常经营情况，进行全面梳理和把脉，分类给出注销、改进、提高的对策建议，认真督促其提交年报、修正注册信息、消除限高失信等情况，有效减少异常经营的企业数量。同时，全面调研处于休眠状态的企业情况，了解其缺少实质性经营的原因，助力其恢复发展。大力支持通道沿线城市基于当地特色产业创

设产业融合发展示范园,进行集群式布局,支持相关主体加强关键核心技术专利布局,提升主体发展质量。

三是构建市场主体发展监测评价指标与办法。建立并完善针对通道沿线城市的市场主体监测评价指标与办法,形成常态化的监测报告发布和报送机制,为西部陆海新通道的产业发展提供更加科学、量化的大数据支撑,助力西部陆海新通道主体发展成效监测评价工作。

(六)加大人才招引力度,赋能通道产业跨越式发展

人才是构成区域竞争力的基础性、核心性、战略性资源,也是科技创新的重要资源。相对于科教资源丰富的东部地区,西部陆海新通道长期以来面临着人才引进难、人才留不住的问题。因此,完善人才引育机制,是西部陆海新通道实现科技创新和产业升级的重要基石。为此,建议从以下三个方面持续加大人才引育力度,全力保障高校、企业人才需求。

一是引育并举,重视人才培养。目前许多高校和企业投入巨额资金引进人才,却吝啬对现有人才的培养,导致人才快速流失,陷入了"流失—引进—再流失"的怪圈。面对西部陆海新通道"引人难、留不住"的局面,高校和企业应该调整人才战略:引进人才要精准,使用要得当,要根据长远发展规划明确当前阶段急需的人才类型,通过提供配套资源增强对高层次人才的吸引力和黏合力;为现有拔尖人才提供更高的薪酬和科研经费,对潜力人才进行有针对性的培养,给予现有人才更高的待遇和更多的机会,不断增强人才归属感。

二是全面落实完善人才引进培育扶持政策。扩大政策覆盖面,确保政策应享尽享,除了直接对人才进行常规性扶持,还应鼓励高校和企业自主引育人才;提高人才生活津贴,解决其配偶、子女的工作、入学等问题,解决其基础住房等生活需求;完善人才评价激励机制,重点抓好绩效分配、职称晋升等工作,支持用人单位自主、灵活分配高层次人才薪酬,让人才在薪酬上得实惠、成长上有空间。

三是人才政策要有产业针对性。人才政策应以产业科技发展需求为导向,因地制宜,紧扣当地特色产业,以重点产业紧缺急需人才为主,实施靶向引才。围绕产业链完善人才链,通过建立产业人才培养体系、提高人才科技创新能力等方式,大力推动西部陆海新通道人才链与产业链深度融合,为产业科技创新提供新动能。

(七)强化产业分工协作,推动区域一体化融合发展

区域合作是推动区域经济快速发展的有效途径,合理的分工可激发各地区经济协调发展的内生动力,促使政策与政策之间形成合力、地区与地区之间加强联动,避免产业同质化发展、政府行政性垄断、市场无效率竞争。为此,可从以下三个方面来强化各类主体的分工协作。

一是强化城市与城市的分工协作。统筹通道整体利益和各城市比较优势,推动通道内各城市间专业化分工协作。引导中心城市产业向高端化发展,将重点放在总部、研发、设计、品牌、市场营销等环节,中小城市则要增强中心城市产业转移承接能力,重点发展生产制造、零部件配套、仓储采购等环节。通过逐步建立配套协同的发展机制,加强大中小城市之间的沟通协调,以提升要素聚集能力,促进城市功能互补、产业错位布局和特色化发展。

二是强化政府与市场的分工协作。坚持市场主导、政府引导,强化政府和市场的有机协调与配合。充分发挥市场配置资源的决定性作用,提升产业发展效率;政府应加大力度为市场发挥作用创造必要的条件和环境,如持续优化营商环境,建立公平、开放、透明的市场规则,并为市场经济发展提供充足的公共服务和必要的社会保障。加强政府与社会资本的合作,设立地方产业基金,使通道建设成为市场主导、政府引导的高质量发展过程。

三是强化大中小微企业的分工协作。产业链中大中小微企业的资源和能力在多层次、多维度上存在互补性,推动实现大中小微企业的深度协同创新,加强上下游企业的创新联动、资源共享与跨界融合,科学处理产业链协调发展与协同创新进程中面临的各种利益冲突与风险,形成大中小微企业分工协作的产业体系,可以促进大中小微企业的协调发展,有助于增强通道主体与产业的活力,实现企业创新效率和生产能力的大幅提升。

(八)紧抓数字经济红利,发展新产业新业态新模式

数字经济的兴起使得新兴产业快速崛起,从而打破了传统产业的垄断地位,使市场竞争日益激烈和多元化。同时,数字经济的发展也为传统产业提供了更广阔的发展空间,促进了传统产业的转型升级。对于相对落后的西部陆海新通道而言,发展数字经济具备着"后发优势",抓住数字经济时代红利,释放数字活力,是其产业科技发展的重要路径之一。

一是夯实数字基础设施。数字经济离不开高速、稳定、可靠的互联网和通信基础设施,因此在西部陆海新通道沿线建设更好的通信基础设施,如光缆、数据中心和云计算设施等,将有助于数字经济的发展,进而促进数字产业化及传统产业数字化。

二是建设数字贸易平台。西部陆海新通道已经为沿线各地的企业提供了更方便、更经济的贸易途径,而建设数字贸易平台,可使贸易更智能化、便捷化、透明化。这将加速数字经济的发展,给沿线地区的企业带来更多的商机。

三是推动数字化金融的发展。随着互联网金融的快速发展,数字化金融将成为西部陆海新通道数字经济发展的重要支撑。西部陆海新通道应该加强金融业的数字化转型,推动数字化金融的发展,为企业提供更便利的融资和支付服务。

四是构建数字化商贸物流体系。以通道物流贸易为切入口，大力发展电子商务，积极引导物流商贸企业建立物流信息系统，提升物流信息化水平，完善电子商务业务，推广网络购物、电子支付、远程交易等现代交易方式，构建数字化商贸物流体系。

五是引导传统产业迭代升级。建设数字化生产车间、智慧厂区、云数据机房、大数据平台、综合指挥系统平台等数字化平台，引进信息化项目，深化新一代信息技术与制造业的融合发展，以数字化手段驱动生产方式变革，促进传统产业蝶变升级。

参考文献

[1] 钱林，黄伟新.中国西部地区合作参建西部陆海新通道的现状及问题[J].物流科技，2022，45（19）：97-102+107.

[2] 黄林，黄伟新.西部陆海新通道沿线城市功能分工与区域经济增长：基于产业创新管理视角[J].科技管理研究，2022，42（4）：116-124.

[3] 杨俊玲.新发展格局下西部陆海新通道沿线城市产业协同融合的介入研究[J].管理现代化，2023，43（1）：136-147.

[4] 王海涛，徐刚，恽晓方.区域经济一体化视阈下京津冀产业结构分析[J].东北大学学报（社会科学版），2013，15（4）：367-374.

[5] 张倩肖，李佳霖.新时期优化产业转移演化路径与构建双循环新发展格局：基于共建"一带一路"背景下产业共生视角的分析[J].西北大学学报（哲学社会科学版），2021，51（1）：124-136.

[6] 张小勇，马永腾."一带一路"倡议与西部民族地区产业科技创新协同发展研究[J].科学管理研究，2019，37（3）：92-96.

——执笔人：杨奇明，浙江理工大学经济管理学院；陈立辉，杭州珞嘉经济咨询有限公司；叶武威、沈梦露，企研数据科技（杭州）有限公司；陈雷，浙江财经大学经济学院；刘玥，英国爱丁堡大学数学学院

第三章 高水平共建西部数字治理与政府间协作大通道

摘 要

数字经济是未来国家经济社会发展的新引擎，是助推各行各业发展，实现国家和地区经济、政治、社会、文化、生态等全方面发展繁荣的动力，是实现高质量发展、打造现代化产业体系的抓手。区域政府间协作是有为政府的主要体现，是引领区域高质量发展的制度动力源。西部陆海新通道建设亟须实现数字治理和政府间协调，来建立高质量发展中的新双轮驱动机制。本章从数字时空格局特性、数字治理理论框架和数字治理中国现状等方面，分析了我国参与"一带一路"全球数字治理框架路径，为西部陆海新通道建设提供数字治理经验参考；从数字发展赋能、全球数字规则、数字外交治理需要等方面，分析了西部陆海新通道高水平数字治理规则构建框架，为西部陆海新通道融入数字国际化规则提供理论与实践参考；从数字安全理论、数字安全评价体系、数字安全治理路径等方面，分析了西部陆海新通道的数字国际化安全理论与实践；从政府协作关系、政府协作推进、政府协作治理等方面，分析了政府从一元主导到多元协同的理论与实践；从数字经济、数字政务、全要素生产率等方面，提出数字治理与政府协作双重路径。

Abstract

The digital economy is a new engine for the country's future economic and social development, a driving force that promotes the development of various industries and achieves comprehensive development and prosperity of national and regional economy, politics, society, culture, ecology and other aspects. It is an effective approach to achieving high-quality development, and building a modern industrial system. Regional inter-governmental cooperation is the main embodiment of promising government and the institutional power source that leads regional high-quality development. The construction of the new western land-sea corridor needs to achieve digital governance and inter-governmental coordination to establish a new two-wheel drive mechanism in high-quality development. This chapter analyzes China's participation in the Belt and Road global digital governance framework from the characteristics of digital space-time pattern, digital governance theoretical framework and China's present situation of digital governance, and provides digital governance experience reference for the construction of the new western land-sea corridor. From the aspects of digital development empowerment, the requirements of global digital rules and the governance needs of digital diplomacy, this chapter analyzes the construction framework of high-level digital governance rules for the new western land-sea corridor, and provides theory and practice reference for the integration into digital internationalization rules for the new western land-sea corridor. From the aspects of digital security theory, digital security evaluation system and the path to digital security governance, this chapter analyzes the theory and practice of digital internationalization security of the new western land-sea corridor. From the aspects of government cooperative relationship, government cooperative promotion, government cooperative governance, this chapter analyzes the theory and practice of the government from unitary leading to multiple cooperation. From the aspects of digital economy, digital government and total factor productivity, this chapter puts forward the dual paths of digital governance and government cooperation.

以共建"一带一路"为实践平台推动构建人类命运共同体，这是从我国改革开放和长远发展出发提出来的，也符合中华民族历来秉持的天下大同理念，符合中国人怀柔远人、和谐万邦的天下观，占据了国际道义制高点。共建"一带一路"不仅是经济合作，而且是完善全球发展模式和全球治理、推进经济全球化健康发展的重要途径。数字治理是随着数字技术在经济、社会、政治生活中日益广泛的应用而产生的一种新型治理模式。一般认为，数字治理既包括"基于数字化的治理"，也包括"对数字化的治理"。前者是指数字化被作为工具或手段应用于现有治理体系，其目的是提升治理效能，例如公共管理学所强调的借助数字技术和数字分析，精准研判、及早预警、紧急处置突发性重大公共事件。后者则是指针对数字世界各类复杂问题的创新治理，是政治经济学和国际关系学等领域更加关注的角度。这些问题又可以分为两大类：一是数字生态下的经济、社会、文化发展中的问题和风险，如数字霸权、数字垄断、数字鸿沟以及智能化带来的情感、暴力甚至仇恨等；二是由于数字技术及其运用而产生的问题和风险，比如数据的泄露篡改、信息污染、网络病毒和网络黑客等网络安全问题以及平台自身的生态系统问题等。从治理范围来看，数字治理涵盖了从宏观、中观到微观的全线范畴，全球治理、国家治理、社会治理等属于宏观层面，行业治理、产业治理等属于中观层面，平台治理、企业治理、社群治理等则属于微观层面。"对数字化的治理"往往离不开"基于数字化的治理"，两者不可分割。

一、我国参与"一带一路"全球数字治理现状

（一）"一带一路"数字时空格局特性

1. 数字空间：三极格局凸显，数字地缘利益分歧扩大

（1）美中欧三极竞合格局形成。

美中欧三方凭借各自的综合国力和科技实力，在中美科技竞争和中欧寻求合作的大势下，形成了三极鼎立的全球数字地缘格局。在目前的数字地缘格局中，美国仍然占据绝对领先优势，中欧则各有所长，整体实力上与美国有着明显差距。2020年9月，哈佛大学发布了国家网络能力指数（NCPI）排名，在数字经济规模上，美国达到13.1万亿美元，中国5.2万亿美元，德、日、英、法分别为2.44万亿、2.39万亿、1.76万亿和1.17万亿美元。

（2）美欧数字地缘利益分歧扩大。

在"互联网自由"旗帜的包装下，欧盟成了美国大型互联网企业"攻城略地"的目标，直至欧盟整个互联网生态几乎完全被美国企业所控制。对此，欧盟强势打响"数字主权"保卫战。2020年7月，欧盟法院（CJEU）在Schrems II（Case C-311/18）案中认定欧盟与美国签订的隐私盾协议无效并对欧盟与美国之间的跨境数据转移标准合同（SCCs）的有效性提出怀疑，使得美欧在数据跨境流动规制的问题上分歧进一步扩大，并且加剧了数字经济碎片化现象。

2. 数字资产：加密技术凸显，数字货币优胜劣汰加剧

（1）全球加密数字资产增长迅速。

加密数字资产创新正在成为传统资本市场变革的催化剂，为传统资本市场带来了更大的想象空间。分布式金融（DeFi）在2020年强势崛起。加密数字资产

市场的集聚效应逐步增强，表现为加密货币的市值、算力和持币量等方面的聚集。主流商业机构加快加密数字资产布局脚步，微策略（MicroStrategy）和特斯拉等都加大了对加密数字资产的投融资，更多组织增加了加密数字资产直接配置或是直接开展或参与加密数字资产相关的业务。

（2）全球数字货币研发进程提速。

数字货币成为全球经济发展的新基石。随着时间的推移，数字货币将会进一步促使全球经济重新洗牌。2020年是法定数字货币研发进程关键转折点，截至2023年10月，据大西洋理事会央行数字货币追踪发现，有11个国家已经推出了央行数字货币，另有21个国家开展了试点项目，还有79个国家正在开发或研究数字货币。美国、日本及欧洲多国央行对于数字货币的态度从保守逐渐转向积极，全球法定数字货币研发进程提速。全球性支付手段的确立会加剧丛林法则，数字美元、数字欧元、数字日元等将出现，优胜劣汰竞争将会更加明显。

3. 数字贸易：规则博弈凸显，多边数字贸易规则纷设

（1）数字贸易规则的创设加剧了大国间的竞争博弈。

数字贸易新的体系、规则和经济形态在形成经济发展新动力的同时，也加剧了主要大国间的规则竞争与博弈，核心仍是贸易数据的自由流动问题，这是各国争论的关键。世界贸易组织（WTO）主要成员围绕数字贸易、电子商务等相关议题提出了多份议案，主张加快推动数据的自由流通并禁止所有部门的数据本地化，是数字贸易多边规则确立的重大里程碑。跨太平洋伙伴关系协定（TPP）、跨大西洋贸易与投资伙伴关系协定（TTIP）和国际服务与贸易协定（TISA）均强调减少数字贸易壁垒，引导数字贸易和跨境数据流的发展。

（2）跳出WTO的新数字贸易协议是各国商定重点。

美国、欧盟和其他与数字经济有利害关系的国家和地区，对世贸组织内数字贸易规则谈判的持续无力感到失望，纷纷冒险跳出世贸组织的法律框架，在区域和其他优惠贸易协定中商定数字贸易规则，比如智利、新西兰和新加坡达成的数字经济伙伴关系协定（DEPA）。截至2023年底，有90个世贸组织成员宣布开始"电子商务相关贸易方面的谈判"。总体来看，约有一半的世贸组织成员加入了包含数字贸易规则的非世贸组织协定。

4. 数据安全：风险问题凸显，数据合作发展面临困境

（1）数据安全问题政治化日益突出。

数据在不同主体间频繁跨境流动与加工，极易造成数据被篡改、伪造、泄露甚至滥用。数据资源商业价值和战略价值易被他人利用，导致数据攻击、数据窃取、数据倒卖、数据劫持等问题层出不穷，并逐渐呈现出跨国性、高科技、产业化等特点。数字领域已成为网络攻击和大规模虚假宣传运动的"混合战争"的沃

土。网络空间分裂，网络空间中的信息和数据也会被某国用作实现其针对他国的地缘政治目标的工具。

（2）本地数据保护与全球流通困境。

截至 2020 年 4 月，全球共有 132 个国家制定了数据和隐私保护相关法律。然而由于各国的努力仅仅是在本国层面解决数据安全问题，保障本国数据安全，加大数据主权维护力度，因而造成了全球层面的数据本地化趋势。如欧盟提出建立数字化单一市场，制定了《通用数据保护条例》（GDPR）；英国出台《国家网络安全战略（2016—2021）》，加强互联网安全保护。若数据本地化趋势逐步加强，全球数据将无法打通。

（二）"一带一路"数字治理理论框架

国际秩序是国际社会各行为体在互动交往中形成的一种稳定、有序的状态。目前，国内外学术界就这一概念的界定达成的共识是，国际秩序是各主权国家所接受的行为规则和制度的体现，具有规范国家间互动行为的功能。与此同时，既有研究在关于国际秩序的具体构成要素方面存在分歧。例如，阎学通认为，国际秩序由"国际主流价值观、国际规范和国际秩序安排"三要素构成。但贺凯和冯惠云认为，国际规范实际上是价值观和理念要素的体现，国际秩序的界定不应忽视物质实力的因素。在此基础上，他们提出国际规范、实力对比和国际制度是国际秩序的三个核心要素。亨利·基辛格曾对国际秩序的内涵做出更为简化的界定：世界秩序、国际秩序和区域秩序，本质上由一套为各国所接受的规则和实力分布的态势构成。基于上述研究和讨论，本章认为，国际秩序是由主权国家间的权力结构和国家行为体所接受的制度结构这两部分构成的。其中，权力结构是由国家间综合实力对比决定的。国家间权力对比态势的变化，会影响国家间的利益分配格局，进而影响国家的国际制度策略选择及对国际规范的竞争偏好，并最终影响国际秩序发展的稳定性。因此，权力结构是国际秩序形成的基石。制度结构由为了规范国家行为体基本的互动行为而形成的国际规则、规范和制度所构成。制度结构通常反映了秩序内国家行为体的利益共识，是国家博弈的产物，并能够在一定程度上约束国家权力博弈的行为。

具体而言，第一，议题实力对比是行为体的全球治理能力在特定议题上的体现，主要体现在治理资金供给能力、治理技术水平、治理公共产品生产能力以及治理方案创新等方面。议题实力是推动全球治理秩序形成的重要前提之一。这是因为，议题实力强的行为体，能够借助其综合实力为治理规范的落实和治理制度的运行提供相应的治理公共产品，从而维持治理制度的有效性，增强全球治理秩序的稳定性。因此，行为体的议题实力对比格局，是全球治理秩序形成的重要基础。议题实力对比的态势变化，会对治理规范和治理制度的演变产生重要影响。

第二，治理规范是一种指导多元行为体在某一议题领域开展治理行动的基本价值理念或行为准则。比如《联合国宪章》第二条明确了主权平等原则，以及通过和平方式解决国际争端的国家间交往原则。又如，面对全球治理效果不佳和逆全球化浪潮兴起的国际挑战，中国提出共商共建共享的全球治理观，以期与国际社会共同塑造平等、民主的全球治理秩序。第三，治理制度包含具体的治理行动规则和正式或非正式的制度安排。治理制度安排是行为体进行治理规则制定、修改、运行的平台载体，行为体的治理规范偏好通常体现在其所支持或创建的规则与制度当中。行为体遵守治理规则的程度，是治理制度效力的重要体现。上述三个构成要素并非相互独立作用于全球治理秩序的稳定和变化，行为体的议题实力对比变化会影响其在某一议题上采取的策略的收益与成本评估，进而影响其治理规范的偏好和治理制度的策略选择。与此同时，治理规范和治理制度也会对行为体之间的议题实力竞争产生一定程度的规范作用，维持治理秩序的总体稳定。

全球数字治理的基本框架包括以下几个方面：

（1）数据政策和法规：各国制定适合本国国情和发展需要的数据政策和法规，确保数据的安全、隐私和可持续使用。

（2）数据标准和规范：制定统一的数据标准和规范，确保数据的质量、一致性和可比性。

（3）数据共享和开放：鼓励和促进数据的共享和开放，加强数据的交流和合作。

（4）数据安全和隐私保护：加强数据的安全和隐私保护，防止数据的泄露、篡改和攻击。

（5）国际合作和治理机制：建立有效的国际合作和治理机制，加强各国之间的沟通和协调，共同推进全球数字治理的发展。

（三）"一带一路"数字治理中国现状

1. 正在建立统一的数字GDP测算标准

当前我国数字经济发展有两个最为鲜明的特点。一是动能转换。数字经济高速发展，成为带动经济增长的核心动力。2023年我国数字经济总量达到56.1万亿元，占GDP的比重达到44.5%。这表明，数字经济作为国民经济"稳定器"和"加速器"的作用日益凸显，成为推动中国经济高质量发展的重要力量。二是行业渗透差异较大。我国各行业数字经济发展差异较大，呈现出三产高于二产、二产高于一产的特征。为了更加全面客观地评估我国经济转型和数字化发展进程，进一步加强对数字GDP测算的相关研究，统一相关标准是很有必要的。

2. 立足于全球价值链，正逐步加大重点扶持行业的竞争力度

当前全球面临经济衰退，但全球化的进程并没有停止，世界经济已经进入全

球价值链的时代。产品价值链各环节的原材料、中间产品和最终产品的跨国交易已经替代了产品在国与国之间的贸易。这在给发达国家及其企业带来巨大经济利益的同时,也使发展中国家及其企业也享受到了全球价值链分工的利益。但全球价值链利益分配并不均衡,我国企业要提升在全球价值链中的位置,需要适度引进竞争,不断增强在国际市场中的竞争能力。

3. 正在出台国家层面的统一的"数字丝路"或"数字一带一路"建设战略规划

结合当前我国正在全面推进的"一带一路"倡议,我们建议在路上、水上和冰上"一带一路"推出后,尽快制定国家层面的"数字丝路"或"数字一带一路"规划。原因主要有以下三个方面:一是当前我国对"数字丝路"或者"数字一带一路"缺乏国家层面的统一规划,这在一定程度上会造成重复建设的情况出现。在当前"一带一路"合作超预期的大背景下,我国已经为"数字丝路"的发展铺垫了良好的外部政策环境,但同时也面临着政治、宗教、文化、法律体系的差异等问题。这些问题需要国家层面的推动与协调,这是企业参与"数字丝路"建设的前提条件。因此,在国家层面制定"数字丝路"发展战略,明确政府职责和企业规范,是当前我国"数字丝路"发展急需的指南针和风向标。二是当前"一带一路"沿线国家已经发展到一百余个,"一带一路"相关概念也已被广泛接受和认可。针对数字化产品,建立"数字一带一路"或者"数字丝路"产品认证体系,有助于作为中国制造整体品牌进行市场推广。三是加快5G和物联网技术的融合,"数字丝路"发展的知识产权和技术标准是关键。一方面,技术市场的发展与推广,与专利技术限制密切相关。物联网领域的专利分布非常分散,这为我国进军物联网市场,推行基于物联体系的数字化提供了有利条件。另一方面,物联网标准是建立物联数据生态的关键。实体公司要完成数字化转型,就需要发展自己的数字生态系统,例如设计属于自己的机器学习算法、建模和云计算等,否则亚马逊、谷歌和微软等就会挤占这个市场,而实体公司只能沦为硬件产品商。同时,由于物联网具有多层次终端设备和广覆盖的特性,因此产品在连接和交互层面会出现专利上的叠加和冲突,例如无人驾驶汽车和车载第三方设备在数据交互上的专利兼容与冲突问题,这种数据应用层的专利和标准冲突出现的可能性会越来越大。因此,结合5G和"一带一路"沿线国家发展情况,尽快制定出相关标准体系,并加快知识产权方面的建设是当前"数字丝路"发展所面临的比较紧迫的问题。

4. 正逐步完善对中小企业数字化转型和智能制造升级的管理和指导工作

调研发现,在企业智能制造升级,特别是中小企业数字化转型过程中,由于生产模式的大变革,企业即使完成了硬件上的升级,也会遭遇很多软件方面的问题，例如管理模式的转变等。特别是中小企业，由于其本身管理能力不是特别强，因此提供必要的指导和协助，会对其产生较大的助益。数字化企业转型将面临五个方面的考验：一是由面向大规模流水线的生产管理模式向个性化、智能化的制造管理模式的转变。二是由针对简单劳动者向针对知识型员工的人力资源管理模式的转变。三是由面向产品的生产模式向面向服务的生产模式的转变。以往产品销售完成，对于生产厂家而言产品信息基本就终止了。但对于智能化产品而言，顾客购买了产品，才是产品销售（服务）的开始。生产驱动和产品数据（服务）驱动，对企业全流程的管理和再造都是极大的挑战。四是由产品战略向平台战略的转变。工业互联网、智能制造技术的发展，不仅改变了企业工厂内的制造过程，还改变了企业的组织形态。生产组织中的各个环节可以被无限细分，从而使生产方式呈现出社会化的特征。例如以 3D 打印为代表的个性化制造和网络开放社区，将大量催生以个人和家庭为单位的"微制造"和个人创业等分散的制造组织方式，形成"平台＋个人"的新制造业态。在这种发展趋势下，以企业产品为中心所构成的"生态圈"会成为未来制造企业的核心竞争力。五是组织结构本身也在发生变化。生产模式的变化、人员情况的变化会改变传统企业的"金字塔"结构。智能制造时代，特别是"个人＋平台"模式的出现，会使"金字塔"组织结构倒过来，塔尖朝下。让管理决策层承担所有试错责任，把底端技术人才托起到最上面的舞台，将基础创新导向与领导权责体系密切关联起来，这样有助于释放一线人员的创新能力，促进技术优先发展。

二、西部陆海新通道高水平数字治理面临的挑战

（一）西部陆海新通道面临数字赋能提升要求

1. 需要以数字赋能为引擎，激发西部陆海新通道发展动能

数字经济时代，数据成为经济发展的新生产要素。高水平共建西部陆海新通道，需要以数字赋能为引擎，不断激发新的发展功能。一是搭建数字窗口。推动集口岸物流、海关、海事、外汇、税务、市场监管等于一体的跨部门数字化协同监管的"单一窗口"建设，简化涉税手续办理，通过电子证照、电子单证实现跨部门之间"零证明"；推广多式联运"一单制"应用，加快西部陆海新通道与国内外物流通道数字化平台联通，构建覆盖跨境贸易主要链条的"数字提单互联互认"合作机制。二是探索数字贸易。推动西部陆海新通道进出口数字贸易平台建设，通过数据存储、处理和传输标准化建设，创新数字提单、数字仓单、数字交易等应用功能，探索"数字＋服务"新业态新模式，构建产业链供应链数字生态圈。三是创新数字金融。基于多式联运"一单制"，开展铁路运输单证、联运单

证物权化试点，鼓励各类金融机构参与通道贸易金融，推动保理、担保、供应链金融、离岸金融等金融产品或服务创新，并应用于铁路运输单证金融服务、铁海联运全程保险、融资结算等数字金融新场景。

2. 需要以智能服务为核心，提升西部陆海新通道发展质量

建成更高水平的西部陆海新通道，不仅需要投资拉动，更需要推动智能服务与实体经济、多元场景深度融合。一是提升智能治理水平。深层次推进通道大数据融合运用，实现"智慧海关、智能边境、智享联通"，加快海运、铁路运输货物编码和国际贸易相关编码规则等数据跨境智能转换，实现境内外风险数据信息共享、经认证的经营者（AEO）互认落地等合作，打破贸易和物流标准转换障碍。二是重塑通道物流体系。通过人工智能（AI）共创推动协同共享创新，加快通道物流数字化发展和智能化升级，形成覆盖原材料输入、生产运输、成品输出全流程的智慧园区物流体系和互联互通的物流网络，打破物流作业信息孤岛，实现物流一体化管理、智能化调度、无人化驾驶、可视化呈现等服务功能，重塑产业分工，再造产业结构，转变产业发展方式。三是推动产业智能升级。加快融入通道产业链供应链体系，推进人工智能与实体经济深度融合，智能化改造本地企业，并针对东盟、中东等市场消费行为和使用场景研发智能家居、智能微投、智能安防、智能网联新能源汽车、智能终端等差异化产品，全力提升西部陆海新通道的产业竞争力。

3. 需要以绿色低碳为底色，创新西部陆海新通道发展模式

高水平推进西部陆海新通道建设，必须以绿色低碳为底色，在碳达峰、碳中和目标要求下不断增强通道绿色可持续发展能力。一是调整优化运输结构。要加快实现通道运输长距离大宗物资"公转铁""公转水"，不断提高铁路、水路货运量占总货运量比重。二是发展新能源货运。推动新能源货运车辆、货运船舶的应用，加快完善通道沿线充换电和船舶岸电、加氢站、液化天然气加注站等配套设施建设和布局。三是鼓励节能低碳运营。推动标准托盘循环共用系统建设，创新托盘共用模式，推广应用标准化物流周转箱；探索建立合同能源管理模式等新型市场化节能机制，加强物流企业绿色节能和低碳管理，支持绿色物流新技术和设备研发应用，开发通道碳排放权交易产品并开展市场化交易试点，建设西部陆海新通道绿色低碳发展示范区。

（二）西部陆海新通道面临全球数字规则要求

1. 需要掌握全球数字经贸规则体系及动向

（1）各方高度重视数字经贸规则体系构建。

截至2023年上半年，全球签署超130个数字协定，包括双多边自由贸易协定（FTA）及数字经济专门协定。数字经贸规则体系主要包含三类规则：传统货物、服务贸易规则持续演变为适应数字贸易发展的规则；围绕数字技术、数据、

数字基础设施和数字平台等的开放与监管规则；促进数字化转型、数字营商环境互信的规则。

（2）数字经贸机制呈现四大动向。

一是多边框架下各方谈判取得积极进展，WTO多边电子商务谈判实质性推进；二是双边及区域协定拓宽高标准数字经贸规则网络，规则议题水平更高、范围更广、约束性更强；三是各国通过政府间高层协调机制，提出多元化数字框架协议或倡议，成为构建经贸合作网络的新方式；四是"全球南方"尝试参与数字经贸网络，成为全球数字合作的重要力量。

（3）数字经贸规则凸显五大态势。

一是跨境数据流动规则强化互操作性，建立了更紧密的机制安排；二是数字产品非歧视待遇分歧犹在，各方围绕产品界定、分类的意见难以协调统一；三是数字赋能传统贸易融合发展成效显著，新技术推动数字贸易便利化深度、广度加大；四是数字化转型重在制度创新和环境优化，数据开放、监管创新成为规则制定新共识；五是供应链弹性规则的重要性日益凸显，强调信息共享和机制保障。

（4）构建开放、包容的全球数字经贸规则体系面临三大挑战。

数字贸易发展马太效应显现，规则话语权集中；贸易保护主义抬头，数字经贸规则碎片化趋势凸显；"边境后"规则日渐增多，对各国数字治理能力提出更高要求。

2. 需要确立西部陆海新通道高水平数字治理的原则

（1）公平和平等原则：所有国家和地区都享有公平和平等的数据权利。

（2）透明和开放原则：加强数据的透明和开放，促进数据的共享和交流。

（3）创新和发展原则：鼓励和支持数据的创新和发展，推动数据技术和应用的不断进步。

（4）安全和隐私原则：确保数据的安全和隐私，防止数据的滥用和泄露。

3. 需要建立西部陆海新通道对接数字规则组织

全球数字治理涉及各个领域和方面，需要依靠国际组织和法律体系进行协调和监管。目前，涉及全球数字治理的主要国际组织和法律体系如下：

（1）联合国：联合国负责协调全球数字治理的发展，主要通过联合国经济及社会理事会（ECOSOC）、联合国教科文组织（UNESCO）和联合国开发计划署（UNDP）等机构来推进。

（2）欧盟：欧盟通过一系列法规和指令来保护数据的隐私和安全，其中最重要的是《通用数据保护条例》，它规定了企业和机构在处理欧盟居民个人数据时必须遵守的法律标准。

（3）亚太经合组织（APEC）：APEC 制定了《亚太经合组织隐私框架》，旨在推动亚太地区各成员经济体制定一致的数据隐私标准和规范，促进跨境数据流通和交换。

（4）国际电信联盟（ITU）：ITU 负责全球信息与通信技术（ICT）领域的标准化和监管，通过制定标准和规范，促进全球数字治理的协调和合作。

（5）世界知识产权组织（WIPO）：WIPO 负责监管全球知识产权领域的标准和规范，其中包括数据产权和数据保护方面的知识产权。

（6）世界贸易组织（WTO）：WTO 负责管理全球贸易和投资，涉及跨境数据流通和交换的规则和协定也在其监管范围之内。

（三）西部陆海新通道面临数字外交治理需要

数字技术、数字经济推动世界格局瞬息万变。在此背景下，数字外交成为数字治理的新特征。

（1）数字外交以多层次、高频率、泛在化方式构建公共外交新视窗。

在信息技术、数字技术的赋能下，新型媒体工具层出不穷，相应的功能也不断丰富，即时信息、社交平台、在线直播、视频会议、云端峰会等应用与日俱增，数字外交与时俱进、越发多样，成为世界各国之间互通有无、求同存异、凝聚共识的新平台。点对点、面对面、手牵手的传统外交方式，在数字外交的支撑下，迅速扩展至实时多边对话、首脑峰会、多方互动、线上论坛等范畴。

（2）数字外交以数字化、网络化、智能化升级拓展公共外交新内涵。

激发数据潜力、释放价值红利、促进产业变革、强化数字治理是数字经济发展的主旋律，依托主旋律，数字外交在数字化、网络化、智能化技术的演进支撑下，不断拓展公共外交的边界并充实公共外交的内涵。2022 年北京冬奥会是一场名副其实的"数字冬奥"，5G 高清云转播呈现冬奥赛事视觉盛宴，智能机器人奉献赛场内外精致服务，数字冬奥成为数字外交的生动诠释。

三、高水平共建西部数字治理与政府间协作大通道对策建议

（一）建立西部陆海新通道数字安全体系

1. 建立西部陆海新通道数字安全理论

（1）强化数字主权与网络主权、信息主权建设。

不同的主权概念服务于不同的国家利益，数字主权是网络主权、信息主权的延续，是在当前治理进程中人们从数据视角来看待和处理的主权问题。网络主权与全球网络化进程相伴而生，与互联网的发展紧密相连。互联网是一个"无中生有"的人造技术，对人类社会产生了史无前例的影响；但互联网也是美国推行全

球化乃至控制数字世界的硬技术,它不仅是美国控制其国内社会的基础,而且是其外交力量的倍增器。从某种意义上说,美国在利用Internet——互联网建构网络世界的同时,也在推行其网络霸权。网络主权的核心要义是各国普遍根据其发展和安全需要,自主制定和实施互联网政策和法规,以打破网络霸权。信息主权与全球信息化浪潮相伴而生,是对日益增长的信息安全问题的严重关切。人们通过长期实践认识到绝对的信息安全无法实现,信息社会最大的风险是未知安全威胁或者"未知的未知"安全威胁。在全球化、多极化时代,任何国家或企业都不可能建立起完全自给自足的全产业链。如何在信息基础设施"有毒带菌"的情况下、供应链以及技术链"不完全可控"的基础上建立高水平的信息安全互信,有效地维护国家信息安全等,都是维护信息主权需要关注和亟待解决的基本问题。数字主权与人类社会数字化进程相伴而生,其核心是统筹数字化转型中安全与发展的关系,本质是有效规避新型安全风险,确保国家主权安全和发展利益。中国是全球数字化程度最高的国家之一,百姓的衣、食、住、行都强烈依赖数字手段:截至2023年12月,我国即时通信用户规模达10.60亿人,网络购物用户规模达9.15亿人,网络支付用户规模达9.54亿人,线上办公用户规模达5.37亿人。数字化转型是大势所趋,不推动、不加快步伐就可能丧失在这一领域已经获得的宝贵机遇。但中国数字化基础设施、核心软硬件严重依赖进口或者开源部件,如信息基础设施重要部件大多采用国外产品或基于开源技术构建,"基础不牢"的现象严重存在。可以想象,这种状态下的"数字基建"存在巨大风险和隐患。当人类社会从消费互联网时代向全维数字化的产业互联网时代迈进时,如果数字主权无法保证,数字社会就难以健康发展,国家发展利益也就难以得到有效维护。

(2)突出数字主权与数字空间作用。

数字空间正在成为人类活动最密集、关联最紧密的领域,其本质特征是实现了"物理—信息—认知"三域深度交链、相互交织,其表现形式是通过数字技术的发展形成了"人机物智"的四元融合。这一空间具有三个重要特点:一是广泛联通性。物理域和信息域通过信息物理系统实现连接,信息域和认知域通过信息认知系统实现连接;三域之间还可以通过信息物理人类系统实现更大范围的连接,形成大闭环系统。二是多向传递性。物理域的事件可能会引发信息域或认知域的事件,比如发生重大自然灾害可能会造成网络通信故障,甚至造成局部网络瘫痪,进而引起人们的认知恐慌等。信息域的一些问题也会传导到物理域和认知域。三是风险叠加性。三域交织更容易触发"蝴蝶效应",现实世界、物理空间出现的一个小问题,经过网络空间放大器、倍增器的作用,就可能形成社会认知的动荡,最后造成辐射全域甚至是整个社会系统的灾难。面对数字空间存在的多重风险,以及数字主权和安全对政治安全、国土安全、军事安全、经济安全、文化安全等国家重要安全领域产生的深刻影响，需要不断深化、拓展对数字主权的研究和探索，确保新域新质新空间的国家安全和发展利益。

（3）突出数字主权的主要内容。

数字主权的核心是技术主导权，重要表现是数字空间的规则制定权、国际话语权和全球影响力。首先，只有掌握核心技术才能有效维护数字安全。在推动政治变革的过程中，科学和技术一直都起着关键作用。在数字主权领域加强新技术布局是在全球数字主权"割据战"中赢得主动权的关键。如果主权国家强势地通过技术封锁来主张数字主权，势必加剧新兴国家在全球价值链分工中的"低端锁定效应"。如果新兴国家要摆脱利益分配的被"俘获"、被"压榨"地位，就必须掌控核心技术的主导权。这种主导权不是体现在跟踪型、模仿型技术上，而是体现在"范式层面创新"的引领性技术上。它能在技术进步和产业发展上引发变革，是科技自立自强、保障数字主权所必需的支撑。其次，掌握数字主权必须要掌握规则制定权，并形成持久的国际话语权和全球影响力。美国为维护和巩固其霸权而采取了一系列强化数字主权的措施，通过数字技术政治化制造"数字铁幕"，加大技术封锁和脱钩，打压竞争对手，强化数字供应链管理，巩固数字治理规则制定权优势。反对数字霸权、数字强权需要重构"游戏规则"，欧盟通过实施《通用数据保护条例》"重新掌握了自己的数字主权"，成为欧盟数字主权建构的一个关键里程碑。事实上，关于数字主权的一系列规则（如统一数据保护规则、构建数字单一市场）都是在拉高数字安全、网络安全方面的准入条件。但如果以各自的"小盘算"为基准制定规则，可能就会演变为新的数字保护主义，甚至成为恶性竞争、"长臂管辖"的借口，阻碍国际数据流动，最终反而作茧自缚，不利于数字主权的实现。拥有规则制定权并不代表拥有影响力，规则只有达成共识才能具有相应的影响力和话语权。数字空间最大的危机是信任危机，不同国家之间的互信必须建立在网络具有足够安全的性能的基础上。为此，破解数字安全可量化设计、可验证度量这一世界性难题，就成为平衡高水平开放与高质量安全之间的关系，达成更牢固互信、建立新数字空间"游戏规则"、形成更有说服力的全球话语权的重要支点。

2. 建立西部陆海新通道数字安全评价体系

（1）通用型安全保障框架或能力评估模型。

国际电信联盟从法律、技术、组织、能力建设以及合作5个方面，提出了全球网络安全指数指标体系。等级保护2.0从安全管理制度、安全管理组织、安全管理人员、安全建设管理以及安全运维管理等9个方面提出了网络安全等级保护通用安全要求。GB/T 31495—2015系列信息安全技术标准从保障措施、保障能力和保障效果3个方面提出了信息安全保障模型，并构建了信息安全保障指标体系，包括建设情况指标、运行能力指标和安全态势指标3项一级指标和12项二级指标。胡勇在分析信息系统风险评估涉及的诸多因素，如人、业务战略、法律法规及人文环境、资产、威胁、安全事件、安全措施以及安全保护等级等的基础上，提出了网络信息系统风险评估指标体系。刘昱提出了包含管理、技术、操作以及环境4项一级指标的信息安全风险评估模型，研制了信息安全指数，并对其进行了实证验证。吴志军和杨义先从信息安全保障的战略、管理策略、工程规范和技术措施方面出发，构建了包括保障功能、安全运行以及保障效果3个方面的信息安全保障评价指标体系。

（2）面向特定行业的安全保障框架或能力评估模型。

吴静媛和周鹏颖结合港口信息安全保障工作的需求，从管理、技术、工程和人员4个方面，提出了定性与定量相结合的港口信息安全三维评价指标体系。施俊从静态技术评价和动态能力评价两个方面提出了烟草行业信息安全评价指标体系。其中，静态技术指标包括安全管理、安全技术、安全运维；动态技术指标主要评价系统防攻击、防篡改、防病毒、防瘫痪、防窃密等能力。赵婷等人从组织体系、规章制度、资金保障、人员安全、服务外包管控、网络安全防护等15个方面，提出了70项电力信息安全水平评价指标。李岚和杜澄从管理、保障建设和战略3个方面构建了指标体系，对科研机构的信息安全水平进行了评价。李振富等人运用改进型德尔菲法和层次分析法，构建了战术互联网信息安全风险评价指标体系。

通过对已有网络安全相关保障框架和能力评估模型的研究发现，网络安全保障框架主要包括战略规划、政策法规、标准规范等宏观环境因素保障，管理组织、制度体系、人员和经费等组织管理保障，安全防护技术能力建设保障以及安全运维能力保障等。众多机构、专家以及学者对网络安全风险评估的指标设定可以归纳为安全管理、安全建设、安全运维和安全效果4个方面。其中，安全管理主要评价网络安全宏观环境和组织管理情况；安全建设主要评价网络安全防护能力建设情况；安全运维主要评价网络安全运营维护能力情况；安全效果主要评价网络安全防护工作取得的成效情况。具体指标的设定，根据关注重点或行业特点等不同而有所不同。同时，通过研究发现，当前专门针对数字政府的网络安全保障框架或能力评估模型的研究较为缺乏，已有的通用型保障框架或能力评估模型又缺乏对数字政府的特点及安全防护需求的考量。基于上述分析，研究并提出数字政府网络安全保障框架或能力评估指标体系，具有重要的理论和实践意义。

3. 建立西部陆海新通道数字安全治理路径

（1）强化数字平台建设，健全多元协同的治理机制。

1）建立数字化支撑的"治决会"机制。规范与壮大经济服务类社会组织的发展，建立由政府、企业、社会组织组成的经济治理"治决会"，借助数字化信息手段、数字化政务平台,实现经济政策共商、产业规划共执、发展布局共谋、市场秩序共治,提高经济决策的科学性、协同性和高效性。

2)构建都市区同域智慧化聚合机制。构建都市区与周边县市在智慧交通、智慧物流和产业聚合发展等方面的体制机制。强化"城市大脑"对大都市区通勤的指挥作用。利用数字政务平台功能模块,科学做好区域园区分工下的税收分成、GDP统计考核归属,共建共享一批区域性物流中心。

3)构建"云平台+"社会治理机制。围绕社会矛盾化解、公共安全、执法司法、基层自治、诚信体系等重点领域,在建设模式、应用模式和服务模式上做出积极探索,构建社会治理云平台及相应的数字化模块,利用数字智慧在社会治理领域的新效能,提高全社会预测、预警、预防能力。

(2)强化数字信息建设,完善链动创新的治理机制。

1)健全民营企业参与国家战略实施机制。提高信息透明度,加快推动公有制经济与非公有制经济的协调发展,在新行业领域中锐意探索,在老行业实现改革创新。推动民营企业在电网、新能源、油气、铁路、电信等重点领域成为重要参与者。推动民营企业以灵活、高效优势,提升项目管理水平,改善项目收益情况,促进国有企业的更好发展。

2)建立多层次的中小企业融资机制。提高信息化管理与监督水平。放宽银行业准入限制,加快纯民营银行审批进度。完善多层次的资本市场,加快发展股权交易市场、场外交易市场等。尽快设立中小企业政策性金融机构,引导政策性金融机构和商业银行加强合作,探索委托贷款、股贷联动新模式。大力发展担保和再担保体系,完善风险补偿和分担机制。

(3)强化数字信用建设,完善法治思维的治理机制。

1)强化法治政府与信用政府建设。提升公职人员法治思维,对各级公职人员进行行政执法、管理用法系统化培训,将契约精神、公平竞争、谦抑原则等现代市场经济与法治理念贯彻到位,深入界定和统一公共利益标准,减少地方政府"以公共利益为名"的毁约现象。对政府相关责任人员因非公共利益原因而违约的败诉行为严格追责。

2)建立营商决策程序透明化机制。在地方立法、制定营商政策或决策的过程中,提高企业代表、群众代表的参与度。健全听证会制度,认真研究相关意见,吸收采纳合理化建议。加大重大行政决策的合法性审查力度,包括对决策权限、决策程序、决策内容是否合法的全面审查,重大行政决策未经合法性审查或者经审查不合法的,不得提交有权机关决策。

(4)强化数字人才培育,完善工业化人才治理机制。

1)在近期培养上,须建立应对现代工业数字化工程技术快速迭代变革的

"应急型人才"培养模式。建议该模式由政府引导，并给予培养主体一定的补贴激励，按照"企业主导＋项目实战"的要求进行培养，属于实战应急培训型人才培养方式，目标是培养一批应急型技能骨干人才。经实践考核合格的，由人社部门颁发资格证书。

2）在中期培养上，须建立实战技能操作与系统理论知识兼具的"潜质型人才"培养模式。建议该模式建立政、企、校紧密结合的机制，按照"政企合作＋知识支撑"或"企校合作＋知识支撑"的方式进行培养，相较于短期应急型培养模式，中期培养时间较长，属于规模供给式的潜质型人才培养方式。

3）在远期培养上，须建立与国际接轨，符合我国新职业、新工科发展导向的"学科型人才"培养模式。建议该模式按照"新工科建设＋新职业确立＋新实训搭建"的要求进行培养，属于新职业、新工科学历人才培养方式。鼓励有条件的高校开设人工智能、大数据、云计算、区块链、虚拟现实、智能科学与技术等相关工科专业。

（二）建立西部陆海新通道从一元到多元的政府间协作路径

1. 西部陆海新通道的政府间协作关系

（1）政府间关系的现状。

1）政府间的竞争日益激烈。在单一制国家结构和民主集中制政治运行体制下，下级政府必须服从上级政府，中国的府际竞争主要出现在没有直接管辖与被管辖关系的同级地方政府和不同地区的不同级地方政府之间。地方政府为了能够在区域竞争中取胜，往往更多地关注本地经济发展，从而缺乏对区域整体产业发展战略的规划和推进。在竞争的惯性下，地方竞争被扭曲化，恶性竞争现象不时出现。为吸引资本到本辖区投资落户，各地政府竞相推出更加优惠的税收管理政策，土地价格一降再降；为了抢占支柱产业和新兴产业发展的"制高点"，各地的重复建设和产业同构现象也十分严重；为了增强本地产品的市场竞争力，省际关税一升再升，地方保护主义出现抬头之势。

2）政府间的合作不断扩大。随着市场经济的不断发展和区域经济一体化的推进，地区间的共同利益和相互联系不断增多。面对不断增加和变化的区域问题，扩大合作成为府际关系发展的一个新趋向。目前，中国的府际合作不论在地域范围、政府层级上，还是合作领域和合作形式上，都已经得到快速发展，多样化、深入化的合作不断推进。从府际合作的地域范围来看，东北、东南、西北、西南、华北、华中都有合作，毗邻地区合作和跨域合作平行推进；从府际合作的政府层级来看，部省合作、省际合作、省市合作、市市合作纷纷出现，合作层级越来越多；从合作领域来看，涉及贸易一体化、基础设施建设、环境保护、产业结构调整、社会保障、信息服务、科学技术等方面，涵盖经济、社会、环境和文化等多个领域；从合作形式来看，召开联席会议、签订合作协议和意向书、设立联络办事机构、采取联合行动等都成为府际合作的常用模式，合作形式逐渐多样化、复合化。

（2）政府间关系的变化及发展趋势。

1）纵向府际关系走向法治化。纵向府际关系法治化是实现府际竞争有序发展的客观要求。在中国的府际关系下，由于中央政府握有大量政策和财政资源，下级政府的权力运行受到上级政府的严格限制和监督，因而争取中央和上级政府的政策倾斜和特殊支持成为当下府际竞争的重要内容，清晰界定中央与地方、上级与下级的权限，通过法治推进纵向府际关系实现规范化和均衡化，成为府际关系发展的客观要求。

纵向府际关系法治化是深化府际合作的要求。在区域经济一体化进程中，地方政府之间的合作意愿越来越强，府际合作获得快速发展。在经济、社会、文化等方面联系日益紧密的现代社会，在区域经济一体化、跨领域社会保障体系建设和环境治理等问题日益突出的情况下，树立法律在纵向府际关系中的权威，依靠法律调整上下级关系，为地方政府配置合理的事权和财权，完善地方政府的诉求传达机制，使纵向府际关系逐步实现在法治轨道内健康运行，成为时代的客观要求。

2）横向府际关系走向制度化。随着一体化经济的不断发展，横向府际关系更多地体现为交流与合作，制度化成为府际合作的内在要求。制度化府际合作主要体现在两个方面：一方面，具有长期稳定的府际互动机制。这不仅有利于建立积极的政府合作心理预期，降低合作的道德风险，而且可以简化合作环节，提高合作效率。另一方面，具有合理的监督和惩罚机制。缺少监督和惩罚机制的合作往往不能长久，需要设立特定的协调机构来承担对府际合作进行监督和惩罚的职能。当出现纠纷和争执时，相应的协调机构要及时对违规行为给予惩罚。

横向府际关系出现制度化转向主要表现在契约行政模式得到发展上。为了有效治理区域公共事务，区域内的两个或多个地方政府可在平等协商的基础上，签订行政协议，依照行政协议的规定进行协作。契约行政模式的出现不仅丰富了府际合作的实践，更重要的是将府际合作向制度化推进了一大步。另外，我们也要看到，中国的府际合作仅仅处于制度化的初期，制度协调的内容与形式均存在不少问题。在今后的府际协作中，应当加强对那些不利于区域合作的地方性法规和政策的清理，制定区域关系协调公约，建立更加平等的地方利益表达机制和区域利益共享机制。这样，不仅可以极大降低府际合作的成本，而且有利于实现府际的共赢。

3）政府间关系逐渐网络化。传统府际关系是条块分割的向上集权运行模式。地方政府具有相似的机构和职能设置，"向上负责"和"职责同构"是地方政府的共有特征。由于地方之间的利益分割，地方政府往往把发展经济的重心放在改善辖区的经济环境上，将寻求中央和上级政府的政策支持作为获得竞争优势的主要支撑，地区市场相互封锁，"诸侯经济"现象非常严重。随着经济全球化和区域经济一体化的发展，地区之间的相互依赖程度提高，地方政府间需要横向协调的事务越来越多，各级地方政府必须抛弃片面的对抗竞争的狭隘观念，树立合作共赢和在竞争中求合作的新理念。应该建立科学合理的府际关系，变单一主体治理为多元主体共治，加强府际纵向、横向和斜向关系建设，最终实现网络型府际关系的构建。

2. 西部陆海新通道的政府间协作推进

西部陆海新通道沿线各省份立足自身区位和资源禀赋，积极推动省际协作，为西部陆海新通道发展贡献自己的力量。

（1）重庆：在通道起点上建立"一主两辅多节点"枢纽体系。

重庆处于西部陆海新通道东线通道和中线通道的起点。近年来，重庆充分发挥区位优势，逐渐成为西部陆海新通道活力之泵。2021年，重庆经西部陆海新通道运输集装箱货物11.2万标箱，同比增长54%，增幅超年度目标2.6倍。铁海联运班列货量、货值超通道全线总量的30%，在已开行铁海联运班列的省份中位居第一。重庆还在西部陆海新通道上建立"一主两辅多节点"枢纽体系——以中心城区和江津为主枢纽，万州、涪陵为辅枢纽，黔江、长寿、合川、綦江、永川、秀山为重要节点，拓展了西部陆海新通道的辐射范围，提升了运转能力，实现了西北、西南货物在重庆集结出海出境和中转联运。同时，重庆搭建了川渝毗邻地区经重庆中转集结模式，在遂宁、达州、南充设立集散分拨中心，建设秦巴物流中心，促进货物向重庆集结。

（2）广西：在关键出海口上促进通道"畅通、高效、经济"发展

广西是西部陆海新通道东、中、西三条主通道的必经要道，奠定了内陆地区向南开放的基础。近年来，广西着力在"畅通、高效、经济"上下功夫，加快运输通道基础设施和运输能力建设，推进与通道沿线省份的高效联通。比如，广西推动西部陆海新通道东线通道焦柳铁路怀化至柳州段实现全线电气化；西线通道和中线通道建设也在稳步推进。高速公路三大主通道广西段全线贯通，保障运输通道畅通。其他交通网络方面，广西北部湾港集疏运体系日益完善，航运网络覆盖全球，吞吐能力飞速提升，已具备20万吨级集装箱船通航和30万吨级油轮靠泊能力，综合吞吐能力近3亿吨。

（3）贵州：在重要节点上建设陆海联动数字走廊。

贵州是西部陆海新通道的重要节点，也是第一批参与通道建设的省份。近年来，贵州积极发挥区位优势，不断融入西部陆海新通道建设的同时，探索积累了

数字产业优势，奠定了西部陆海新通道数字化建设的基础。2022年1月，国务院印发《国务院关于支持贵州在新时代西部大开发上闯新路的意见》，要求贵州"推动内陆开放型经济试验区建设提档升级""加快构建以数字经济为引领的现代产业体系"，从顶层设计上给予了支持。同时，贵州拥有数字经济发展的产业优势、政策优势，可为西部陆海新通道建设提供数字化、智能化支撑，在现有传统交通物流体系基础上建设陆海联动数字走廊，推动数字经济与实体经济融合发展，为产业转型升级和数字中国建设探索经验。

（4）甘肃：在承东启西上构筑综合交通运输大通道。

甘肃在西部陆海新通道建设中具有承东启西、连南通北的区位优势。作为西部陆海新通道的辐射延展带，甘肃充分发挥通道优势，加强与沿线各地合作，逐渐成为西北连接西南的重要通道。近年来，甘肃积极构建由东西向陆桥国际走廊和南北向西部陆海新通道国际走廊构成的"十"字形国际走廊，进一步提升西南与西北联通能力。比如，兰渝铁路使兰州至重庆运行距离缩短507公里，成为目前从西北、西南至出海口距离最短、最便捷的通道，加强了主通道与西北地区综合运输通道的衔接。2017年9月至2022年6月，甘肃已累计发运西部陆海新通道班列700余列，有力带动了水果、冰鲜水产品、氧化铝、石油焦及粮食等进口，本地苹果、洋葱等农产品和纯碱、铝材等工业品出口。

（5）青海：在南北连接上构建出疆入藏绿色大通道。

在推动西部陆海新通道建设过程中，青海始终坚持"生态保护优先"原则，以生态环境保护和资源集约利用为重点，不断提升交通运输绿色、低碳、集约发展水平，积极拓展对外开放深度和广度。比如，青海加快与西南地区连接，构筑与新疆、西藏地区的陆路运输大通道，构建安全、便捷、高效、绿色、经济的现代化综合交通体系，推进"一带一路"建设和西部陆海新通道建设。2021年12月，青海首次举办"西部五省（区）中尼（中国-尼泊尔）贸易陆路通道合作建设推进会"，青海、陕西、宁夏、甘肃、西藏五省（区）商务主管部门代表签署了《推进中尼贸易陆路通道合作建设协议书》。截至2022年5月，青海西部陆海新通道班列可抵达印度蒙德拉港、泰国曼谷等地。

（6）新疆：在联通欧亚区域上打造面向欧亚的陆桥纽带。

新疆依托联通欧亚的地理位置优势，将西部陆海新通道班列与中欧班列有效衔接，对促进国内国际双循环具有重要推动作用。目前，新疆已制定贯彻陆海新通道总体规划实施方案，以众多物流枢纽为节点，串联形成新疆参与西部陆海新通道的网络。在区域合作上，新疆成立了陆海新通道运营有限公司新疆公司，加入"统一品牌、统一规则、统一运作"的通道共建机制。同时，新疆国际陆港（集团）有限责任公司已与重庆国际物流枢纽园区建设有限责任公司达成战略合作，围绕加强通道建设合作、港区联动、产业经贸合作、人员联动四方面展开深度合作。此外，新疆还建立了直属海关职能部门、隶属海关两级联络员制度，不断提升海关服务西部陆海新通道建设的能力和水平。

（7）云南：在连接南亚、东南亚上建设面向中南半岛的国际门户。

云南面向南亚、东南亚，逐步成为连接西部陆海新通道与中南半岛的重要桥梁。在推进国际运输通道建设上，云南推动中越、中老泰国际运输通道逐步畅通，为西部陆海新通道拓展路线打下基础。截至2022年6月初，中老铁路国际货运班列累计开行1 010列，货物重量达67.5万吨。中缅国际运输通道稳步推进，提高了与周边国家交通基础设施互联互通的水平，为中国—中南半岛、孟中印缅两条国际综合交通经济走廊建设提供支撑。此外，云南与老挝和越南积极沟通，分别开通19条和10条国际道路客货运输线路，滇老10省市、滇越6省市建立了双边国际道路运输会谈、口岸定期会晤及企业合作机制，为西部陆海新通道进一步深入两个地区提供便利。

（8）宁夏：在交通枢纽上塑造通道在西北地区的重要节点。

宁夏在推动西部陆海新通道建设的同时，也积极带动毗邻地区融入通道建设中来，从而塑造通道在西北地区的重要节点。近年来，宁夏不断加密国内外城市直达航班航线，稳定运营国际货运班列，发展公铁海多式联运，助力西部陆海新通道经贸合作。截至2022年8月，宁夏已开行银川、大武口、中卫到重庆团结村（货运站）和广西钦州港的西部陆海新通道货运班列11列，合计818标箱。同时，宁夏依托中卫连接西北和华北的第三大铁路枢纽节点优势区位，建设区域物流分拨中心和货物集散中心，打造面向西南地区和东南亚国家的大宗商品集散交易中心，推动东南亚和西部陆海新通道沿线省份的优势产品在宁夏集散分拨。

（9）陕西：在关键支点上推动西部陆海新通道北延东联。

陕西以西安为支点，不断推动西部陆海新通道北延东联。比如，西安积极推进多式联运发展，已将陆港多式联运中心项目纳入国家多式联运试点工程，为西部陆海新通道建设服务。同时，2022年3月，陕西首趟中老铁路（宝鸡—万象）国际货运列车开行，初步搭建了陕西及西北地区与东南亚间农特产品的运输通道，为西部陆海新通道北延东联打下基础。陕西还编制了《中国（陕西）国际贸易"单一窗口"建设总体方案》，开展"单一窗口"航空物流公共信息平台和金融服务平台（二期）建设工作。此外，西安海关还分别与沿线15个海关签署了区域海关共同支持西部陆海新通道建设合作备忘录，完善了跨区域海关合作机制。

（10）四川：在拐点便利化上打造西部陆海新通道高端产业潜力区。

四川着力加强通道产业融合，以通道支撑产业，以产业引领通道经济发展。

近年来，四川以通道联动沿线产业园区，强化贸易产业服务功能，吸引高端制造产业集聚发展。比如，四川加快建设新川科技创新园，新川国际会客厅正式开馆，拉动投资近110亿元；支持四川企业在北部湾建设"飞地园区"，实现优势互补，深化合作。同时，四川不断推动通关便利化，口岸全面实行"7×24小时"通关服务保障，成都关区进口、出口整体通关时间分别压缩至44.48小时和0.5小时。此外，四川国际贸易"单一窗口"主要业务覆盖率达100%；持续推动优服降费，推动运费融资、数字货币试点等改革创新，有效降低企业国际贸易成本。

（11）内蒙古：在我国对俄、蒙古口岸上加速完善西部陆海新通道基础设施建设。

近年来，内蒙古积极做好西部陆海新通道基础设施建设工作，完善相关政策措施，打造了一批重点项目。比如，截至2022年底，内蒙古铁路运营里程已达1.48万公里，打通京包、包兰、京兰、呼准鄂、浩吉等18条干线通道，以及呼和浩特至北京，通辽、赤峰至京沈高铁连接线；开工建设包银、集大原高铁，形成了通疆达海的铁路网格局。此外，内蒙古加快与我国对俄、蒙古口岸连接的互联互通公路建设，截至2022年底，与我国对俄、蒙古开放的12个公路口岸均已通二级及以上公路；布局建设以7个国家物流枢纽承载城市为重点、以旗县物流中心为补充的枢纽网络，加快建设呼和浩特商贸服务型、乌兰察布-二连浩特陆港型、满洲里陆上边境口岸型国家物流枢纽，推动巴彦淖尔国家骨干冷链物流基地建成运营。

（12）西藏：在面向南亚上构建面向南亚开放的重要通道。

近年来，西藏以推进国家面向南亚开放的重要通道建设为基础，积极参与西部陆海新通道发展。比如，西藏与陕西、甘肃、宁夏、青海共同签署《推进中尼贸易陆路通道合作建设协议书》，加快推进中尼贸易陆路通道建设；与青海省相关部门就深化中尼印国际物流通道经济合作签订意向书。在基础设施方面，西藏推动实施尼泊尔沙拉公路、阿尼哥公路升级改造，构建"依托内地、面向南亚"的综合立体交通走廊。积极推进申报日喀则陆上边境口岸型国家物流枢纽，加快构建以国家物流枢纽为骨干、自治区级重点发展物流枢纽为支撑、地（市）级物流枢纽为补充的"一核驱动、三轴拓展、两翼支撑"物流枢纽体系。

（13）海南：在开放通道上积极建设西部陆海新通道国际航运枢纽。

海南以洋浦港为基础，深入推进西部陆海新通道建设，打造通道的国际航运枢纽。目前，海南已研究编制《海南省"十四五"推进西部陆海新通道高质量建设实施方案》，印发《"十四五"推进西部陆海新通道高质量建设实施方案涉及海南事项责任分工》《2022年西部陆海新通道建设工作要点涉及海南事项责任分工》等文件，为临港产业发展和港口项目建设提供规划依据。同时，海南完成了洋浦疏港大道二期建设，建成投运洋浦港小铲滩起步工程能力提升项目，洋浦港集装箱吞吐能力从160万标箱提升至220万标箱。此外，海南还在全力推动洋浦区域国际集装箱枢纽港扩建工程和20万吨级航道改扩建项目建设，建成后洋浦港集装箱通过能力可达500万标箱以上。

（14）广东湛江：在物流便利上积极与通道沿线省份加强合作。

近年来，湛江发挥湛江港作用，加强与西部陆海新通道沿线省份的合作，为湛江更好地服务和融入通道打下基础。比如，湛江争取省级支持，将"支持湛江深度参与西部陆海新通道建设"列入2022年省政府工作报告。同时，湛江还印发了《湛江市推进西部陆海新通道建设实施方案》。再如，湛江加快组建陆海新通道运营公司湛江公司，与重庆、南宁、海口等14个海关签署《区域海关共同支持"西部陆海新通道"建设合作备忘录》。同时，湛江还在积极提升物流服务效能，为通道沿线省份提供便利。比如，以陆海新通道运营公司湛江公司为载体，与大型物流企业合作，开通"湛江—重庆""湛江—贵州"双向班列。

（15）湖南怀化：在中部节点上建设西部陆海新通道中部集结中心。

怀化是共建西部陆海新通道的"新成员"，正积极打造通道东线重要战略节点和中部集结中心。怀化把建设好"一港一园一中心"（怀化国际陆港、东盟物流产业园、东盟货运集结中心）作为融入西部陆海新通道、深度对接RCEP和东盟国家的战略举措和重要抓手，不断把通道优势转化为发展优势。其中，东盟货运集结中心是怀化打造西部陆海新通道战略门户城市的主要载体。未来借助该中心，怀化的橙子、葡萄、黄桃、竹制品等可以销往东盟，东盟的大米、香蕉、榴梿等可运至怀化并辐射全国。

3. 西部陆海新通道的政府间协作治理

2023年11月1日，西部陆海新通道省际协商合作联席会议第三次会议在重庆悦来国际会议中心召开。本次会议以"推进西部陆海新通道建设与区域经济协调发展"为主题。国家发展改革委、交通运输部、海关总署等部委，国铁集团、中远海运集团、中粮集团、招商局集团、中国物流集团等央企，以及西部12省区市、海南省、广东省湛江市、湖南省怀化市的代表出席会议，共同为西部陆海新通道未来发展绘制蓝图。

（1）"13＋2"省区市将"八仙过海"推动通道建设。

西部12省区市、海南省、广东省湛江市、湖南省怀化市，是西部陆海新通道共建机制的成员，也是通道发展的主要力量。会议现场，"13＋2"省区市代表均表示，下一步将立足自身资源禀赋和区位优势，积极推动通道发展。

重庆作为通道的运营组织中心，未来将与各兄弟省区市协同推动"建体系、组网络、兴生态"，不断完善通道综合服务功能。广西是通道的重要出海口，明确提出要全面提升通道的基础设施能级，比如尽早开工建设黄桶至百色铁路、合浦至湛江高铁等一批关键项目，畅通三条主通道等。同时，广西将用好北部湾这一"门户"，加快推进钦州港 20 万吨级双向航道、防城港 30 万吨级散货码头及航道等一批重大港航项目建设，持续完善港口集疏运体系，积极培育欧美等远洋航线，全面提升北部湾港综合服务能级。云南是中老铁路起点，下一步发展的重点是加强西部陆海新通道与边境铁路的有机结合。比如，云南提出加快中泰铁路建设，并与中老铁路衔接；推动中缅铁路及高速公路缅甸段、中越铁路越南段、中缅陆水联运通道建设取得新进展。湖南怀化作为通道共建机制中唯一的中部城市，明确提出将打造西部陆海新通道在中部的门户和纽带，并完善与沿线城市的合作对接机制，推动区域合作更加协调、更加稳定、更加深入。"13＋2"省区市非常积极地介绍了自己推动西部陆海新通道建设的具体举措，可谓"八仙过海，各显神通"。

（2）国家相关部委与国企将全力支持通道建设。

西部陆海新通道建设，离不开国家层面的政策支持。国家相关部委明确表示将全力支持通道建设，推动沿线地区发展。早在 2019 年 10 月，海关总署就已指定重庆海关牵头通道沿线 15 地直属海关，共同签署了《区域海关共同支持"西部陆海新通道"建设合作备忘录》。2023 年 7 月，海关总署又在重庆召开了海关支持西部陆海新通道建设工作座谈会，在海关职责范围内，出台实施了 15 条支持西部陆海新通道建设的重点举措，取得了良好成效。下一步，海关总署将继续支持西部陆海新通道高标准建设、高质量发展，重点抓好三方面工作：一是聚焦西部陆海新通道铁海联运、国际铁路联运和跨境公路运输三种物流组织形式，完善海关多式联运监管体系；二是推动西部陆海新通道沿线海关与新加坡、越南、老挝等东盟国家海关交流合作更加密切；三是全力推动智慧海关西部陆海新通道物流联动业务场景应用建设。

国企为西部陆海新通道的发展提供了巨大助力，特别是货源组织、线路开拓、机制创新等，都有它们参与的身影。未来，国企将继续深度参与共建西部陆海新通道。比如，近年来，国铁集团一直在加快通道基础干线建设、提升铁路运输水平。下一步，国铁集团将进一步强化铁路骨干通道建设，全面提升通道能力和保障水平。同时，国铁集团将着力优化运输组织方案，持续提升西部陆海新通道铁海联运班列开行质量。中粮集团下一步将围绕西部陆海新通道沿线省份，打造以物流节点、通道、枢纽为依托的互联互通网络。比如在进口方面，将加强北部湾、湛江到云贵地区的枢纽建设，构建从宣港、完船、排港、航行、靠泊、接卸到提离全程可控的进口粮食通道。

（3）审议关于西部陆海新通道未来发展的相关文件。

在西部陆海新通道省际协商合作联席会议现场，各方还审议了关于西部陆海新通道未来发展的相关文件。其中,《高水平共建西部陆海新通道"13+N"省际协同推动实施方案》可谓一大亮点。该方案主要有三大内容：一是构建"四个体系"，即现代化基础设施体系、现代高效物流服务体系、国际国内开放体系、高标准统一大市场；二是要加强绿色安全发展，比如打造低碳环保绿色走廊等，强化安全保障能力；三是突破卡点，完善共建机制。据了解，目前，西部陆海新通道虽然已经形成了"13+2"的共建机制，但一体化协同建设和运营管理还存在一些不足，协商会议和工作推进会的指导性、约束力有待加强。所以，该方案中明确提出，要通过协同共创跨区域跨领域机制，合作提升联动发展水平。同时，通过建立健全一体化协同推进机制、深化重点领域体制和机制改革、完善利益共享和收益反哺机制等，深入贯彻落实通道的"共商共享共建"理念。该方案明确了下一步通道高水平共建和高质量发展的协同方向，顺应了现代产业链供应链协同布局发展趋势，对进一步凝聚沿线各地共建合力将起到积极作用。

为进一步发挥省际联席会议办公室作用，会议期间，重庆市政府口岸物流办（省际联席会议办公室）收集了通道沿线省份政策诉求，对收集到的59条政策诉求按照体现区域共性、解决当前关键卡点和重大瓶颈的原则进行整合，归集汇总为14条，主要涉及支持重大项目建设、设立中央专项资金、争取运价下浮、加速产业融合、深化国际合作等方面，后续将就这些问题，争取国家最大限度的支持。

（三）建立西部陆海新通道高水平数字治理路径

1. 加快西部陆海新通道数字经济发展

（1）抢抓"东数西算"重大机遇，推动东西部协作向纵深发展，构建数字产业新格局。

建议国务院有关部门进一步细化"东数西算"国家战略工程的顶层设计和统筹规划，编制科学合理的分省数字经济产业链实施方案和技术路线，在8个国家算力枢纽节点、10个国家数据中心集群一体化建设的基础上，实现数字资源、算力、产业、服务等合理布局，避免重复建设、产能过剩。完善东西部政策协同、要素市场等一体化体制机制，促进东西部共建项目孵化、人才培养、市场拓展等服务平台建设。加大对"东数西算"的政策支持力度，用好财政引导基金，并鼓励社会资本积极投资。

（2）建设以数字贸易为核心产业的创新型内陆自贸试验区，拓展数字贸易新业态。

推动内陆自贸区转型升级，支持西部省份建设具有内陆特点的自贸试验区，打造以大力发展数字贸易为动力，以大数据开发服务中心、跨境电商服务中心、高端离岸服务外包中心、离岸结算中心为重点的物理平台，形成以数字化信息为贸易标的、高端服务为先导的创新型数字贸易模式和跨境贸易产业链，在数据服务、跨境电商、离岸结算、离岸服务外包、绿色（生态）权益交易，以及与数字贸易相配套的支持政策及创新金融产品服务等方面先行先试，闯出一条有别于东部发展模式的内陆自贸试验区新路。

（3）大力培育专精特新企业，推动企业数字化转型升级，形成数字产业新集群。

推动数字技术与本地优势产业、实体经济深度融合，促进企业数字科技创新与多样化应用场景深度融合，推进数字化、智能化技术在全环节、全链条深度应用，重塑企业的研发、生产、营销和服务组织方式，健全以政府投入为引导、企业和社会资本投入为主体、金融机构为支撑的多层次投融资体系，培育更多数字经济领域的龙头企业、标杆企业、隐形冠军，打造具有国际竞争力的专精特新数字产业新集群。

（4）加快打造西部数字经济创新试验区，鼓励以基础设施REITs（不动产投资信托基金）方式，夯实数字经济"新基建"。

支持西部地区加快建设数字经济创新试验示范区，吸引高科技头部企业、数字经济头雁企业和链主企业在西部地区落户，发挥示范集聚和辐射带动作用。完善产业配套机制、区域联动机制，推动西部省份之间、西部与东部地区的跨区域发展联动，探索构建北接成渝、南连粤港澳的西南数字经济走廊、西部陆海联动数字走廊。鼓励通过推行基础设施REITs，超前布局新能源、新材料、5G、物联网、人工智能、大数据中心、工业互联网等"新基建"，夯实数字经济基础设施。

2. 加强西部陆海新通道数字政务建设

（1）加强整体性治理。

以政府的整合和协作为核心，以有效解决服务对象的需求问题为导向，通过技术驱动整体提升政府综合治理能力。建立统一规范的信息技术标准，减少各级政府部门之间以及各地区之间的信息孤岛，优化政府组织结构，明确、细化各部门和各机构的权力和职责，促进公共服务流程标准化、规范化、模式化，实现跨层级、跨部门的整体联动。

（2）推动共享性数据治理。

建立数字政府统筹建设管理中心和数据共享大平台，整合跨层级统筹管理机制与整体联动机制，降低信息系统建设成本，延伸信息链条，加速信息传递，从而有效推进数据治理过程中的业务整合与服务整合，通过数据的不断流动创造更多价值。社会公共数据是数字政府运行的根本，利用好各类共享数据资源，了解社会需求导向、价值取向、发展方向，促进政府与社会协同发展，提升数字政府治理效能。

(3) 提升领导干部数字素养。

数字政府建设要形成多层次、全方位的数字治理能力提升架构，培育数字人才。要提升领导干部基本数字素养，开展数字治理专题培训，组织学习数字技能和相关知识，增强其在政务、决策、服务等方面的数字化转型执行能力，以高效的数字领导力优化当前政府数字化环境，加快推进政府数字化转型的创新发展。

3. 放大西部陆海新通道数字化发展效应

(1) 以数字化提升开放平台能级。

顺应技术经济发展数字化、智能化特点，围绕西部陆海新通道超前布局5G网络、云计算、大数据、区块链等数字化配套基础设施建设，持续改善通道沿线区域内外要素联通流动环境；同时，依托数字化公共服务平台建设，以西部陆海新通道重要枢纽为重点，加快智能化电子口岸建设、强化国际通关合作，努力提升国际通关合作开放平台能级。以重庆为例，重庆口岸获批设立的指定监管场地数量达到14个，建成了内陆地区数量最多、种类最全的口岸功能平台；应在推动重庆两路果园港综合保税区顺利通过规划调整验收的基础上，借力数字化发展形成在中西部地区领先的"1个自贸试验区＋6个综合保税区＋4个开放口岸＋4个保税物流中心"的对外开放平台体系；进而依托中新互联互通示范项目，强化与新加坡海关的关际合作，由重庆海关牵头与天津海关、南京海关和新加坡关税局建立"两国四方"关际合作机制，助推西部陆海新通道开放平台能级提升。

(2) 以数字化优化口岸营商环境。

借鉴深圳"智慧口岸"建设经验，进一步完善西部陆海新通道重要枢纽智能化"单一窗口"功能，提升口岸信息化水准；运用"单一窗口"信息平台和大数据等信息技术，重点从智能监管、自动化作业、智享服务等三个主要方面加强口岸智能化建设，以实现通关全流程电子化、监督操作远程化、数据分析智能化、通关作业自动化、业务办理预约化、信息查看共享化等功能。在此基础上，创新实施"海铁联运境内铁路运费扣减"措施，首票货物即实现扣减境内铁路运费8.74万元、减征税款1.14万元；优化铁路快速通关模式在中老、中越跨境班列上的应用，单列可缩短口岸作业时间24小时以上，单个集装箱节约成本约200元；深化同沿海沿边口岸务实合作，牵头推进西部陆海新通道物流联动业务场景应用建设，使海铁联运班列等三种物流运输方式实现无缝衔接、高效顺畅；在全国率先开展西部陆海新通道进口铬矿检验监管模式优化试点，进口矿产品以"一箱到底"的方式原箱运输至重庆实施目的地检验，单箱节约成本1 700多元，有效满足特殊商品快速通关需求。

(3) 以数字化助推经贸产业发展。

支持与通道相关联的生产性服务业数字化转型升级，加快推进通道沿线物流基地建设，促进物流集散中心配套设施建设，完善通道沿线外贸一体化的商品流通运输网络体系；推动特色产品、进出口商品贸易服务平台数字化转型，探索物流、商贸、金融等配套产业与空间的集成数字化发展，汇聚数字化合力；加快培育外贸新业态新模式，助力跨境电商、市场采购等业务首次通过西部陆海新通道出口；同时，努力提升通道沿线政府数字化管理服务水平，加强通道沿线地区与国家的数字监管合作，推广国际贸易"单一窗口"数字化应用，推进多式联运"一单制"电子化及无纸化通关，提升外贸商务环境的数字化与便利化水平。在此基础上，加大 RCEP 规则应用宣传解读，帮扶指导重点行业、企业充分利用协定规则享惠，助力稳订单、拓市场，提升国际市场竞争力。以重庆为例，2023 年前 10 个月，百家 AEO 企业以占重庆关区进出口企业总数约千分之六的体量，贡献了近六成的进出口值；持续加强海关 AEO 培育力度，推动重庆 AEO 企业总数不断增加，在西部地区稳居第一；聚焦重庆"33618"现代制造业集群体系，深化"四自一简"（自主备案、自主确定核销周期、自主核报、自主补缴税款以及简化业务核准手续）等自贸创新措施应用，落地综合保税区设备零配件便捷监管模式，促进各类生产要素合理流动、高效聚集；发挥海关职能优势，全力助力乡村振兴，推动城口香菇、巫山脆李等特色食品、农产品首次出口，推动重庆 38 个区县实现外贸全覆盖。

参考文献

［1］安家骥，狄鹤. 数字中国背景下金融信息安全的威胁情报研究：内在逻辑与态势感知应用［J］. 情报科学，2023，41（8）：147-154.

［2］蔡翠红，于大皓. 美国"印太战略"背景下的中国与东盟数字经济合作及其挑战［J］. 同济大学学报（社会科学版），2023，34（2）：26-39.

［3］陈兵，杨鎏林. 因应数字平台集团数据跨境流动安全治理挑战［J］. 统一战线学研究，2022，6（3）：91-107.

［4］陈伟光，明元鹏. 国家金融安全视角下 SWIFT 系统与央行数字货币：发展路径与逻辑关系［J］. 经济学家，2023（2）：56-66.

［5］陈小强，袁丽华，宋长青，等. 中美在中国周边地区的商品贸易发展及影响力对比［J］. 地理研究，2022，41（3）：663-680.

［6］陈晓东，常皓亮. 数字经济可以增强产业链安全吗？：基于世界投入产出表的研究［J］. 经济体制改革，2023（3）：15-24.

［7］高程，部彦君. 大国崛起中"以经稳政"的限度、空间和效力：对"经济压舱石"理论的反思与重构［J］. 世界经济与政治，2022（10）：4-41+

164-165.

[8] 高程, 薛琳. 中美技术竞争与中国周边经济秩序变革: 以中水平技术优势塑造中国周边经济结构 [J]. 世界经济与政治, 2023 (10): 16-43+156-157.

[9] 高奇琦. 主权区块链与全球区块链研究 [J]. 世界经济与政治, 2020 (10): 50-71+157-158.

[10] 顾宝志, 郑梦婷, 李卓宇. "印太经济框架"对我国影响及应对建议 [J]. 国际贸易, 2022 (10): 77-86.

[11] 顾学明, 刘一鸣. 技术权力视角下美国对华技术竞争及中国应对 [J]. 国际贸易, 2022 (10): 3-10+26.

[12] 郭晓敏, 陈建奇. 数字货币如何影响国家安全: 逻辑、机制及应对 [J]. 财经问题研究, 2020 (8): 48-55.

[13] 韩春花, 杨锦坤, 韦广昊, 等. 海洋大数据安全现状及其工作对策建议 [J]. 海洋信息技术与应用, 2022, 37 (2): 42-49.

[14] 贺凯, 冯惠云. 中国崛起与国际秩序转型: 一种类型化分析 [J]. 当代亚太, 2020 (3): 4-29+166.

[15] 洪永淼, 张明, 刘颖. 推动跨境数据安全有序流动 引领数字经济全球化发展 [J]. 中国科学院院刊, 2022, 37 (10): 1418-1425.

[16] 胡勇. 网络信息系统风险评估方法研究 [D]. 成都: 四川大学, 2007.

[17] 胡志丁, 林瑶. 地缘位势与双边关系的互动规律探讨: 以中美在东盟十国地缘博弈为例 [J]. 经济地理, 2023, 43 (7): 27-41.

[18] 黄冬梅, 赵丹枫, 魏立斐, 等. 大数据背景下海洋数据管理的挑战与对策 [J]. 计算机科学, 2016, 43 (6): 17-23.

[19] 揭萍, 孙雨晨, 王攀. 数字检察中的数据安全: 风险、困境与保护 [J]. 中国检察官, 2022 (23): 15-18.

[20] 金杰, 夏超, 肖士利, 等. 基于数字孪生的火箭起飞安全系统设计 [J]. 计算机集成制造系统, 2019, 25 (6): 1337-1347.

[21] 鞠建东, 夏广涛. 金融安全与数字人民币跨境支付结算新体系 [J]. 清华金融评论, 2020 (9): 63-67.

[22] 郎平, 郎昆. 统筹发展和安全视野下的数字经济治理绩效研究 [J]. 世界经济与政治, 2023 (8): 87-108+166-167.

[23] 李冬冬. 从安全例外到规制合作: 数字贸易中网络安全问题治理范式之转型 [J]. 国际经贸探索, 2023, 39 (10): 107-118.

[24] 李敦球. 中美战略竞争背景下韩美同盟转型及其区域影响 [J]. 世界经济与政治论坛, 2023 (2): 100-123.

［25］李昊林，王娟，谢子龙，等. 中美欧内部数字治理格局比较研究［J］. 中国科学院院刊，2022，37（10）：1376-1385.

［26］李岚，杜澄. 科研机构信息安全评价指标体系研究［J］. 科技进步与对策，2012，29（17）：143-148.

［27］李琳利，顾复，李浩，等. 仿生视角的数字孪生系统信息安全框架及技术［J］. 浙江大学学报（工学版），2022，56（3）：419-435.

［28］李欣，刘秀，万欣欣. 数字孪生应用及安全发展综述［J］. 系统仿真学报，2019，31（3）：385-392.

［29］李振富，鲍池，韩彬霞. 战术互联网信息安全风险评价指标体系研究［J］. 通信技术，2013，46（5）：78-80.

［30］刘洪钟. 霸权护持与超越：高科技产业全球价值链竞争的政治经济学［J］. 世界经济与政治，2023（2）：128-154+159-160.

［31］刘帅，陈戈，刘颖洁，等. 海洋大数据应用技术分析与趋势研究［J］. 中国海洋大学学报（自然科学版），2020，50（1）：154-164.

［32］刘艳红. 数字经济背景下元宇宙技术的社会安全风险及法治应对［J］. 法学论坛，2023，38（3）：5-14.

［33］刘昱. 基于CMS的投融资网络服务平台设计［D］. 成都：电子科技大学，2013.

［34］刘占省，张安山，王文思，等. 数字孪生驱动的冬奥场馆消防安全动态疏散方法［J］. 同济大学学报（自然科学版），2020，48（7）：962-971.

［35］门洪华，宋国新. 亚太战略稳定与新时代中美关系［J］. 同济大学学报（社会科学版），2023，34（4）：22-35.

［36］明承瀚，徐晓林，张梓妍. 数字政府信息基础设施安全风险的特征研究［J］. 行政论坛，2022，29（3）：41-48.

［37］倪宁. 区块链技术在数字资产安全交易中的应用［J］. 数字技术与应用，2023，41（10）：232-236.

［38］庞琴. 第三国在中美经济竞争中的选择偏好研究［J］. 世界经济与政治，2022（4）：30-61+157.

［39］裴丹，陈伟光. 数字经济时代下平台经济的全球治理：基于大国博弈视角［J］. 暨南学报（哲学社会科学版），2023，45（3）：111-122.

［40］邱静. 数据规则的国内构建、国际竞争和协调［J］. 安徽师范大学学报（人文社会科学版），2023，51（1）：58-74.

［41］邱静. 中美数字科技博弈中的欧洲策略［J］. 现代国际关系，2020（9）：8-15+58.

[42] 裘莹, 晏晨景, 张利国. 数字经济时代我国产业链安全保障体系构建与对策研究 [J]. 国际贸易, 2022 (12): 32-43.

[43] 任晓刚. 数字政府建设进程中的安全风险及其治理策略 [J]. 求索, 2022 (1): 165-171.

[44] 阙天舒, 王子玥. 数字经济时代的全球数据安全治理与中国策略 [J]. 国际安全研究, 2022, 40 (1): 130-154+158.

[45] 石凯雁. 央行数字货币应用对国际贸易规模的影响研究: 基于货币认同和网络安全的中介效应 [J]. 商业经济研究, 2013 (12): 135-139.

[46] 史丹, 聂新伟, 齐飞. 数字经济全球化: 技术竞争、规则博弈与中国选择 [J]. 管理世界, 2023, 39 (9): 1-15.

[47] 施俊. 关于"夹逼法"求极限的探讨 [J]. 湖州职业技术学院学报, 2007 (1): 31-33+36.

[48] 吴静媛, 周鹏颖. 现代港口信息安全评价体系 [J]. 水运工程, 2015 (5): 168-173.

[49] 吴志军, 杨义先. 信息安全保障评价指标体系的研究 [J]. 计算机科学, 2010, 37 (7): 7-10+82.

[50] 阎学通. 反建制主义与国际秩序 [J]. 国际政治科学, 2017, 2 (2): 4-7.

[51] 赵婷. 华融证券股份有限公司发展战略研究 [D]. 长春: 吉林大学, 2019.

——执笔人: 张旭亮, 浙江大学中国西部发展研究院

第四章　高水平共建西部能源安全保障大通道

摘　要

当前,我国面临百年未有之大变局,国家经济社会发展面临诸多机遇与挑战。作为高水平共建西部陆海新通道的重要内容,西部能源安全保障大通道建设对于保障我国能源安全,推动我国实现高质量发展、高水平安全以及中国式现代化具有重要战略意义。中国西部能源安全保障大通道建设具有较好的政治、制度、设施、技术等现实基础。多年来,在国内层面,西部能源安全保障大通道建设取得的主要成就,一是满足了东部地区能源需求,二是带动了西部地区经济发展以及提高民生服务水平等;在跨国层面,主要是满足了我国能源进口需求,推动了外国当地经济社会发展等。其主要经验,一是坚持党的领导,二是推动技术进步,三是采取新型管理模式,四是坚持共建共赢理念,五是协同多元行为体合作共建,六是提升合作能力。当前,西部能源安全保障大通道建设面临的机遇,一是西部大开发战略的驱动,二是区域协调发展战略的深化,三是现代能源体系规划的实施,四是"一带一路"倡议的推进;面临的挑战,一是省际利益难以协调,二是域外大国的介入、干预与破坏,三是周边地区政治环境的不稳定,四是恐怖主义的潜在隐患。新形势下,为应对相关风险挑战、推动高水平共建西部能源安全保障大通道的现实进程,在总体思路上,需要基于新发展理念与总体国家安全观,确定总体战略方向,然后立足发展现实,制定相关政策;在具体战略规划上,需要在现有西部能源安全保障大通道的基础上提出新的战略构想,例如,加快广西北部湾国际门户港与成渝地区能源通道建设;在现有具体路径上,需要加强制度建设、充分发挥多元行为体各自的优势以及提升能源安全通道建设能力。

Abstract

Currently, China is facing unprecedented changes, and the country's economic and social development is facing many opportunities and challenges. As an important part of the high-level co-construction of the new western land-sea corridor, the construction of the western energy security guarantee channel is of great strategic significance for ensuring China's energy security, promoting China's high-quality development, high-level security and Chinese modernization. The construction of the western energy security guarantee corridor has a good political, institutional, facility, technological and other practical foundation. Over the years, at the domestic level, the main achievements of the western energy security guarantee corridor's construction have been to meet the energy needs of the eastern region, drive the economic development of the western region and improve the level of people's livelihood services. At the transnational level, it has met the demand for China's energy import, and promoted local economic and social development in foreign countries. Its main experience is to adhere to the leadership of the Party, promote technological progress, adopt new management models, adhere to the concept of co-construction and win-win, promote cooperation of diverse domestic and foreign actors, and enhance cooperation capabilities. At present, the opportunities faced by the construction of the western energy security guarantee corridor are: first, the driving force of the western development strategy; second, the deepening of the regional coordinated development strategy; third, the implementation of the modern energy system plan; fourth, the promotion of the Belt and Road Initiative. The challenges we face are: first, the difficulties in coordinating interests between related provinces; second, the intervention, and destruction by major powers outside the region; third, the instability of the political environment in surrounding areas; fourth, the potential risks of terrorism. In the new situation, in order to cope with relevant risks and challenges and promote the realistic process of high-level co-construction of the western energy security guarantee corridor, it is necessary to determine the overall strategic direction based on the new development concept and the overall national security concept in the overall thinking, and then formulate relevant policies basing on the development reality. In terms of specific strategic planning, new strategic ideas need to be proposed on the basis of the existing western energy security guarantee corridor, such as accelerating the construction of the Beibu Gulf International Gateway Port in Guangxi and the energy channel in the Chengdu-Chongqing region. In the existing specific path, it is necessary to strengthen institutional construction, fully leverage the respective advantages of multiple actors, and enhance the construction capacity of the energy security corridor.

2014年6月，习近平总书记在中央财经领导小组第六次会议上强调，"能源安全是关系国家经济社会发展的全局性、战略性问题，对国家繁荣发展、人民生活改善、社会长治久安至关重要"①。当前，我国面临百年未有之大变局，国家经济社会发展面临诸多机遇与挑战。作为高水平共建西部陆海新通道的重要内容，西部能源安全保障大通道建设对于保障我国能源安全、推动我国实现高质量发展与高水平安全具有重要战略意义。新形势下，厘清西部能源安全保障大通道建设的现有基础，总结西部能源安全保障大通道建设的成就与经验，分析西部能源安全保障大通道建设的机遇与挑战，探索高水平共建西部能源安全保障大通道的总体思路与具体路径，对于我国落实新时代西部大开发战略、促进东西部联动协调发展、保障总体国家安全以及推动国内国际双循环相互促进的新格局的形成具有重要的现实意义。

一、西部能源安全保障大通道建设的战略规划

自20世纪90年代末开始，在我国经济持续增长的背景下，我国保障能源安全所面临的压力愈加显著。一方面，我国自身能源供给与需求之间日益明显的缺口加大了我国对进口能源的依赖度；另一方面，我国能源产销在空间分布上的不均衡进一步增加了我国能源安全治理的现实难度。在此背景下，依托"充分利用国内国际两个市场、两种资源"方针政策、西部大开发战略以及"一带一路"倡议，我国开启了西部能源安全保障大通道建设进程。

（一）西部国内能源安全保障大通道建设的战略规划

目前，西部国内能源安全保障大通道主要是指"西气东输"与"西电东送"能源通道。围绕这两条能源安全通道，我国制定了相应的战略规划，并以此指导建设实践。

---

① 积极推动我国能源生产和消费革命 加快实施能源领域重点任务重大举措[N]. 人民日报，2014-06-14（1）.

1. "西气东输"通道建设的战略规划

作为仅次于长江三峡工程的一项重大投资,"西气东输"工程是拉开"西部大开发"序幕的标志性建设工程①。"西气"主要是指我国新疆、青海、川渝和鄂尔多斯四大气区生产的天然气;"东输"主要是指将上述地区的天然气输往长江三角洲地区,同时也涵盖了西宁、兰州、北京、天津和湖南、湖北地区②。

(1) 现实背景。

21世纪初,随着我国经济的持续增长,钢铁、建材等高耗能产业的迅速扩张导致能源消费量急剧增加,我国保障能源安全的任务十分艰巨。一方面,我国东部地区较为贫乏的能源储量无法满足因经济高速发展而产生的巨大能源需求;另一方面,长期以来,煤炭在我国一次能源生产与消费中的比重均高达72%左右,其在燃烧中产生的大气污染物造成了严重的环境污染③。在此背景下,加大对天然气的使用力度是缓解我国东部地区能源供应压力、推动可持续发展的应然选择。2000年,我国国内天然气产量仅272亿立方米,天然气占一次能源消费的比例不过3%④。我国西部地区天然气储量可观,具有较大的生产潜力,以新疆地区为例,塔里木、准噶尔、吐哈三大盆地总资源量近10万亿立方米,已探明天然气储量4 277亿立方米⑤。然而,由于技术、政策等原因及战略储备之需要,得天独厚的资源禀赋并未赋予西部地区强劲的经济增长动力,我国西部地区仍具有较大的经济增长空间。基于我国能源产销现状与西部地区经济发展迟缓的现实,为落实西部大开发战略、保障我国能源安全、推动可持续发展,2000年,党中央、国务院做出重大决定,同意实施"西气东输"工程。在过去二十多年里,"西气东输"工程的持续推进为保障我国中东部地区的能源供应奠定了现实基础。当前,我国中、东部地区经济呈现持续增长态势,我国中、东、西部地区天然气需求量也呈现稳步上升趋势⑥,在此背景下,高水平共建"西气东输"工程对于推动我国经济社会发展具有重要的现实意义。

(2) 战略目标。

1) 落实西部大开发战略。党的十八大以来,在以习近平同志为核心的党中央领导下,西部地区经济社会发展取得重大历史性成就,为决胜全面建成小康社

---

① 国家能源局. 西气东输:国家能源大动脉 [EB/OL]. (2021-11-26) [2024-03-15]. https://www.nea.gov.cn/2021-11/16/c_1310314206.htm.
② 《西气东输工程志》编委会. 西气东输工程志 [M]. 北京:石油工业出版社,2012:40.
③ 同②37.
④ 同①.
⑤ 同②38.
⑥ 王建良,李孥. 中国东中西部地区天然气需求影响因素分析及未来走势预测 [J]. 天然气工业,2020,40 (2):149-158.

会奠定了现实基础，但同时，西部地区发展不平衡不充分问题依然突出，与东部地区发展差距依然较大[①]。"西气东输"工程是西部大开发战略的重点项目，工程的实施将有力促进新疆、青海以及四川等省份的经济发展，保障边疆地区安全稳定，推动东、西部地区的协调发展。

2) 促进我国东西部协调发展。我国天然气资源集中在西部地区，但其消费市场主要集中在东部沿海地区。"西气东输"工程的实施一方面通过将西部地区的资源优势开发出来带动西部地区经济发展，另一方面通过推动相关行业的技术进步助推我国实现产业升级，进而为我国宏观经济的发展提供动力来源。另外，"西气东输"工程是重要的基础设施建设项目，其对于扩大沿线省份内需、增加就业机会也具有重要现实意义。

3) 改善我国能源消费结构。我国能源消费结构存在较大的改善空间。2021年，我国煤炭消费占一次能源消费总量的比重为56.0%，石油占18.5%，天然气占8.9%，水电、核电、风电等非化石能源占16.6%[②]。煤炭、石油的占比仍然较高，以天然气为代表的清洁能源占比仍处于较低水平。"西气东输"工程对于改善我国能源消费结构具有重要现实意义。一方面，通过加大天然气的开采力度，"西气东输"工程在供给侧为我国东部地区的天然气消费提供了保障；另一方面，通过倒逼东部地区相关行业的产业升级，"西气东输"工程也在需求侧增加了东部地区对天然气的需求量。

(3) 战略规划。

"西气东输"工程目前分四条线有序展开。"西气东输"一线工程于2002年7月4日全线开工，2004年10月1日全线贯通，2004年12月30日开启全线商业运营[③]。2012年12月30日，"西气东输"二线工程全部建成投产，管线起于新疆霍尔果斯，途经全国15个省区市、192个县级单位，止于香港[④]。"西气东输"三线工程西段（霍尔果斯—中卫）已于2014年8月25日建成投产，东段（吉安—福州）于2016年12月12日竣工通气，2021年9月23日，"西气东输"三线中段（中卫—吉安）工程在宁夏中卫正式开工建设[⑤]。2022年9月28日，"西气东输"四线管道工程开工建设，工程起自新疆乌恰县伊尔克什坦口岸，经吐鲁

[①] 新华网. 中共中央 国务院关于新时代推进西部大开发形成新格局的指导意见 [EB/OL]. (2020-05-17) [2024-03-15]. http://www.xinhuanet.com/politics/zywj/2020-05/17/c_1125996720.htm.

[②] 中华人民共和国自然资源部. 中国矿产资源报告 (2020) [R/OL]. (2022-10-22) [2024-03-15]. https://www.mnr.gov.cn/sj/sjfw/kc_19263/zgkczybg/202210/P020201022612391799194.pdf.

[③] 仝晓波, 张启安. 西气东输工程已输气692亿方 [N]. 中国能源报, 2010-03-01 (14).

[④] 吴莉. 西气东输二线工程全线建成投产 [N]. 中国能源报, 2013-01-07 (14).

[⑤] 戴小河. 西气东输三线中段工程开工建设 [N]. 中国能源报, 2021-09-27 (13).

番至宁夏中卫,全长约 3 340 公里①。

2. "西电东送"通道建设的战略规划

"西电东送"工程是党中央进行的一项重要战略部署,为连接我国东、西部能源经济提供了重要桥梁。围绕北段、中段与南段这三大输电通道,"西电东送"这一世纪工程发挥了多赢的效益,成为中国电力发展史上的重要篇章②。

(1) 现实背景。

"西电东送"工程是我国打造全国联网战略工程的重要组成部分,我国 80% 的水电资源在西部,而 80% 左右的电力负荷和国民生产总值在中、东部,这决定了我国电力要"西电东送、全国联网"③。通过充分利用我国西部地区的水电资源,"西电东送"工程为西部地区资源优势转化为经济优势提供了现实抓手。以贵州省为例,从 2011 年到 2020 年,"黔电送粤"累计送电量 3 964 亿千瓦时,为贵州创造直接经济收入 1 000 亿元以上,成为贵州"基础能源""清洁高效电力"两项千亿级产业的强劲引擎④。对于我国东部地区而言,"西电东送"工程是缓解地区电力短缺压力,助推经济发展的重要依托。以江苏省为例,截至 2021 年 9 月 22 日,两大"西电东送"输电工程——龙泉-政平±500 千伏直流输电工程、锦屏-苏南±800 千伏特高压直流输电工程累计向江苏输送来自西部地区的清洁水电超 5 000 亿千瓦时,相当于 2 亿户普通家庭一年的用电量,支撑江苏近 8 万亿元的 GDP,为江苏地区经济社会发展提供了源源不断的"绿色动能"⑤。

(2) 战略目标。

1) 落实西部大开发战略。"西电东送"是西部大开发战略的重点项目,为云南、贵州以及四川等省份找到了新的经济增长点,为西部边疆民族地区实现繁荣稳定、人与自然和谐共生贡献了重要力量。在中国特色社会主义进入新时代的背景下,党中央强调我们应"继续加大西电东送等跨省区重点输电通道建设,提升清洁电力输送能力"⑥。

2) 推动东西部协调发展。"西电东送"是东西双赢、优势互补、科学发展的

---

① 冉永平,阿尔达克,丁怡婷. 西气东输累计输气量超 8 000 亿立方米 [N]. 中国能源报,2023 - 03 - 27 (3).
② 张国宝. 筚路蓝缕:世纪工程决策建设记述 [M]. 北京:人民出版社,2018:177.
③ 贾科华. 周小谦忆"西电东送":全国的大局 [N]. 中国能源报,2016 - 11 - 07 (3).
④ 江伟,赵翔宇,龙定锦. 贵州省 20 年完成西电东送电量 6 230 亿千瓦时 [N]. 中国电力报,2021 - 01 - 08 (1).
⑤ 陈宁,黄蕾. 江苏累计消纳"西电东送"清洁能源超 5 000 亿千瓦时 [N]. 江苏经济报,2021 - 09 - 24 (A2).
⑥ 新华网. 中共中央 国务院关于新时代推进西部大开发形成新格局的指导意见 [EB/OL]. (2020 - 05 - 17) [2024 - 03 - 15]. http://www.xinhuanet.com/politics/zywj/2020 - 05/17/c_1125996720.htm.

历史见证,从 2000 年至今,其在我国能源版图上拓展延伸出北、中、南三大通道①。通过将西部地区的水电输往东部地区,"西电东送"工程带动了东西部相关产业的协调发展,为东、西部地区开展跨区域合作与技术交流提供了重要平台,是我国推动东、西部协调发展的重要战略举措。

3) 优化我国能源资源配置结构。在我国能源资源空间分布不均、煤炭在一次能源消费中占比居高的现实情况下,"西电东送"工程有助于加大我国可再生能源开发利用力度,提高清洁能源在一次能源消费中的比重,优化能源资源配置的整体结构。

(3) 战略规划。

"西电东送"工程的实施主要分北段、中段与南段三段并行,建设三条送电主通道。北通道是从陕晋蒙能源金三角输往京津地区,现在则包括从新疆和河西走廊、宁夏向华北、华中、华东的送电;中通道是从三峡输往华东地区,现在又包括从金沙江和川渝向华东地区的送电;南通道是从云南、贵州向珠江三角洲的送电②。"西电东送"工程横跨数省区市,建设内容包括水电、火电等电源建设,也包括长距离的高压交直流输电工程建设,它是一项系统工程,各地区之间的协调工作量较大③。

(二) 西部跨国能源安全保障大通道建设的战略规划

目前,我国西部跨国能源安全保障大通道主要指中国—中亚油气管道与中缅油气管道,中巴油气管道建设的可行性还在论证之中,尚未被纳入国家战略。在我国能源进口受制于"马六甲海峡困境"的现实背景下,中国—中亚油气管道与中缅油气管道的建设对于我国实现能源进口渠道多元化、保障能源安全与国家安全具有重要战略意义。在"一带一路"倡议框架下,中国—中亚油气管道与中缅油气管道成为重点示范项目,为我国、中亚国家以及缅甸的经济社会发展做出了重要贡献。

1. 中国—中亚油气管道建设的战略规划

(1) 现实背景。

受制于自身较为匮乏的能源储量,我国能源对外依存度长期处于高位水平,2021 年我国石油、天然气对外依存度分别达到 72% 和 46%④。同时,我国长期对海上能源通道较高的依赖度也增加了我国能源安全面临的不确定性风险。中亚国家能源资源储量丰富,并且与我国地缘相近。其中,哈萨克斯坦石油探明储量

---

① 孔德琳,江伟,范超,等. 风光水火互济 西电东送释放新动能 [N]. 中国电力报,2021 - 07 - 08 (1).

② 张国宝. 筚路蓝缕:世纪工程决策建设记述 [M]. 北京:人民出版社,2018:168.

③ 同②173.

④ 刘朝全,姜学峰. 2020 年国内外油气行业发展报告 [M]. 北京:石油工业出版社,2021:59 - 86.

39亿吨，占全球探明储量的1.8%；土库曼斯坦天然气探明储量17.5万亿立方米，占全球探明储量的9.4%①。在此背景下，中国—中亚油气管道建设是保障我国稳定的能源供应、实现我国能源进口渠道多元化、防范我国能源安全不确定性风险的重要战略选择。在"一带一路"倡议框架下，中国—中亚油气管道建设更是我国深化与中亚国家经济、安全合作，打造周边命运共同体的重要现实抓手。

（2）战略目标。

1）保障我国稳定的能源供应。当前，我国国内能源需求量逐年增加，中国—中亚油气管道的建设为满足我国国内能源需求，保障我国能源安全与经济安全发挥了重要作用，成为我国能源安全战略的重要组成部分。

2）助推我国实现能源进口渠道多元化。长期以来，我国在海上的能源运输航线存在较大的风险隐患，中国—中亚油气管道的建设对于我国降低对海上能源运输通道的依赖度、实现能源进口渠道多元化具有重要战略意义。

3）推动"一带一路"建设。中国—中亚天然气管道D线工程是"一带一路"倡议下的重点项目，其对于我国与中亚国家加大能源合作力度、共建"一带一路"具有重要示范意义。

（3）战略规划。

中国—中亚油气管道分为中哈原油管道与中国—中亚天然气管道。中哈原油管道一期工程西起哈萨克斯坦阿塔苏，东至中国阿拉山口，全长962.2公里，于2006年5月实现全线通油；二期工程全长761公里，于2009年7月建成投产，哈萨克斯坦西部到我国新疆地区原油管道实现全线贯通。中国—中亚天然气管道是联通中亚多国与中国的重要能源通道，管道自2009年12月A线竣工投产以来，经多年建设，已形成A、B、C三线并行输气格局，年输气能力达到550亿立方米②。2014年9月，中国—中亚天然气管道D线工程正式开工，管道全长1 000公里，设计年输量300亿立方米③。

2. 中缅油气管道建设的战略规划

（1）现实背景。

我国石油进口对马六甲海峡具有较高的依赖度。马六甲海峡每年约有8万艘

---

① 人民网. 油气资源富饶的中亚［EB/OL］.（2014-09-14）［2024-03-15］. http://energy.people.com.cn/n/2014/0914/c389073-25657638.html.

② 朱景朝，李明. 中亚天然气管道2017年向国内输气逾387亿方［N］. 中国能源报，2018-01-08（13）.

③ 国家能源局. 习近平和塔吉克斯坦总统共同出席中塔电力和中国—中亚天然气管道合作项目开工仪式［EB/OL］.（2014-09-15）［2024-03-15］. https://www.nea.gov.cn/2014-09/15/c_133642899.htm.

次船只通过，其中约 60% 为中国船只，中国进口原油约 80% 要经过该海峡。因此，对中国而言，它的通畅与否直接关系到中国的能源安全、经济发展乃至国家安全①。近年来，中美战略竞争态势的加剧与南海主权争端的日趋严峻导致南海局势紧张，进而增加了马六甲海峡遭受封锁的现实风险。为保障我国能源安全、推动"一带一路"建设，我国与缅甸共同出资开启了中缅油气管道的建设。管道建成后，来自非洲和中东的石油以及产自缅甸近海的天然气可以通过这条管道直达云南境内，而非洲到中国的能源航程也较经马六甲海峡运输的航线里程缩短 1 200 公里②。

（2）战略目标。

1）助推我国实现能源进口渠道多元化。中缅油气管道是我国第四大能源进口通道，它的建成投运标志着中国东北、西北、西南和海上四大油气进口通道的布局已基本成型，为我国油气进口多元化格局的形成提供了西南新路径③，对于我国摆脱"马六甲海峡困境"、助推我国实现能源进口渠道多元化具有重要战略意义。

2）推动"一带一路"建设。中缅油气管道在为我国西南地区提供稳定油气来源的同时，也为缅甸运输供应天然气，有效缓解了当地能源不足问题。中缅油气管道让中缅民众真切感受到了两国经贸紧密联系的实惠，成为"一带一路"在缅实施的先导示范和中缅"胞波"友谊的有力见证，为中国推动"一带一路"建设积累了宝贵经验④。

3）带动缅甸经济社会发展。中缅油气管道是中国在缅投资最大的国际化大型能源合作项目，截至 2020 年 6 月，工程为缅甸带来包括国家税收、投资分红等在内的直接经济收益逾 5 亿美元，实施社会经济援助项目 280 多项，涵盖了医疗卫生、教育、供水供电、道路等多个领域⑤。同时，有近 2 万名缅甸青少年的就学环境得到了改善，近 120 万人获得了更加便利可靠的医疗服务，管道沿线村庄实现了 24 小时供电和安全清洁饮水，中缅油气管道的建设充分带动了当地经济社会发展，提高了沿线居民的生活水平⑥。

（3）战略规划。

中缅油气管道建设包括原油管道与天然气管道建设。中缅油气管道（缅甸

---

① 中华人民共和国国务院新闻办公室. 论中国海上油气通道安全［EB/OL］.（2015-03-18）［2024-03-15］. http://www.scio.gov.cn/zhzc/2/2/Document/1396803/1396803.htm.

② 仝晓波. 中缅油气管道助解"马六甲困局"［N］. 中国能源报，2013-06-10（3）.

③ 鹿铖. 中缅油气管道：互利共赢十年行［N］. 光明日报，2020-06-08（16）.

④ 人民网. 共同繁荣，构建中缅命运共同体［EB/OL］.（2020-06-08）［2024-03-15］. https://baijiahao.baidu.com/s?id=1668892858052628565&wfr=spider&for=pc.

⑤ 同③.

⑥ 同③.

段）起自缅甸西海岸马德岛，原油与天然气管道并行铺设，原油管道全长 771 公里，天然气管道全长 793 公里，经缅甸若开邦、马圭省、曼德勒等地进入我国云南瑞丽①，于 2010 年 6 月开工建设，2017 年 4 月正式投运。同时，为提升天然气的综合保供能力，我国在中缅油气管道主线的基础上进行了支线建设。2022 年 8 月，承接中缅油气管道资源的省级天然气支线管网泸西—弥勒—开远支线全线开通并实现对下游城市的正式供气，成为云南红河州第一条正式通气投产的支线管道项目②。

西部能源安全保障大通道建设的战略规划总体如表 4-1 所示。

表 4-1 西部能源安全保障大通道建设的战略规划

西部能源安全保障大通道建设的战略规划		现实背景	战略目标	战略规划
国内层面	"西气东输"工程	西部地区天然气储量丰富；东部地区天然气需求量大	落实西部大开发战略；促进我国东西部协调发展；改善我国能源消费结构	分四条线有序展开
	"西电东送"工程	西部地区水电资源丰富；东部地区用电需求量大	落实西部大开发战略；推动东西部协调发展；优化我国能源资源配置结构	北段、中段与南段三段并行
跨国层面	中国—中亚油气管道	我国能源对外依存度高；海上能源通道不确定性风险较大；中亚国家能源资源储量丰富	保障我国稳定的能源供应；助推我国实现能源进口渠道多元化；推动"一带一路"建设	分中哈原油管道与中国—中亚天然气管道建设
	中缅油气管道	我国能源对外依存度高；海上能源通道不确定性风险较大；缅甸地理位置优越	助推我国实现能源进口渠道多元化；推动"一带一路"建设；带动缅甸经济社会发展	分原油管道与天然气管道建设

二、西部能源安全保障大通道建设的基础、成就与经验

西部大开发战略与"一带一路"倡议的持续推进为西部能源通道建设提供了资金、政策等诸多方面的支持，这为后续高水平共建西部能源安全保障大通道奠

---

① 吴莉. 铸能源国脉 续胞波情谊 [N]. 中国能源报，2012-05-28 (13).
② 工人日报客户端. 中缅油气管道泸西—弥勒—开远支线天然气全线开通. (2022-08-26) [2024-03-15]. http://web.app.workercn.cn/news.html?id=238540.

定了牢固的现实基础。作为一项具有重要经济社会意义的战略性工程，西部能源安全保障大通道建设在过去20年左右的时间里取得了诸多成就，为西部地区、全国以及周边国家的经济发展、民生改善做出了突出贡献。同时，西部能源安全保障大通道建设所积累的宝贵经验也为其后续的高水平建设提供了重要启示。

（一）西部能源安全保障大通道建设的基础

1. 政治基础

中国与西部周边国家相对较好的政治关系是双边、多边共建国际能源安全保障大通道的基本前提。30多年来，中国与中亚关系实现跨越式发展，达到战略伙伴关系水平，这不仅促进了各自的发展繁荣，也有效维护了地区和平稳定，树立了相互尊重、公平正义、合作共赢的新型国际关系典范[1]。就中国与土库曼斯坦而言，自两国建交以来，双方关系持续健康稳定发展，战略伙伴关系达到高水平[2]。2023年，基于两国合作的高水平，以及提升两国关系定位的共同意愿，双方宣布建立中土全面战略伙伴关系，持续深化中土全方位合作[3]。就中国与乌兹别克斯坦而言，自两国建立战略伙伴关系以来，双方保持坦诚开放、富有建设性的高层对话，在政治、外交、经贸等领域建立起高效协作机制，成为本地区国家间关系的典范[4]。着眼于两国光明未来，双方也将全面提升务实合作水平，持续充实新时代中乌全面战略伙伴关系内涵[5]。就中国与哈萨克斯坦而言，1992年中国同哈萨克斯坦签署建交公报，在此之后的合作中，中国践行"亲、诚、惠、容"的周边外交理念，实现了两国关系从睦邻友好到永久全面战略伙伴关系的稳步迈进。就中国与塔吉克斯坦而言，自两国建交以来，双方关系实现跨越式发展，达到历史最好水平[6]。2017年，基于中塔关系发展的现实需要和两国继续积极推进各领域合作的愿望，双方决定建立全面战略伙伴关系，并继续在涉及国家主权、安全和领土完整等核心利益问题上相互支持[7]。就中国与吉尔吉斯斯坦而言，自双方建交以来，两国始终秉持相互尊重、平等互利、合作共赢原则，为地

---

[1] 新华网. 中国同中亚五国领导人关于建交30周年的联合声明（全文）[EB/OL]. (2022-01-26)[2024-03-15]. http://www.news.cn/silkroad/2022-01/26/c_1128300418.htm.

[2] 隋鑫, 肖新新. 习近平会见土库曼斯坦总统谢尔达尔·别尔德穆哈梅多夫[N]. 人民日报, 2022-09-16 (2).

[3] 中华人民共和国和土库曼斯坦联合声明[N]. 人民日报, 2023-01-07 (3).

[4] 中华人民共和国和乌兹别克斯坦共和国联合声明[N]. 人民日报, 2022-09-16 (3).

[5] 中华人民共和国和乌兹别克斯坦共和国联合声明[N]. 人民日报, 2023-05-19 (3).

[6] 习近平同塔吉克斯坦总统拉赫蒙就中塔建交30周年互致贺电[N]. 人民日报, 2022-01-05 (1).

[7] 新华网. 中华人民共和国和塔吉克斯坦共和国关于建立全面战略伙伴关系的联合声明（全文）[EB/OL]. (2017-08-31)[2024-03-15]. https://www.xinhuanet.com/world/2017-08/31/c_1121580938.htm.

区和平稳定做出重要贡献①。

中缅两国的政治关系影响着中缅油气管道的建设与维护。中缅两国人民自古相亲相融,"胞波"情谊源远流长。自1950年建交以来,中缅倡导并践行和平共处五项原则,始终相互信任、相互尊重、相互支持,树立了大小国家平等相待、互利共赢、共同发展的典范②。2011年,中缅全面战略合作伙伴关系的建立标志着两国政治关系迈向新台阶。在2020年发布的《中华人民共和国和缅甸联邦共和国联合声明》中,中方表示坚定支持缅甸走符合自身国情的发展道路,坚定支持缅甸维护发展稳定大局的努力,缅方重申坚定奉行一个中国政策,认为台湾、西藏、新疆是中华人民共和国不可分割的部分,支持中方处理台湾、涉藏、涉疆问题的举措③。

西部跨国能源安全保障大通道的建设与维护是中国与中亚国家、缅甸开展跨境合作的重要内容。中国与相关国家政治关系的深化为合作项目的开展提供了现实保障。一方面,友好关系的建立为能源安全通道的建设营造了良好的政治环境;另一方面,信任的建立与默契的培养也为合作效率的提升提供了现实基础。

2. 设施基础

西部地区现已建成的能源通道及其配套设施既是我国在国家战略引领下取得的相应成果,也是我国开展后续高质量能源安全保障大通道建设的重要现实基础。在国内层面,目前,"西气东输"一线、二线、三线(西段、东段)已建成,国家管网集团正加紧建设"西气东输"三线中段(中卫—吉安)和四线天然气管道工程④,天然气"全国一张网"的骨架初步形成。截至2020年底,南方电网西电东送已形成"八交十一直"输电大通道,输电规模超5800万千瓦时,年送电量超2300亿千瓦时,同时,数字变电站、智能配电房以及智慧园区等设施的建设也为"西电东送"能源大通道的后续升级提供了基础⑤。在跨境油气管道方面,目前,我国西部油气进口通道已经建成中哈原油管道、中国—中亚A/B/C天然气管道与中缅油气管道。中哈原油管道西起哈萨克斯坦里海之滨的阿特劳,东至中国阿拉山口—独山子输油管道首站,全线总长2 835公里,设计年输油量

---

① 习近平同吉尔吉斯斯坦总统扎帕罗夫就中吉建交30周年互致贺电[N]. 人民日报,2022-01-06(1).
② 王慧,周之然,林芮,等. 擘画中缅关系新蓝图[N]. 人民日报,2020-01-17(2).
③ 中华人民共和国和缅甸联邦共和国联合声明[N]. 人民日报,2020-01-19(2).
④ 冉永平,阿尔达克,丁怡婷. 西气东输累计输气量超8 000亿立方米[N]. 中国能源报,2023-03-27(3).
⑤ 北极星太阳能光伏网. 南网发布《数字电网推动构建以新能源为主体的新型电力系统白皮书》[EB/OL].(2021-04-15)[2024-03-15]. https://guangfu.bjx.com.cn/news/20210425/1149210-4.shtml.

2 000万吨；中国—中亚天然气管道A/B/C线均过境哈萨克斯坦，设计年输气量550亿立方米[①]；中缅油气管道在缅甸境内设计原油输送量为每年2 200万吨，设计输气量120亿立方米[②]。

3. 制度基础

西部能源安全保障大通道建设的顺利进行离不开相关制度的支持，对于"西气东输""西电东送"工程的实施而言，我国总体国家发展战略为其提供了宏观上的制度基础；对于中国—中亚油气管道与中缅油气管道的建设而言，跨国协议、备忘录等文件的签订为其提供了基本的制度框架。

(1)"西气东输"工程的制度基础。

"西气东输"工程是西部大开发战略的标志性项目，相关国家政策文件为其提供了基本制度支撑。2001年发布的《关于国民经济和社会发展第十个五年计划纲要》强调要着重加强基础设施和生态环境建设，要集中力量建设西气东输、西电东送、青藏铁路等一批具有战略意义的重大项目[③]。2020年5月发布的《中共中央 国务院关于新时代推进西部大开发形成新格局的指导意见》提到要建设一批石油天然气生产基地，强化资源能源开发地干线通道规划建设[④]。2022年1月发布的《"十四五"现代能源体系规划》进一步强调要"加快天然气长输管道及区域天然气管网建设，推进管网互联互通，完善LNG储运体系"，同时也将川气东送二线、西气东输三线中段、西气东输四线建设纳入区域能源发展重点及基础设施工程[⑤]。

(2)"西电东送"工程的制度基础。

"西电东送"工程既是西部大开发战略的重要内容，也是我国推动能源结构改革的重要抓手。2020年5月发布的《中共中央 国务院关于新时代推进西部大开发形成新格局的指导意见》强调须"继续加大西电东送等跨省区重点输电通道建设，提升清洁电力输送能力"[⑥]。2022年1月发布的《"十四五"现代能源体系规划》也进一步提出须"重点建设金沙江上下游、雅砻江流域、黄河上游等清洁

---

① 中华人民共和国驻哈萨克斯坦共和国大使馆经济商务处. 迎接建党百年华诞中哈合作成果巡礼之十二：能源丝路铺就中哈合作共赢新篇章[EB/OL]. (2021-07-08)[2024-03-15]. http://kz.mofcom.gov.cn/article/todayheader/202107/20210703174294.shtml.

② 吴莉. 中缅原油管道正式投运[N]. 中国能源报，2017-04-17(1).

③ 中华人民共和国中央人民政府. 关于国民经济和社会发展第十个五年计划纲要的报告[R/OL]. (2001-03-05)[2024-03-15]. http://www.gov.cn/gongbao/content/2001/content_60693.htm.

④ 新华网. 中共中央 国务院关于新时代推进西部大开发形成新格局的指导意见[EB/OL]. (2020-05-17)[2024-03-15]. http://www.xinhuanet.com/politics/zywj/2020-05/17/c_1125996720.htm.

⑤ 国家能源局. "十四五"现代能源体系规划[EB/OL]. (2022-01-29)[2024-03-15]. http://www.nea.gov.cn/1310524241_16479412513081n.pdf.

⑥ 同④.

能源基地，实施雅鲁藏布江下游水电开发等重大工程"①。

（3）中国—中亚能源通道建设的制度基础。

就中国与土库曼斯坦而言，两国于2006年签署《关于实施中土天然气管道项目和土库曼斯坦向中国出售天然气总协议》，2007年中国石油公司分别与土库曼斯坦国家天然气康采恩和土库曼斯坦油气资源管理利用署签署《土库曼斯坦阿姆河右岸天然气产品分成合同》和《中土天然气购销协议》②，2009年中国石油公司与土库曼斯坦国家天然气康采恩签署《南约洛坦气田年产100亿立方米商品气产能建设交钥匙（EPC）合同》，2016年，土库曼斯坦向中国增供100亿立方米/年供气合同正式启动③。就中国与乌兹别克斯坦而言，2013年两国签订《关于建设和运营中乌天然气管道的原则协议第二补充议定书》，中国石油公司董事长与乌兹别克斯坦副总理签署《关于乌兹别克斯坦白松和苏尔汗区块油气地质勘探和开发可行性研究谅解备忘录》《关于成立合资公司补充勘探和开发卡拉库里投资区块油气田的原则协议》，与乌兹别克斯坦石油天然气公司董事会主席签署《新丝绸之路石油天然气有限责任公司创建协议》《新丝绸之路石油天然气有限责任公司章程》④。就中国与吉尔吉斯斯坦而言，两国于2013年9月签署《中华人民共和国政府和吉尔吉斯共和国政府关于天然气管道建设和运营的合作协议》⑤，2015年12月中国石油公司董事长与吉尔吉斯斯坦经济部部长签署《吉尔吉斯政府与中吉天然气管道公司的投资协议》。就中国与塔吉克斯坦而言，中国石油中亚天然气管道公司和塔吉克斯坦输气公司于2014年3月签署中塔天然气管道有限公司创建协议⑥。2014年5月，两国共同签署《关于成立实施中塔天然气管道项目管理委员会协议》⑦。就中国与哈萨克斯坦而言，1997年两国签署了《中华人民共和国政府和哈萨克斯坦共和国政府关于在石油天然气领域合作的协议》，之后两国于2002年、2004年分别签署了《中华人民共和国国土资源部与哈萨克斯坦共和国能源矿产部关于开展地质矿产和能源合作的谅解备忘录》《中华人民共和国和哈萨克斯坦共和国关于在油气领域开展全面合作的框架协议》，中国石油公司与哈萨克斯坦国家石油天然气公司又于2008年签署《关于在天然气及天然气管道领域

---

① 国家能源局."十四五"现代能源体系规划［EB/OL］.（2022-01-29）［2024-03-15］. http://www.nea.gov.cn/1310524241_16479412513081n.pdf.
② 李小松，李春辉，张鑫."中国速度"建中土合作样板工程［N］.中国石油报，2022-08-23（5）.
③ 董宣，梁萌.优先扩大能源合作 构建中土命运共同体［N］.中国石油报，2023-01-10（8）.
④ 石政，马莹莹.中乌签署天然气管道建设运营补充议定书等协议［N］.中国石油报，2013-09-10（1）.
⑤ 董宣，王晓群.钢铁"巨龙"载着友谊腾飞［N］.中国石油报，2015-04-03（1）.
⑥ 范存强，周兴武.签署中塔天然气管道有限公司创建协议［N］.中国石油报，2014-03-10（1）.
⑦ 马莹莹，李向阳.中国石油签署一批合作协议［N］.中国石油报，2014-05-21（1）.

扩大合作的框架协议》。2014年中国石油公司与哈萨克斯坦国家石油天然气公司签署了《中哈管道出口原油统一管输费计算方法及各段所有者管输费收入分配方法协议》和《在哈萨克斯坦建设大口径钢管厂项目框架协议》等①。

(4) 中缅油气管道建设的制度基础。

中缅两国共同制定的能源通道建设制度为中缅油气管道的运营以及后续工程项目的实施提供了一个基本框架。2005年11月，中国石油公司与缅甸能源部计划局签署缅甸天然气开发和管线项目合作谅解备忘录；2009年3月中缅签署《关于建设中缅原油和天然气管道的政府协议》；2009年6月中国石油公司与缅甸联邦能源部签署《关于开发、运营和管理中缅原油管道项目的谅解备忘录》；2010年6月中国石油公司与缅甸国家油气公司签署《东南亚原油管道有限公司股东协议》等3个油气管道合作协议②。2017年4月，在中国国家主席习近平和缅甸总统的共同见证下，中国石油公司董事长与缅甸驻华大使签署《中缅原油管道运输协议》③。

4. 技术基础

(1) "西气东输"工程的技术基础。

经过科研团队的攻坚克难，我国"西气东输"工程取得了较大的技术突破，这为后续工程的实施奠定了技术基础。在气田开发领域，科技人员通过创新应用应力敏感性储层试井解释及产能评价技术，成功实现了少井特高产，节约了投资，并形成了具有全球领先水平的山前高陡构造异常高压特高产气田开发配套技术；在管道建设领域，科技人员突破了国产螺旋缝埋弧焊管不能用于重要高压输气管线的限制，研发了一系列高钢级管线钢专有技术，研制出了具有全球领先水平的X80钢管。同时，科技人员研发出的复杂地质大口径管道穿越技术也成功克服了超长距离、大埋深管道顶管和盾构穿越等现实难题④。在管道运营管理上，增输工程自动化控制、SCADA（数据采集与监视控制系统）数据传输等技术已成功引入已建管道系统，管理、数据采集和信息系统的三维一体化显著提升了管道运营管理的效率⑤。

(2) "西电东送"工程的技术基础。

我国在输电工程上的核心技术长期受制于国外，近几年，我国科技人员成功

---

① 马天，段承宇. "一带一路"背景下中哈能源合作的法律保障研究 [J]. 华北理工大学学报（社会科学版），2021, 21 (5): 17 - 22.

② 张立岩. "巨龙"架金桥 油气缅乡来 [N]. 中国石油报，2015 - 01 - 23 (8).

③ 孟庆璐，张立岩. 中国石油与缅方签署中缅原油管道运输协议 [N]. 中国石油报，2017 - 04 - 11 (1).

④ 中华人民共和国中央人民政府. 西气东输工程：自主创新支撑起的能源国脉 [EB/OL]. (2011 - 03 - 08) [2024 - 03 - 15]. https://www.gov.cn/jrzg/2011 - 03/08/content_1820072.htm.

⑤ 吴莉. 西气东输增输与安全改造工程通过验收 [N]. 中国能源报，2014 - 09 - 29 (7).

研发的新型技术有效缓解了我国在技术上被"卡脖子"的现实困境。在输电技术上，科技人员完成了"特高压直流工程大容量直流避雷器关键技术及工程应用"技术攻关，弥补了特高压柔性直流技术的国际空白，在全球范围内率先研发出±800千伏/5 000兆瓦柔直换流阀①。同时，我国自主研发的首台采用国产有载分接开关的换流变压器也已经成功投运，至此，我国实现了从原材料到组部件再到整机的全链条国产制造②。在推进主网架数字化方面，科技人员完成了"换流站智慧运维关键技术研究及工程应用"项目，该项目通过发挥数字化思维来应对新型电力系统高比例电力电子设备以及可再生能源接入对主网架带来的挑战③。

（3）中国—中亚油气管道建设的技术基础。

在中国—中亚油气管道建设中，诸多核心技术的创新为管道建设、运营以及管理提供了现实支撑，同时也为D线的管道建设积累了宝贵经验。在油气勘探开发领域，中国石油公司创新集成一批先进适用技术，针对土库曼斯坦"三高"气藏及其复杂构造，研发出了一系列钻井工艺配套技术，钻井成功率达100%④。在管道建设上，科技人员开创性地将CRC内自动根焊技术和半自动焊技术相结合，自行研究开发了"内焊＋半自动焊"技术，显著提升了管道焊接速度。在管道运行上，为确保管道运行安全，科技人员在中亚地区采用RTTM（实时瞬态模型）线路泄漏检测方法，并通过推行DLE型（干式低排放型）燃驱压缩机组，降低氮氧化物和一氧化碳等污染物排放量以实现节能环保⑤。

（4）中缅油气管道建设的技术基础。

受沿线地理环境影响，施工团队在中缅油气管道建设中面临着诸多以前从未遇到过的技术难题。技术人员通过开展专项研究以及专题设计等重点项目，在管道并行、跨越、隧道设计、站场合建以及管道抗震等方面实现了多项设计技术的改良与创新。以隧道设计为例，施工人员充分吸取铁路与公路隧道设计的相关经验，首次在管道隧道中采用曲墙仰拱的断面形式，成功克服了由地形带来的隧道穿越难题⑥。中缅油气管道设计水平的提高与诸多技术的创新为后续中缅油气管道支线的修建提供了技术基础，对中国的管道建设具有重要的理论与

---

① 北极星输配电网. 13项世界首次研发的技术与装备为保障西电东送注入不竭动力 [EB/OL]. (2022 - 10 - 12) [2024 - 03 - 15]. https://news.bjx.com.cn/html/20221012/1260188.shtml.

② 李хин. 我国高端电力装备研发获重大成果 [N]. 中国电力报，2022 - 12 - 12 (1).

③ 同②.

④ 中国石油石化工程信息网. 中国石油中亚核心油气合作区高质量发展纪实 [EB/OL]. (2018 - 08 - 14) [2024 - 03 - 15]. https://www.cppei.org.cn/zjlt/detail.asp?categoryId=17&articleId=147347.

⑤ 中国土木工程学会燃气分会. 中国—中亚天然气管道工程 [J]. 城乡建设，2019，(21)：60 - 61.

⑥ 王学军，陈怡静，余志峰，等. 中缅油气管道工程建设难点与创新设计 [J]. 油气储运，2014，33 (10)：1039 - 1046.

现实启示意义。

(二) 西部能源安全保障大通道建设的成就

1. 西部国内能源安全保障大通道建设的成就

从"西气东输"工程来看，"西气东输"一线、二线、三线（西段、东段）目前已建成，"西气东输"三线中段（中卫—吉安）和四线天然气管道工程还在建设之中①，天然气"全国一张网"的骨架初步形成。"西气东输"三条主干线及其配套的联络线总长度超过 20 000 千米，承担着全国主干管网 50% 以上的天然气输送任务②。在 20 余年的建设中，科技人员也在气田开发、管道建设以及管道运营管理等领域实现了技术突破③。截至 2021 年底，"西气东输"管道系统累计输送天然气 7 000 亿立方米，减少二氧化碳排放 10.24 亿吨、粉尘 5.08 亿吨，使天然气在我国一次能源消费结构中的比例从 2003 年的 2.4% 左右提高至 8.4%。其供气范围覆盖了我国西部、长三角、珠三角和华中等地区的 400 多座城市、3 000 余家大中型企业，惠及近 5 亿人口④。

从"西电东送"工程来看，2000 年以来，我国已建成北、中、南"西电东送"三条大通道。2021 年 9 月，国家电网经济技术研究院相关工作人员在接受采访时表示，50 余条"西电东送"线路为中东部地区带来了约 2.7 亿千瓦时的送电能力，有力缓解了我国中东部地区缺电省份电力供应不足的问题。截至 2021 年底，"西电东送"电力流超过 2.8 亿千瓦时，建成投运跨省区特高压通道达 31 项⑤。同时，南网"八交十一直"西电东送大通道依托 91% 的清洁能源占比优势，减少东部地区电煤消耗约 31 万吨，减排二氧化碳约 83 万吨⑥，为我国实现 2030 年碳达峰、2060 年碳中和目标贡献了重要力量。"西电东送"工程将西部地区巨大的资源优势转化成经济优势，进而带动了西部地区的经济发展。以新疆地区为例，截至 2020 年，新疆在 10 年"疆电外送"过程中累计外送电量 3 430 亿千瓦时，国家电网公司在疆投资达 1 368 亿元，4 条外送通道累计投资 842 亿元，带动经济效益超过 1 100 亿元，惠及 2.5 亿人口，直接和间接增加就

---

① 冉永平，阿尔达克，丁怡婷. 西气东输累计输气量超 8000 亿立方米 [N]. 中国能源报，2023 - 03 - 27 (3).

② 人民网. 惠及我国近 5 亿人口 西气东输管道系统年输气量首次突破千亿 [EB/OL]. (2021 - 12 - 28) [2024 - 03 - 15]. http://finance.people.com.cn/n1/2021/1228/c1004 - 32319228.html.

③ 吴莉. 西气东输增输与安全改造工程通过验收 [N]. 中国能源报，2014 - 09 - 29 (7).

④ 同②.

⑤ 中华人民共和国生态环境部. 中国应对气候变化的政策与行动 2022 年度报告 [R/OL]. (2022 - 10 - 27) [2024 - 03 - 15]. https://www.mee.gov.cn/ywgz/ydqhbh/syqhbh/202210/W020221027551216559294.pdf.

⑥ 人民网. 缓解供需紧张 "西电东送"电力大动脉守护万家灯火 [EB/OL]. (2021 - 09 - 17) [2024 - 03 - 15]. http://finance.people.com.cn/n1/2021/0917/c1004 - 32230451.html.

业岗位2.8万个①。

2. 西部跨国能源安全保障大通道建设的成就

从中国—中亚油气管道来看，目前我国已与中亚国家建成中哈原油管道、中国—中亚A/B/C天然气管道。就中哈原油管道而言，截至2017年3月，管道累计向中国输送原油达1亿吨②；2019年向中国输送原油1 088.27万吨，累计输送原油超1.3亿吨③。同时，中国石油公司在哈企业累计缴纳税费超过400亿美元，为哈萨克斯坦当地提供3万余个直接就业岗位④。就中国—中亚天然气管道而言，截至2020年6月底，中国—中亚天然气管道累计输送进口天然气达3 160亿立方米。每年从中国—中亚天然气管道输送到中国的天然气占中国同期天然气消费总量的15%以上，惠及27个省区市的5亿多人口⑤。

从中缅油气管道来看，中缅油气管道是我国从西南方向引入的跨国能源通道，两条主干线目前均已建成。截至2020年6月，中缅天然气管道累计向中国输送天然气265.58亿立方米，为缅甸下载天然气46.76亿立方米；中缅原油管道向中国输油也已超过3 000万吨⑥。2020年1月，中国驻缅甸大使馆经济商务参赞在《中缅油气管道项目企业社会责任专题报告》发布会上表示，中缅油气管道项目自2010年启动以来恪守共赢理念，积极履行了企业社会责任，创造了大量就业岗位，累计投入公益资金2 700余万美元，实施社会经济援助项目280多项⑦。

（三）西部能源安全保障大通道建设的经验

1. 西部国内能源安全保障大通道建设的经验

（1）坚持党的领导。

坚持党的领导是西部国内能源安全保障大通道建设的最大政治优势。党中央、国务院一直高度重视"西气东输""西电东送"工程，2000年3月25日，国家计委在北京召开西气东输工程工作会议，会议宣布，经国务院批准成立西气东

---

① 王迎霞，安小霞，张康. "西电东送" 蹚出一条区域能源合作路 [N]. 科技日报，2022 - 05 - 17 (6).

② 王晓群，孙艺玮. 中哈原油管道向我国输油达亿吨 [N]. 中国石油报，2017 - 03 - 30 (1).

③ 中华人民共和国中央人民政府. 2019年中哈原油管道向国内输送原油超1 088万吨 [EB/OL]. (2020 - 01 - 09) [2024 - 03 - 15]. https://www.gov.cn/xinwen/2020/01/09/content_5467890.htm.

④ 中华人民共和国商务部. 迎接建党百年华诞中哈合作成果巡礼之八：中石油在哈油气合作项目成果斐然 [EB/OL]. (2021 - 07 - 05) [2024 - 03 - 15]. http://www.mofcom.gov.cn/article/zwjg/zwxw/zwxwoy/202107/20210703173400.shtml.

⑤ 中国新闻网. 中亚天然气管道上半年向中国输气超190亿立方米 [EB/OL]. (2020 - 07 - 28) [2024 - 03 - 15]. https://www.chinanews.com/cj/2020/07-28/9250335.shtml.

⑥ 鹿铖. 中缅油气管道：互利共赢十年行 [N]. 光明日报，2020 - 06 - 08 (16).

⑦ 薛子文，肖云洪. 中缅油气管道项目发布企业社会责任报告 [N]. 中国石油报，2020 - 01 - 17 (2).

输工程建设领导小组。领导小组在成立后连续多次召开工作会议，就资源开采、天然气市场开拓以及对外合作等诸多事项进行了部署①。"西电东送"工程的历史可以上溯到20世纪80年代。2000年，国家计委正式提出加快"西电东送"工程建设的建议，并获国务院同意②。在之后发布的国民经济和社会发展第十个、十一个、十二个、十三个以及十四个五年规划纲要，以及2020年发布的《中共中央 国务院关于新时代推进西部大开发形成新格局的指导意见》和2022年发布的《"十四五"现代能源体系规划》中，党中央都从战略高度对"西气东输""西电东送"工程进行了部署。实践证明，只有坚持党的领导才能在西部国内能源安全保障大通道建设中把握正确方向、发挥集中力量干大事的制度优势。

（2）推动技术进步。

技术进步为西部国内能源安全保障大通道建设提供了重要动力来源。"西气东输"是我国自行设计、建设的世界级天然气管道工程，解决了诸多影响管道安全高效运行的技术性难题，尤其是在生产运行、管道完整性管理以及天然气计量检定等方面取得了重大突破，助推我国在天然气长输管道建设领域实现从追赶者到国际领先者的跨越③。在"西电东送"工程实施过程中，科技人员在重大工程、重大科研、主网架运维三大创新主战场取得的诸多重大科技创新成果，为保障西电东送主网架安全稳定运行提供了技术支撑④。白鹤滩—江苏工程则在世界上首次研发出"常规直流＋柔性直流"的混合级联特高压直流输电技术，该技术充分发挥了特高压直流输电大容量、低损耗与柔性直流输电控制灵活、系统支撑能力强的优势，对于我国高压输电工程具有重要示范引领意义⑤。

（3）采取新型管理模式。

数字化是西部国内能源安全保障大通道建设在管理模式上的重要创新，这对于提升能源通道建设效率、保障设施和人员安全具有重要现实意义。在"西气东输"工程实施过程中，项目创新实践"集中巡检、集中监视"，并实行区域化管理，对相邻站场按作业区模式进行业务整合。在一些新建管道的施工过程中，项目充分利用物联网和移动应用技术，通过现场部署无线局域网络，结合二维码、

---

① 《西气东输工程志》编委会. 西气东输工程志 [M]. 北京：石油工业出版社，2012：86.
② 中华人民共和国中央人民政府. 西电东送：资源优势转为经济优势实现东西部共赢 [EB/OL]. (2008-11-15) [2024-03-15]. https://www.gov.cn/jrzg/2008-11/15/content_1149889.htm.
③ 西气东输投产运营20年科技强企纪实 [N/OL]. 石油商报，2020-04-28 [2024-03-15]. http://center.cnpc.com.cn/sysb/system/2020/04/24/001772853.shtml.
④ 北极星输配电网. 13项世界首次研发的技术与装备为保障西电东送注入不竭动力 [EB/OL]. (2022-10-12) [2024-03-15]. https://news.bjx.com.cn/html/20221012/1260188.shtml.
⑤ 光明网. 7毫秒"闪送"2080公里，白鹤滩至江苏特高压工程投产 [EB/OL]. (2022-07-01) [2024-03-15]. https://m.gmw.cn/baijia/2022-07/01/1303023536.html.

电子标签等技术，实现对工程建设过程的实时视频监视、智能感知以及数据采集，同时形成完整数字化档案并及时归档，确保了工程建设数据化与信息化①。在"西电东送"工程实施过程中，南方电网超高压公司通过发挥专业优势构建了基于"四层架构"（决策指挥、业务管理、生产一线、技术底座）的数字化体系，有效提升了电网强感知能力、智能决策能力以及快速执行能力，为实现"西电东送"主网架安全智能可控奠定了坚实基础②。

2. 西部跨国能源安全保障大通道建设的经验

（1）坚持共建共赢理念。

西部跨国能源安全保障大通道建设是共建共赢理念在基建领域的真实写照，共建共赢既为跨国能源通道建设提供了基本方向，也为其提供了内在动力。在我国西北方，中国—中亚油气管道的建设运行为我国能源进口开辟了新通道，对于保障我国能源安全、推动管道沿线国家经济社会发展具有重要现实意义。在管道建设过程中，合作公司秉持"共商共建共享"原则，坚持经济效益与社会效益并重。截至2021年底，中国石油公司在哈油气合作项目累计社会公益投入约4亿美元，油气管道在为保障我国油气供应服务的同时，也成为管道沿线国家的重要能源基础设施，为解决当地的用气困难发挥了重要作用③。管道建设运营期间，中油国际管道公司为管道沿线国家提供长期就业岗位3000多个、临时就业岗位近万个，有效带动了管道沿线国家经济社会发展④。在我国西南方，中缅油气管道的建成投运既在一定程度上保障了我国能源供应安全，也带动了广西等地油气工业的发展及基础设施建设，为西南地区经济发展注入强劲动力。同时，作为缅甸境内重要的能源基础设施，中缅油气管道为缅甸经济社会发展做出了巨大贡献。截至2020年6月，项目为缅甸带来税收、分红等直接经济收益逾5亿美元，提高了沿线居民的生活水平，管道建设施工高峰期，缅甸当地雇员超过用工总量的60%⑤。

（2）协同多元行为体合作共建。

跨国能源安全通道建设所涉及的内容极其庞杂，超出单一行为体的能力范围，面对自身能力的局限性，相关国家只有协同多元行为体，整合各自优势，才能化解诸多现实难题。在能源安全通道建设的探讨、策划以及实施等阶段，两国

---

① 楚海虹. 西气东输 福泽华夏 [N]. 中国石油报，2019-09-24（3）.
② 高锡明，江秀臣，李喆. 加快打造适应新型电力系统的西电东送主网架（数字电网）[N]. 中国能源报，2021-11-08（4）.
③ 李小松，王馨悦，李春辉. 打造中亚合作长青典范 [N]. 中国石油报，2022-05-24（5）.
④ 薛子文. 能源丝路践初心 共赢合作筑未来 [N]. 中国石油报，2022-09-16（1）.
⑤ 张原源，薛子文. 十年砥砺行 共筑新丝路 [N]. 中国石油报，2020-06-03（3）.

政府、以中国石油公司为代表的企业以及国内外相关学者和智库均是其中的重要参与者。2021年9月29日,在由哈萨克斯坦中国研究中心与中国石油中亚公司等单位共同举办的"能源丝路——中亚油气合作成果与前景"国际学术会议上,中国社会科学院、复旦大学和中国石油大学的中国能源专家与哈萨克斯坦、乌兹别克斯坦等多国官员及专家、学者交流观点,为中国与中亚国家的油气合作建言献策①。在中缅油气管道建设过程中,多元行为体的协同也为项目的推进发挥了重要作用。中国石油公司通过搭建交流平台,与政府、媒体、非政府组织(NGO)、员工、社区等开展互动,并建立了利益攸关方参与机制。当项目遭受谣言诋毁时,当地雇员会主动向当地民众进行解释说明,化解隔阂。同时,大部分合作伙伴以及政府官员也能够站在中国石油公司的立场为中国发声②。

(3) 提升合作能力。

合作能力是决定双方合作效率的关键性要素。在中国—中亚油气管道建设与中缅油气管道建设的过程中,强大的合作能力为项目的顺利实施提供了现实保障。就中国—中亚油气管道建设而言,在合作技术上,中国企业将国内的成熟、优势技术应用到海外油田,通过发挥原有技术的优势提升科技创新能力,同时,中国石油公司所特有的完整科技创新管理体系和管理架构也为推动科技创新发挥了重要作用③。在人才队伍建设上,中亚公司持续推进结构合理的海外员工队伍建设,坚定不移加快人才强企工程建设,强化人才价值提升意识④。在中缅油气管道建设中,东南亚管道公司携参建各方团结协作,提升项目合作能力,高标准、高质量、高效率地完成工程建设。管道焊接一次合格率达98.68%,超过国际同类管道工程的质量标准⑤。同时,项目重视本土化、国际化与专业化人才队伍建设,工程实施期间,有多名缅籍员工前往中国学习⑥。

三、高水平共建西部能源安全保障大通道的机遇与挑战

在国际政治经济格局深刻调整、我国正加快构建国内国际双循环相互促进的

---

① 李春辉,武泓锦,达尔汗. "能源丝路"国际学术会议在哈国召开 [N]. 中国石油报,2021-10-12 (7).

② 陆如泉. 精彩演绎共赢故事 [N]. 中国石油报,2022-07-05 (5).

③ 胡红民,李春辉,丁文显,等. 科技创新建功中亚油气合作区 [N]. 中国石油报,2021-11-30 (5).

④ 胡红民,李春辉,王延华. 中亚公司突出一体化协同 推动高质量发展 [N]. 中国石油报,2021-07-29 (1).

⑤ 张原源. 打造"一带一路"合作共赢新名片 [N]. 中国石油报,2017-07-26 (4).

⑥ 李兆梁,张立岩. 缅籍员工春城攻读硕士 [N]. 中国石油报,2015-09-18 (1).

新发展格局的形势下，在国际、地区与国内层面，高水平共建西部能源安全保障大通道面临着诸多的发展机遇与安全风险挑战。

（一）西部能源安全保障大通道建设面临的发展机遇

1. 西部大开发战略的驱动

西部大开发战略的实施为西部地区的经济发展注入了强大动力，据统计，从1999年到2019年，西部12个省份地区生产总值从1.5万亿元增加到了20.5万亿元，占全国比重提高了约3.6个百分点，地区生产总值年均增长10.9%，高于全国平均水平[1]，这为我国决胜全面建成小康社会、推动西部地区高质量发展以及建设平安西部做出了重要贡献。但同时，西部地区发展不平衡不充分问题依然突出，巩固脱贫攻坚成果任务较为艰巨，维护社会稳定以及国家安全任务依然繁重。在此背景下，为加快形成西部大开发新格局，推动西部地区高质量发展，我国从国家战略层面高度重视新时代西部大开发战略的推进。基于西部地区拥有丰富水电和天然气的现实优势，为将西部地区的资源优势转化为经济优势，促进西部地区经济发展与资源、环境相协调，推动形成现代化产业体系[2]，党中央强调，要提高勘探开发技术水平和转化效率，建设大型清洁能源基地，增强国家能源和重要资源保障能力[3]，继续加大"西电东送"等跨省区重点输电通道建设，继续加强油气支线、终端管网建设[4]。因此，在我国持续推进西部大开发战略的背景下，西部能源安全保障大通道的建设需要抓住战略机遇，贯彻新发展理念，推动西部地区高质量发展。

2. 区域协调发展战略的深化

近些年来，在党中央的领导下，区域协调发展取得突出成就。2021年，中部和西部地区生产总值占全国的比重分别由2012年的21.3%、19.6%提高到2021年的22%、21.1%。东部、中部与西部地区居民人均可支配收入比分别从2013年的1.7、1.1下降至2021年的1.63、1.07，西部地区与东、中部地区间的差距进一步缩小，区域发展的协调性得到较大提升[5]。但同时，我国区域协调发展仍面临诸多问题，例如，我国区域间基本公共服务水平差异较大问题依然比较突出，与促进区域协调发展、推动经济高质量发展的需求相比，基础设施的提

---

[1] 吕慎，宋喜群，王冰雅. 新世纪的决策，新时代的格局[N]. 光明日报，2021-04-06 (6).
[2] 新华网. 中共中央 国务院关于新时代推进西部大开发形成新格局的指导意见[EB/OL]. (2020-05-17) [2024-03-15]. http://www.xinhuanet.com/politics/zywj/2020-05/17/c_1125996720.htm.
[3] 依靠改革开放和创新发展 推动西部大开发迈上新台阶[N]. 人民日报，2021-06-23 (1).
[4] 同②.
[5] 央视新闻客户端. 国家发改委：我国区域协调发展取得历史性成就[EB/OL]. (2022-09-20) [2024-03-15]. https://content-static.cctvnews.cctv.com/snow-book/index.html?item_id=6328125939491019823&t.

升空间也依旧较大①。在此背景下，为促进区域间融合互动、融通补充，党中央进行了一系列战略部署，并制定了相应政策。基于我国西部地区能源资源丰富、东部地区能源供给缺口较大的现实，党中央进一步强调，需要"按照主体功能定位划分政策单元，对能源资源富集地区等制定差异化政策，优化能源开发布局和运输格局，加强能源资源综合开发利用基地建设，提升国内能源供给保障水平"②，并围绕石油、天然气以及水能等重要资源，坚持将市场导向与政府调控相结合，加快完善有利于可持续发展的资源价格形成机制③。区域协调发展战略的深化为西部能源安全保障大通道建设提供了政策机遇，作为改善民生、提升东西部发展协调性的重大基础设施项目，"西气东输"与"西电东送"等工程在建设中也需要紧扣国家战略，助力我国区域协调发展。

3. 现代能源体系规划的实施

当前，碳中和、碳达峰进程持续推进，能源科技革命与能源产业变革深入发展。在此背景下，全球能源结构低碳化转型加速推进，能源系统多元化迭代蓬勃演进，世界能源格局发生巨大变化。与此同时，大国之间的地缘政治博弈以及国际油价的剧烈波动也进一步加剧了我国能源安全所面临的现实风险。立足于可持续发展理念，为保障能源安全、应对全球气候变化，我国加快构建清洁低碳、安全高效的能源体系，确保能源结构持续优化，能源供应保障基础不断夯实，资源配置能力进一步提升④。"十四五"时期，为进一步保障能源供应链安全，我国从战略安全、运行安全、应急安全等多个方面，加强能源综合保障能力建设，并通过进一步发挥好科技创新引领和战略支撑作用，加快能源产业数字化和智能化升级，推动能源系统效率大幅提高，全面提升能源产业基础高级化和产业链现代化水平⑤。作为我国保障能源安全、推动能源消费结构绿色转型的战略性项目，"西气东输"与"西电东送"工程也在我国现代能源体系建构中发挥着重要作用，《"十四五"现代能源体系规划》也进一步强调要加强重点盆地油气基础勘探，加快区域天然气管网建设，推进管网互联互通，推进西电东送接续水电项目、川气东送

---

① 张军扩. 进一步促进区域协调发展 [N]. 人民日报，2021-11-17 (9).
② 中华人民共和国国民经济和社会发展第十四个五年规划和 2035 年远景目标纲要 [N]. 人民日报，2021-03-13 (1).
③ 中共中央 国务院关于建立更加有效的区域协调发展新机制的意见 [N]. 人民日报，2018-11-30 (1).
④ 国家能源局. "十四五"现代能源体系规划 [EB/OL]. (2022-01-29) [2024-03-15]. http://www.nea.gov.cn/1310524241_16479412513081n.pdf.
⑤ 丁怡婷. "十四五"现代能源体系这样建 [N]. 人民日报，2022-03-24 (2).

二线、西气东输三线中段、西气东输四线等项目建设①。现代能源体系规划的实施为西部能源安全保障大通道建设提供了基本战略规划与相应的政策机遇，作为关乎我国能源安全、经济安全以及国家安全的战略性项目，"西气东输"与"西电东送"工程也需要紧扣国家能源安全战略，深入贯彻绿色发展理念。

4. "一带一路"倡议的推进

2013年，习近平主席先后于哈萨克斯坦纳扎尔巴耶夫大学、印度尼西亚国会发表演讲，分别提出共同建设"丝绸之路经济带"与"21世纪海上丝绸之路"，即"一带一路"倡议。作为由中国发起、各方共建、世界共享的优质公共产品，"一带一路"倡议迄今已吸引了世界上诸多国家与国际组织参与②。商务部数据显示，2013年至2021年，中国与"一带一路"沿线国家累计货物贸易额近11万亿美元，双向投资超过2 300亿美元③。目前，"一带一路"倡议已成为全球投资合作的稳固推动力④，中国与沿线国家的基础设施建设合作为不同国家、地区间开展贸易搭建了桥梁，有力推动了全球互联互通，同时也促进了众多发展中国家的经济发展与民生改善⑤。在能源合作领域，中国已与90多个国家、地区和国际组织建立了政府间能源合作机制，相关能源合作项目为全球贡献了70%以上的光伏产能和60%的风电产能，加速了全球能源绿色转型进程。2018年10月，在首届"一带一路"能源部长会议上，中国与17个国家共同发布《建立"一带一路"能源合作伙伴关系部长联合宣言》；2019年4月，在第二届"一带一路"国际合作高峰论坛期间，中国与29个国家共同发起成立"一带一路"能源合作伙伴关系；2021年10月，"一带一路"能源合作伙伴关系合作网络正式成立，相关国家组建了互联互通等7个工作组，进而推动了更为广泛合作生态的形成⑥。深入推进"一带一路"倡议，既是我国推动国内国际双循环相互促进的新发展格局形成的重要战略举措，也是我国作为一个负责任的大国的应然选择。我国与中亚国家、缅甸地缘相近，情感相融，中国—中亚油气管道与中缅油气管道建

---

① 国家能源局."十四五"现代能源体系规划［EB/OL］.（2022-01-29）［2024-03-15］.http://www.nea.gov.cn/1310524241_16479412513081n.pdf.

② 中国新闻网."一带一路"倡议十年，铺就共同发展的康庄大道［EB/OL］.（2023-03-07）［2024-03-15］.http://www.chinanews.com/gn/2023/03-07/9966865.shtml.

③ 新华网.共建"一带一路"倡议九年来推动共同发展成效显著［EB/OL］.（2022-09-14）［2024-03-15］.http://www.xinhuanet.com/world/2022-09/14/c_1129001397.htm.

④ 新华网.哈驻华大使努雷舍夫："一带一路"倡议已成为全球经贸与投资合作的稳固推动力［EB/OL］.（2023-03-09）［2024-03-15］.http://xinhuanet.com/world/2023-03/09/c_1211736722.htm.

⑤ 姜波."共建'一带一路'是属于全世界的发展倡议"［N］.人民日报，2022-01-08（3）.

⑥ 王怡.深入学习贯彻习近平主席重要讲话精神 在新起点上高质量推进"一带一路"能源合作［N］.中国电力报，2023-10-20（1）.

设是"一带一路"倡议下的重要示范项目，其为保障我国能源安全、解决相关国家的民生问题、促进当地经济发展做出了重要贡献。在"一带一路"政策框架下，党中央也进一步强调要推进中国与相关国家的战略、规划对接，加强能源领域规则对接合作，并以铁路、港口、管网等为依托，打造国际陆海贸易新通道，在资金方面，要创新融资合作框架，发挥"一带一路"专项贷款与丝路基金的融资作用①。"一带一路"倡议的持续推进从政策、基础设施以及资金等方面为西部跨国能源安全保障大通道的建设提供了诸多机遇。中国—中亚油气管道以及中缅油气管道的建设也需要立足国家战略，助力我国与沿线国家实现高质量发展。

（二）西部能源安全保障大通道建设面临的挑战

1. 省际利益难以协调

以"西电东送"为代表的西部能源安全保障大通道建设涉及不同省份之间的利益分配，利益分配的不均抑或低效均会影响各省份参与通道建设的积极性，因此，如何基于总体国家战略，化解各省份之间的利益分歧，凝聚各方共识，调动各省份参与西部能源安全保障大通道建设的积极性，是我国所面临的一大现实难题。对此，我国目前还未制定具有针对性、可操作性的政策，只出台了一系列具有前瞻性的规划。在没有制度基础的条件下，仅靠各省份之间的协调往往难以有效解决利益冲突。以"西电东送"工程为例，云南省具有较为丰富的水电资源，"西电东送"工程是其重要的富余水电消纳渠道。然而由于云南以及广东两省的电力供需差异较大，并且各自有自身的利益诉求，两省在电力供给量以及价格上的分歧难以消除②。同时，"西电东送"工程本身的送电模式和电价机制依旧还未明确，这给通道经济效益以及社会效益的发挥带来不确定性③，导致不同省份之间的利益协调更加困难。

2. 域外大国的介入、干预与破坏

当前，国际政治格局深刻演化，为全面围堵、遏制与打压我国和平发展和崛起，美西方国家纷纷介入我国周边地区，一方面加强与我国周边国家的合作，在一定程度上对冲、消解与削弱了我国的竞争优势；另一方面制定围堵、遏制我国"一带一路"倡议的战略，给西部跨国能源安全保障大通道建设带来诸多不利影响。以中亚地区为例，2020 年 2 月，美国推出《美国的中亚战略（2019—2025）》，欲以中亚国家作为遏制中俄两国的突破口。美国以"C5＋1"外长会晤机制为平台，以哈萨克斯坦和乌兹别克斯坦为重点国家，对中亚各国进行全方位渗透，包括组

---

① 中华人民共和国国民经济和社会发展第十四个五年规划和 2035 年远景目标纲要［N］. 人民日报，2021 - 03 - 13（1）.

② 吉哲鹏. 省际利益博弈制约西电东送［N］. 经济参考报，2016 - 08 - 22（6）.

③ 李自良，吉哲鹏. "西电东送"市场化程度有待提高［N］. 经济参考报，2018 - 02 - 28（4）.

织大型抗议活动、加强舆论攻击、培育亲美反对派、丑化贬低中国形象等行动，试图将中亚国家与中俄剥离①，以进一步服务自己的全球战略。2022年1月，哈萨克斯坦爆发内乱后，哈总统托卡耶夫就表示，是有一群别有用心的策划者在抗议活动背后精心策划。俄罗斯外交部发言人玛丽亚·扎哈罗娃表示，哈萨克斯坦的事件是"受外国势力的诱导，强行使用训练有素的武装分子来破坏国家的安全和完整性"②。所有的矛头均指向美国，虽然美国并未直接承认，但仍然有较为明显的证据③。2007年6月，《欧盟与中亚：新伙伴关系战略》的签署标志着欧盟开始从战略层面介入中亚事务。欧盟内部风险与挑战的加剧以及中亚地缘经济重要性的凸显推动了欧盟新中亚战略的形成。2019年5月15日，《欧盟与中亚：更坚实伙伴关系的新机遇》的正式发布标志着欧盟在介入中亚事务12年后做出了重大战略调整，并进入了深度介入中亚地区事务的全新阶段④。基于2018年颁布的《连接欧洲和亚洲——对欧盟战略的设想》，欧盟也积极发展与中亚国家可持续的互联互通伙伴关系，并加大了对中亚地区的投资。

3. 周边地区政治环境的不稳定

我国周边地区政治环境的不稳定增加了我国与周边国家开展能源通道建设的不确定性因素，这对项目投资、施工以及管理等诸多方面均会产生不利影响。首先，中亚五国之间仍存在较多纠纷。2021年4月29日，塔吉边境居民发生冲突，后升级为武装力量交火⑤。2022年3月10日，双方在两国边境地区发生交火。苏联解体后，塔吉克斯坦与吉尔吉斯斯坦之间970公里的边界至今仅划定504公里，尚有70个地段存在争议，导致两国在边境地区冲突不断⑥。此外，乌塔之间存在边界争端，乌吉、乌塔在跨境水资源问题上存在冲突，乌塔在地区领导权上也存在竞争。其次，哈萨克斯坦爆发的内乱也反映出其国内权力继承问题尚未完全解决、国内矛盾容易被激发的现实境况。2022年1月2日，哈萨克斯坦多地爆发对当地液化天然气涨价的抗议，后升级为骚乱，并出现骚乱者冲击政府机构

---

① 苏畅，李昕玮. 上海合作组织安全合作：成就、挑战与未来深化路径 [J]. 国际问题研究，2021 (3)：82.

② 极目新闻. 哈萨克斯坦暴乱的幕后黑手，三大证据帮你看清楚 [EB/OL]. (2022-01-09) [2024-03-15]. https://www.ctdsb.net/channel/1476/202201/09/1342972.html.

③ 同②.

④ 中华人民共和国驻哈萨克斯坦共和国大使馆经济商务处. 欧盟发布新的中亚战略 [EB/OL]. (2019-05-18) [2024-03-15]. http://kz.mofcom.gov.cn/article/scdy/201905/20190502864210.shtml.

⑤ 俄罗斯卫星通讯社. 吉尔吉斯斯坦总统新闻局：吉塔边境紧张局势根源已消除 [EB/OL]. (2021-04-30) [2024-03-15]. https://sputniknews.cn/20210430/1033606920.html.

⑥ 新华社. 吉尔吉斯斯坦和塔吉克斯坦在边境地区发生交火 [EB/OL]. (2022-03-10) [2024-03-15]. https://h.xinhuaxmt.com/vh512/share/10650561.

等情况。根据相关媒体报道,哈萨克斯坦骚乱共导致包括 19 名警察和士兵在内的 225 人死亡,骚乱还导致包括 3 393 名执法部门工作人员在内的 4 353 人受伤①。最后,缅甸国内军方、民选政府与地方武装存在矛盾,尤其是内战也恶化了缅甸的投资环境。据缅甸军方数据,截至 2021 年 10 月 21 日,反军方势力发动袭击 986 次、爆炸 2 344 次、纵火 312 例,导致道路被破坏 536 次,还有 250 座工厂、市场或其他建筑被毁,袭击致死平民 1 155 名、军人 75 名,致伤共 1 367 名②。

4. 恐怖主义隐患

中亚国家与缅甸境内恐怖主义的长期盛行严重降低了跨国能源通道建设环境的稳定性,对跨国投资者的信心以及相关合作项目的推进产生诸多不利影响,是推进跨国能源通道建设所面临的一大现实挑战。2017 年底,随着"伊斯兰国"在中东全面溃败,其人员向全球扩散,据联合国专项报告显示,从中东流窜至中亚诸国的"伊斯兰国"人员已在阿富汗 25 个省份拥有相当程度的影响力,并发动了一系列暴恐袭击③。集体安全条约组织联合参谋部参谋长 2021 年 2 月 25 日表示,"伊斯兰国"恐怖组织在阿富汗境内的武装分子大约有 4 000 人,他们是中亚地区安全的主要威胁④。2020 年 1—7 月,哈萨克斯坦共发生 33 起恐怖主义犯罪⑤。在缅甸境内,2017 年 8 月,若开邦连续三天发生恐怖袭击,截至 8 月 27 日,已有 102 人死亡,其中 12 名平民丧生⑥。2021 年 6 月,缅甸发生多起恐怖袭击事件,截至 6 月 11 日,缅甸警方共逮捕 638 名参与恐怖袭击的嫌疑人,包括 49 名纵火案嫌疑人、61 名杀人案嫌疑人、256 名非法持有武器弹药者和 272 名发动恐怖袭击嫌疑人⑦。

四、高水平共建西部能源安全保障大通道的思路与对策

西部地区能源、资源丰富,面积广阔,地缘战略地位重要,是我国国防战略大

---

① 中国新闻网. 哈萨克斯坦骚乱致 225 人死 4 353 人伤 前能源副部长被捕[EB/OL]. (2022 - 01 - 16)[2024 - 03 - 15]. http://www.chinanews.com.cn/gj/2022/01 - 16/9653275.shtml.
② 宋清润. 缅甸深陷困境,有些力量莫添乱了[N]. 环球时报,2021 - 12 - 07 (15).
③ 谢贵平. 中国边疆跨境非传统安全:挑战与应对[J]. 国际安全研究,2020,38 (1):136.
④ 中国新闻网. 集安组织:"伊斯兰国"恐怖分子是中亚地区安全主要威胁[EB/OL]. (2021 - 02 - 26)[2024 - 03 - 15]. https://baijiahao.baidu.com/s?id=16927357571375972714&wfr=spider&for=pc.
⑤ 苏畅,李昕玮. 上海合作组织安全合作:成就、挑战与未来深化路径[J]. 国际问题研究,2021 (3):81 - 82.
⑥ 新华网. 缅甸西部若开邦连续三天遭恐袭 致上百人死亡[EB/OL]. (2017 - 08 - 29)[2024 - 03 - 15]. http://www.xinhuanet.com/world/2017 - 08/29/c_129691173.htm.
⑦ 央视新闻. 缅甸警方近期共逮捕 638 名参与恐怖袭击嫌疑人[EB/OL]. (2021 - 06 - 11)[2024 - 03 - 15]. https://news.cctv.com/2021/06/11/ARTItDYlyo0fvzXBs0MayawW210611.shtml.

后方。但与东部发达地区相比，西部地区交通相对闭塞，经济相对落后，公共服务不足，与东部地区经济、社会与教育等发展水平差距较大。近年来，西部地区经济社会发展迅速，西部能源安全保障大通道建设也取得巨大成就，但是基于周边国际严峻形势及构建国内国际双循环相互促进的新发展格局考量，未来，仍需要进一步推进高水平共建西部能源安全保障大通道，以促进东西部优势互补与协调发展。

（一）高水平共建西部能源安全保障大通道的基本理念

高水平共建西部能源安全保障大通道既需要宏观战略引领，也需要立足具体实际，以可操作化的战术推进战略的贯彻落实。因此，在未来高水平共建西部能源安全保障大通道的进程中，首先要紧扣国家战略，确定总体方向，然后要立足于发展现实，推动相关政策的制定和贯彻执行。

1. 紧扣国家战略，确定总体方向

相关国家战略为高水平共建西部能源安全保障大通道确定了总体方向。西部能源安全保障大通道的建设既关乎我国经济社会发展，也关乎我国总体国家安全，因此，在西部能源安全保障大通道建设进程中，相关行为体需要统筹发展与安全，既要贯彻新发展理念，推动高质量发展，也要贯彻总体国家安全观，保障国家安全。

（1）贯彻新发展理念，推动高质量发展。

高质量发展是我国全面建设社会主义现代化国家的首要任务，我国必须完整、准确、全面贯彻新发展理念，坚持高水平对外开放，加快构建以国内大循环为主体、国内国际双循环相互促进的新发展格局。西部能源安全保障大通道建设对于我国实现高质量发展具有重要战略意义。相关行为体应以推动高质量发展作为战略导向，推动质量变革、效率变革、动力变革，坚定不移将创新、协调、绿色、开放、共享的新发展理念贯穿西部能源安全保障大通道建设的全过程。新发展理念的五个方面构成了具有内在联系的一个整体，彼此相互促进，其中创新是第一动力、协调是内生特点、绿色是普遍形态、开放是必由之路、共享是根本目的。在西部能源安全保障大通道建设中，贯彻创新发展理念就是要在能源通道建设全过程中通过推动科技、管理创新，提升能源通道建设效能；贯彻协调发展理念就是要处理好局部和全局、当前和长远、重点和非重点的关系，在国内下好全国一盘棋，发挥各地区的能源比较优势，推动区域协调发展，在周边地区推动"一带一路"建设，实现各国之间的资源互补；贯彻绿色发展理念就是要以实现人与自然和谐共生作为基本前提，摒弃破坏生态环境的能源通道建设方式，处理好发展和减排的关系，将低碳环保理念纳入西部能源安全保障大通道建设的全过程、各领域，坚定不移走生态优先的高质量发展道路，确保如期实现碳达峰、碳中和；贯彻开放发展理念就是要在西部能源安全保障大通道建设中一方面加强国际合作力度,积极主动学习国际先进经验,另一方面化解由对外开放带来的风险隐患,提高把握国内国际两个大局的自觉性和能力;贯彻共享发展理念就是要在国内与国际两个层面充分调动多元行为体参与西部能源安全保障大通道建设的积极性与主动性,汇聚集体智慧与集体力量,并在既定制度框架下实现成果共享,增强国内与国际人民群众的获得感。

(2) 贯彻总体国家安全观,保障国家安全。

党的二十大报告强调,"国家安全是民族复兴的根基,社会稳定是国家强盛的前提。必须坚定不移贯彻总体国家安全观,把维护国家安全贯穿党和国家工作各方面全过程,确保国家安全和社会稳定"。作为国家经济发展的基础性资源,能源在保障我国经济安全与国家安全中发挥了重要作用。当前,我国能源需求量逐年攀升,国内能源供需空间分布不均衡特征依旧明显。在此背景下,西部能源安全保障大通道建设对于我国实现能源安全、经济安全与国家安全具有重要战略意义。相关行为体须以保障国家安全为引领,统筹发展与安全,坚定不移落实总体国家安全观。总体国家安全观是党中央立足于新的安全现实形成的体系性认知,它科学、系统地回答了事关新时代国家安全工作方向性、全局性以及战略性的重大问题,为我们做好国家安全工作提供了根本遵循[①]。在西部能源安全保障大通道建设中落实总体国家安全观就是要以人民安全为宗旨,以政治安全为根本,以经济安全为基础,以军事、文化、社会安全为保障,以促进国际安全为依托,通过推动能源核心技术创新、完善能源风险应急管控体系、多元拓展油气进口来源、维护战略通道和关键节点安全,来保障外部安全与内部安全、国土安全与国民安全、传统安全与非传统安全、自身安全与共同安全。

2. 立足发展现实,制定相关政策

立足发展现实,就是从我国国情出发想问题、做决策,既不好高骛远,也不因循守旧,保持历史耐心,坚持稳中求进、循序渐进。当前,我国发展基础更加坚实,进一步发展面临诸多机遇,但同时,我国发展不平衡不充分问题依旧突出,创新能力也还不能适应高质量发展要求。在能源领域,我国已步入构建现代能源体系的新阶段。首先,我国能源安全保障进入了关键攻坚期。"十三五"以来,油气管道总里程达到 17.5 万公里,"西电东送"能力达到 2.7 亿千瓦时[②],经济社会发展与民生用能需求得到了有力保障,但同时,我国能源安全仍面临诸多现实风险,保障能源安全的任务依旧艰巨。其次,我国能源低碳转型进入了重

---

① 车俊. 深入践行总体国家安全观 为高水平全面建成小康社会提供坚强保障[N]. 人民日报,2020-04-15 (11).

② 国家能源局. "十四五"现代能源体系规划[EB/OL]. (2022-01-29) [2024-03-15]. http://www.nea.gov.cn/1310524241_16479412513081n.pdf.

要窗口期。当前，我国能源结构持续优化，2021年，我国非化石能源发电装机容量首超煤电，非化石能源消费比重达16.6%，风电、光伏和生物质发电量分别同比增长40.5%、25.1%和23.6%，可再生能源发电量达到2.48万亿千瓦时，占全社会用电量的29.8%①。但同时，要实现碳中和、碳达峰目标，我国仍面临诸多现实难题。最后，我国能源普遍服务进入了巩固提升期。一方面，"十三五"时期，我国能源惠民成果丰硕，能源普遍服务水平得到大幅提升②。2015年，我国全面完成无电地区电力建设工程，解决了4 000万人口的用电问题，在发展中国家率先实现了人人有电用③。另一方面，我国能源基础设施和服务水平的城乡差距依然明显，供能品质有待进一步提高④。对于发展现实的全面、深刻把握是决策者落实国家战略、制定有效政策的基本前提。在此基础上，决策者须发挥现代技术手段优势，收集多方信息，分析、论证西部能源安全保障大通道建设的必要性与可行性，探讨出符合现实、符合国家战略的经济增长、就业、能源价格等政策目标与政策实施路径，进而提高决策的科学化、民主化与法治化水平。

（二）高水平共建西部能源安全保障大通道的战略构想

立足于国家战略与我国总体发展现实，本章为高水平共建西部能源安全保障大通道提出新的战略构想。具体而言，一是要加快广西北部湾国际门户港建设，对标国际一流港口，提升码头、航道设施能力及智能化水平，建设智慧港口。同时，需要充分发挥南宁市在"一带一路"中的枢纽作用以及在西部陆海新通道中的重要节点作用⑤，推动"海上能源通道—北部湾港口—南宁—内陆"西部能源安全保障大通道的建设进程。二是要加快成渝地区的能源通道建设，通过发挥重庆和成都的中心城市带动作用，打造内陆开放战略高地与西部地区高质量发展的重要增长极⑥。三是要加快自重庆经贵阳、南宁至北部湾出海口的能源通道建设，强化成渝地区双城经济圈与北部湾城市群战略联动，充分发挥能源通道对沿线经济发展的带动作用，促进地区能源产业结构优化升级。

---

① 中华人民共和国生态环境部. 中国应对气候变化的政策与行动 2022 年度报告 [R/OL]. (2022-10-27) [2024-03-15] https://www.mee.gov.cn/ywgz/ydqhbh/syqhbh/202210/W020221027551216559294.pdf.

② 国家能源局. "十四五"现代能源体系规划 [EB/OL]. (2022-01-29) [2024-03-15]. http://www.nea.gov.cn/1310524241_16479412513081n.pdf.

③ 王轶辰. "追风逐日"发展绿色能源 [N]. 经济日报, 2022-09-22 (9).

④ 同②.

⑤ 关于实施强首府战略的若干意见 [N]. 广西日报, 2019-12-04 (1).

⑥ 抓好黄河流域生态保护和高质量发展 大力推动成渝地区双城经济圈建设 [N]. 人民日报, 2020-01-04 (1).

（三）高水平共建西部能源安全保障大通道的对策建议

总体国家战略与发展现状为高水平共建西部能源安全保障大通道提供了基本方向与现实参照。在此基础上，相关行为体仍须通过加强制度建设、充分发挥多方多元行为体各自的优势、提升能源安全通道建设能力，防范化解西部能源安全保障大通道建设中的风险挑战，提高通道建设效率。

1. 加强制度建设

完善的制度基础是高水平共建西部能源安全保障大通道的重要保障。为应对相关风险挑战、提高能源通道建设效率、推动能源合作持续进行，相关行为体须从国内层面、双边层面以及多边层面加强相关规范、机制建设，进而在制度层面为高水平共建西部能源安全保障大通道提供有力支撑。

一是要加强国内相关制度的建设。首先，需要加快与企业投资、创新以及工程建设等活动相关的制度建设，力争为相关企业提供良好的制度环境，进而调动企业参与西部能源安全保障大通道建设的积极性；其次，需要完善各省份之间的能源供需协调机制，为"西气东输"以及"西电东送"工程沿线省份的利益分配提供制度保障；再次，需要完善能源市场的定价、税收机制，为评估西部能源安全保障大通道的经济效益与社会效益提供制度基础；最后，需要完善西部能源安全保障大通道建设的决策、监督以及评估机制，力争从管理层面为能源通道建设效率的提升提供保障。

二是要加强双边层面相关制度的建设。一方面，需要加快相关法律法规的建设，将双方协议中的内容具体化、可操作化。目前，在西部跨国能源安全保障大通道建设中，相关规范性内容主要通过双方共同签署的协议呈现出来，这些协议往往属于政策指导性文件，具有较大的社会影响力，其倡议性大于可操作性。相关协议内容提到的往往都是共同愿景，对于具体的权利与义务并未进行详细的规定与说明，这使得西部能源安全保障大通道建设的相关行为体在实践中难以找到相应的法律依据，进而导致相关能源合作项目难以落地。因此，基于双方制定的协议框架，相关行为体须加快相关法律法规建设，明晰合作主体的权利与义务，进一步落实相应政策指导文件。另一方面，需要发挥以中缅经济走廊论坛为代表的双边能源合作论坛的制度优势，并进一步立足现实需求加强能源合作领域的对话协商机制建设，以此为双边合作主体参与西部能源安全保障大通道建设提供基本的平台基础。

三是要加强多边层面相关制度的建设。目前，中国与中亚国家之间存在上合组织、中国-中亚峰会等多边合作平台，中国与缅甸之间存在澜湄合作机制、中国-东盟"10+1"等多边合作平台。但相较而言，针对能源领域的务实性多边合作机制还较为缺乏。基于此，为在应对相关风险挑战中凝聚集体智慧、发挥集体力量，相关国家需要充分发挥已有多边合作机制的优势，并进一步推动能源合作领域的多边制度建设进程，以此为中国与相关国家全方位开展能源安全保障大通道建设搭建良好的平台。

2. 充分发挥多元行为体各自的优势

作为一项庞大、繁杂的系统性工程，西部能源安全保障大通道建设包括基础设施的建设与维护、项目的投融资以及项目的管理等诸多内容。基于此，西部能源安全保障大通道建设需要充分发挥多元行为体各自的优势，通过凝聚集体智慧、发挥集体力量克服单一主体能力的局限性。

具体而言，一是要发挥国家的战略制定与战略协调优势。我国要立足于国家总体发展与安全战略，在国内层面制定短期、中期以及长期能源战略；同时，在国际层面，我国也需要与其他国家进行充分的战略协调，并制定相应的短期、中期与长期跨国能源合作战略，以此为西部跨国能源安全保障大通道建设提供方向。

二是要发挥政府的宏观管理优势。首先，政府需要立足于国家发展与安全现实，通过与多方协商将国家战略具体化、可操作化，并针对西部能源安全保障大通道建设制定出具有现实指导意义的政策；其次，政府需要对能源市场进行合理调控，保证气价、电价的透明化，为西部能源安全保障大通道建设提供良好的市场环境；再次，政府需要完善西部能源安全保障大通道建设在税收、融资等方面的相关制度，并促进国内相关制度间、国内与国际制度间的协同运作；最后，政府需要对西部能源安全保障大通道建设的过程、结果进行全方位的分析评估，并在此基础上对相关政策措施进行修改与完善。

三是要发挥企业、民众以及专家学者等社会行为体的专业性优势。第一，需要调动企业在西部能源安全保障大通道建设中的积极性。企业是创新的主力军，在能源通道建设中，释放企业在科技、管理等方面的创新潜力是提高通道建设效率的必要路径。第二，需要发挥他国当地民众在语言、文化上的优势。在一些西部跨国能源安全保障大通道建设项目中，中国员工与当地员工在语言与文化上往往存在较大差异。通过与当地了解中国文化的民众建立友好关系，中国企业可以在其帮助下与当地民众、当地企业进行沟通，以化解相关分歧，并为西部跨国能源安全保障大通道建设争取民心支持。第三，需要发挥能源相关领域专家的知识优势。相关专家学者往往具备丰富的专业性知识，专家联络机制以及专家小组的建立能为西部能源安全保障大通道建设提供重要的智力支撑。第四，需要发挥高校、科研院所的技术创新优势。高校、科研院所具有强大的科研实力以及丰富的技术创新经验，国家电网、中国石油等项目承担公司需要积极与其开展创新合作，以此推动能源通道建设过程中的技术创新。第五，需要发挥非政府组织以及媒体的信息优势。非政府组织以及媒体往往能够即时获取相关信息，通过与非政府组织、媒体建立合作关系，相关项目承担公司可以在信息更加充分的基础上提高项目决策与施工效率。

3. 提升能源安全通道建设能力

在西部能源安全保障大通道建设中，无论是项目的规划、项目的实施还是项目的评估，都需要相关企业强大的核心能力作为保障。强大的核心能力既是相关企业开展项目的前提，也是保障通道建设高效进行的基础。能力的提升需要以实力作为重要保障，在西部能源安全保障大通道建设中，提升通道建设能力需要进一步加强硬实力、软实力以及巧实力建设。

一是要加强硬实力建设。硬实力通常是指企业以及国家自身的物质性能力，往往与企业人力资源水平、国家自身的经济和政治实力相关。在西部能源安全保障大通道建设中，加强硬实力建设首先需要加强人才队伍建设，强大的人才队伍是高水平共建西部能源安全保障大通道的必备条件，国家、政府与企业需要针对专业领域培养专业人才，重点培养高科技领域人才，并加大力度培养复合型人才。其次，需要提升科技创新能力。在西部能源安全保障大通道建设中，既要坚持全面系统的观点，又要抓住关键，以重要领域和关键环节的突破带动全局。同时，需要进行超前谋划、超前部署，紧紧围绕能源科技竞争力的核心关键，强化事关发展全局的基础研究和共性关键技术研究，全面提高自身自主创新能力。尤其是在能源领域现存的主要短板技术和装备上需要尽快取得突破，同时要推动前瞻性能源技术快速发展以及能源产业数字化智能化加快升级，实现能源领域高水平科技自立自强①。最后，需要加强相关基础设施建设。在数字化时代，需要积极推动相关基础设施智能化的进程，着重提升项目风险识别、项目监督、项目评估等项目管理系统的数字化、智慧化水平。在新能源领域，我国还需要稳步推进新能源大基地建设，大力发展分布式可再生电源，集中式与分布式并举推动新能源电源发展，加快提升电力系统的清洁低碳化程度②。

二是要加强软实力建设。不同于以物质基础作为来源的硬实力，软实力往往是指基于企业、国家的价值、文化而对外形成的一种影响力。在西部能源安全保障大通道建设中，加强软实力建设首先需要通过加强中国与相关周边国家的文化交流，深化双方对彼此文化的理解。例如，可通过开拓并全力培育人文交流的新空间、拓展议题领域、进一步发展主体对象，深化中国与周边国家在学生学者交流、科技创新合作、地方商贸往来上的联系，促进彼此文化交融③。其次，需要

---

① 郭焦锋, 任世华. 如何保障新时代中国能源供给安全 [J]. 人民论坛·学术前沿, 2023 (19): 52.
② 同①.
③ 毛维准, 王钦林. 大变局下的中美人文交流安全化逻辑 [J]. 国际展望, 2021, 13 (6): 55.

注重外宣语言表达的方式。语言表达的方式与语言表达所取得的效果紧密相关，国家、企业以及相关人员需要根据对方的文化习惯，将相关叙事材料进一步组织成对方能够理解的宣传材料，以避免误解和误会。最后，需要通过发挥媒体、非政府组织以及企业自身的宣传优势，带动重新编排后的宣传材料在两国民众、企业之间的传播。

三是要加强巧实力建设。巧实力既不是单纯的硬实力也不是单纯的软实力，而是两者的有机结合，是一种综合硬实力和软实力而实现政策目标的能力。当前，西部能源安全保障大通道建设既面临"一带一路"倡议等现实机遇，也面临域外大国介入等诸多现实挑战，在此背景下，只有提升决策者的软实力，充分发挥决策智慧，综合考虑政治、经济以及外交等多种手段，才能抓住发展机遇，应对各类安全风险。在西部能源安全保障大通道建设中，为提升决策者的巧实力，首先需要通过优化领导筛选机制，加强领导团队建设，以提升决策者决策的科学性；其次，需要通过加大管理者自身的培训力度，扩大培训内容的知识范围，提高决策者的知识储备水平；再次，需要通过建立集体学习机制，鼓励决策者相互交流分享现实中的失败教训与成功经验，推动知识在集体中的扩散，进而提升领导团队的整体实力；最后，需要通过制定相关奖惩以及监督机制，强化领导者的责任意识，增强其自身参加学习的主动性。

近年来，在霸权主义、地缘冲突、气候变化、汇率波动等多种因素影响下，全球能源供需矛盾急剧恶化，国际能源价格波动频繁，市场行情充满不确定性[①]，我国能源安全面临诸多风险挑战。在此背景下，西部能源安全保障大通道通过稳定跨国能源供应、促进东西部能源产销协调，为保障我国能源安全做出了重要贡献。立足于西部能源安全保障大通道建设的战略规划，新形势下，只有在紧扣国家战略需求、立足发展现实的基础上，加强制度建设、充分发挥多元行为体各自的优势以及提升能源安全通道建设能力，才能把握发展机遇，化解相关风险，推进高水平、高质量共建西部能源安全保障大通道的现实进程。

参考文献

[1] 查道炯. 中国石油安全的国际政治经济学分析 [M]. 北京：当代世界出版社，2005.

[2] 黄晓勇. 中国的能源安全 [M]. 北京：社会科学文献出版社，2014.

[3] 赵庆寺. 能源安全与中美新型大国关系的构建 [M]. 北京：社会科学文

---

① 全球能源安全仍面临不确定性 [N]. 人民日报海外版，2023-01-17 (10).

献出版社，2017.

[4] 张仕荣. 中国能源安全问题研究 [M]. 北京：人民出版社，2018.

[5] 范英. 中国能源安全研究：基于管理科学的视角 [M]. 北京：科学出版社，2013.

[6] 陈利君，等. 中国西南边疆能源安全研究 [M]. 北京：社会科学文献出版社，2016.

[7] 涂强，莫建雷，范英. 中国可再生能源政策演化、效果评估与未来展望 [J]. 中国人口·资源与环境，2020，30（3）：29-36.

[8] 林伯强. 能源革命促进中国清洁低碳发展的"攻关期"和"窗口期" [J]. 中国工业经济，2018（6）：15-23.

[9] 余晓钟，白龙. "一带一路"背景下国际能源通道合作机制创新研究 [J]. 东北亚论坛，2020，29（6）：77-93+125.

[10] 余晓钟，高庆欣，辜穗，等. 丝绸之路经济带建设背景下的中国：中亚能源合作战略研究 [J]. 经济问题探索，2016（1）：149-154.

[11] 富景筠. 新冠疫情冲击下的能源市场、地缘政治与全球能源治理 [J]. 东北亚论坛，2020，29（4）：99-112+128.

[12] 查道炯. "一带一路"：合作逻辑与能源安全 [J]. 人民论坛·学术前沿，2017（8）：35-43.

[13] 范英，衣博文. 能源转型的规律、驱动机制与中国路径 [J]. 管理世界，2021，37（8）：95-105.

[14] 方行明，许辰迪，周文，等. 新一轮西部大开发的战略重点与"第五增长极"的打造 [J]. 新疆社会科学，2023（3）：70-83.

[15] 陈健. 新时代新征程在构建西部大开发新格局中促进共同富裕研究 [J]. 新疆社会科学，2022（6）：61-72.

[16] 张贤杰. 缅甸危机与中缅油气合作的风险及相关对策 [J]. 国际石油经济，2021，29（10）：63-75.

[17] 刘建国，戢时雨. "十四五"时期我国海外油气合作布局研究 [J]. 中国能源，2021，43（10）：29-35+46.

[18] 韩建国. 能源结构调整"软着陆"的路径探析：发展煤炭清洁利用、破解能源困局、践行能源革命 [J]. 管理世界，2016（2）：3-7.

[19] 刘瑾，田靖文，孟庆庄. 西部地区实现高质量发展的制约瓶颈及转型路径 [J]. 技术经济与管理研究，2023（5）：102-108.

[20] 刘瑾，李保玉，孟庆庄. 数字经济与西部地区经济高质量发展：理论逻辑与实践路径 [J]. 技术经济与管理研究，2023（3）：14-20.

[21] 王玉生,韩景宽,宋梅,等."双碳"愿景下中国西部能源发展对策探讨 [J]. 油气与新能源, 2022, 34 (3): 47-51.

[22] 石岚. 中国中亚能源通道与中国能源安全 [J]. 东南亚纵横, 2011 (10): 86-89.

[23] 程帆,姜玲玲. 俄乌冲突对中国能源安全与高质量发展影响 [J]. 油气与新能源, 2023, 35 (1): 32-40.

[24] 梁萌,李俊霞,徐文凯,等. 哈萨克斯坦油气储运系统与过境运输启示 [J]. 油气储运, 2022, 41 (2): 121-134.

[25] 侯政,黄永辉. 新发展格局下推进西部陆海新通道高质量发展的对策研究 [J]. 南宁师范大学学报(哲学社会科学版), 2021, 42 (6): 29-47.

[26] 王永中,万军,陈震. 能源转型背景下关键矿产博弈与中国供应安全 [J]. 国际经济评论, 2023 (6): 147-176+8.

[27] 肖晞,孙溶锴. 中国能源可持续安全: 理念塑造、现状解析与路径构建 [J]. 太平洋学报, 2023, 31 (10): 56-68.

[28] 郭焦锋,任世华. 如何保障新时代中国能源供给安全 [J]. 人民论坛·学术前沿, 2023 (19): 46-55.

[29] 张跃军,石威. 欧洲能源危机的原因及其对我国能源保供的启示 [J]. 中国石油大学学报(社会科学版), 2023, 39 (5): 45-50.

[30] 杨宇,夏四友,金之钧. 能源转型重塑地缘政治的逻辑与研究展望 [J]. 地理学报, 2023, 78 (9): 2299-2315.

[31] 朱雄关,李慧珍. 碳中和背景下中国—南亚可再生能源的合作形势与发展路径 [J]. 南亚研究季刊, 2023 (3): 80-99+158-159.

[32] 罗国祥,赵晓琳. 欧洲能源转型及对我国的启示 [J]. 理论探讨, 2023 (5): 159-163.

[33] 刘慧,高新伟. 国家能源安全视角下的海洋油气资源开发战略研究 [J]. 理论探讨, 2015 (6): 103-106.

[34] 马方方,刘长敏. 论新格局下的中国多边国际能源合作 [J]. 太平洋学报, 2015, 23 (6): 83-89.

[35] 方行明,苏梦颖."以能定口": 能源与人口的制约关系及人类社会未来演进路径 [J]. 理论探讨, 2016 (2): 70-75.

[36] 许嫣然. 俄乌冲突中的"能源武器化"与能源韧性: 以欧盟政策分析为主线 [J]. 外交评论(外交学院学报), 2023, 40 (3): 78-105+167-168.

[37] 余建华. 中南亚能源政治博弈中的大国竞合 [J]. 外交评论(外交学院学报), 2011, 28 (5): 11-27.

[38] 白中红. 论海上能源通道安全的国际法基础 [J]. 太平洋学报, 2009 (12): 69-74.

[39] 闫世刚. 低碳经济视角下的中国新能源国际合作 [J]. 外交评论 (外交学院学报), 2012, 29 (5): 82-94.

[40] 吴磊, 许剑. 论能源安全的公共产品属性与能源安全共同体构建 [J]. 国际安全研究, 2020, 38 (5): 3-28+157.

[41] 于宏源, 曹嘉涵. 乌克兰危机中的能源博弈及对中国的影响 [J]. 国际安全研究, 2014, 32 (4): 39-52+156-157.

[42] 薛静静, 沈镭, 刘立涛, 等. 中国能源供给安全综合评价及障碍因素分析 [J]. 地理研究, 2014, 33 (5): 842-852.

[43] 周云亨, 余家豪. 海上能源通道安全与中国海权发展 [J]. 太平洋学报, 2014, 22 (3): 66-76.

[44] 于宏源. 迈向全球能源强国的可持续路径: 学习习近平总书记关于能源安全的讲话 [J]. 人民论坛·学术前沿, 2018 (8): 61-69.

[45] 王永中. 全球能源格局发展趋势与中国能源安全 [J]. 人民论坛·学术前沿, 2022 (13): 14-23.

[46] 于宏源. 全球能源形势重大变化与中国的国际能源合作 [J]. 人民论坛·学术前沿, 2017 (7): 82-90.

[47] 许勤华. 中国全球能源战略: 从能源实力到能源权力 [J]. 人民论坛·学术前沿, 2017 (5): 62-68.

[48] 吴磊. 国际能源体系转型与中国应对 [J]. 人民论坛·学术前沿, 2016 (22): 16-25.

[49] 苏畅. 从"边缘地带"到"枢纽地带": 中亚稳定的地缘政治视角分析 [J]. 俄罗斯东欧中亚研究, 2023 (3): 122-141+161.

[50] 杨钊, 杨广辉. 阿富汗大变局及其地区影响分析 [J]. 江南社会学院学报, 2022, 24 (2): 63-70.

[51] 汪金国, 王志远. 独联体国家《反恐怖主义法》: 基础、框架、特征与挑战 [J]. 兰州大学学报 (社会科学版), 2021, 49 (5): 57-73.

[52] 廖成梅, 努丽艳, 巩佳琦. 后疫情时期的中亚安全形势论析 [J]. 新疆大学学报 (哲学社会科学版), 2023, 51 (4): 44-50.

[53] 杨双梅. 美国与中亚五国"C5+1"合作机制的发展与演变 [J]. 国际论坛, 2020, 22 (5): 59-75+157.

[54] 傅小强. 孟加拉湾地区反恐形势变化的特点、影响与对策 [J]. 南亚研究季刊, 2019 (3): 101-108+6.

[55] 黄德凯, 瞿可. 孟中印缅经济走廊非传统安全合作的现状、困难及对策 [J]. 印度洋经济体研究, 2016 (2): 28-40+158.

[56] 曾向红, 庞卫华. 美国对华竞争加剧背景下中亚国家外交政策的新变化 [J]. 国际展望, 2023, 15 (3): 115-134+157.

[57] 李志鹏, 李琪. 博弈与合作: 中亚经济发展的历史回顾与未来展望 (1991—2021) [J]. 甘肃社会科学, 2023 (1): 71-79.

[58] 刘赛, 石岚. 论美国非政府组织在中亚的活动与角色 [J]. 俄罗斯东欧中亚研究, 2022 (6): 57-72+161.

[59] 王飞, 杜松平. 美国在中亚涉疆反华的媒体操控及我国对中亚传播的策略探索 [J]. 新疆大学学报（哲学社会科学版）, 2022, 50 (5): 48-56.

[60] 李虎平. 大国博弈与中亚地区安全公共产品供给: 兼论中国的战略选择 [J]. 新疆大学学报（哲学社会科学版）, 2022, 50 (2): 47-55.

[61] 王飞, 哈热哈西·叶克芬. 美国在中亚对"涉疆议题"的"驯化"研究 [J]. 新疆师范大学学报（哲学社会科学版）, 2021, 42 (6): 75-80.

——执笔人：谢贵平，浙江大学中国西部发展研究院；杨子涵，浙江大学公共管理学院

第五章 高水平共建西部人文交流与民心相通大通道

摘 要

本章从"人文交流""民心相通""西部陆海新通道"三个核心概念出发,理解和探索高水平共建西部人文交流与民心相通大通道的内涵与意义。高水平共建西部人文交流与民心相通大通道的基础条件包括互利互惠的共同心声、民心相通的多缘优势、战略互信的合作发展、合作共赢的投资保护等。人文交流与民心相通在西部陆海新通道建设过程中具有不可替代的"缓冲阀""润滑剂""新压舱石"功能,多种形式的人文交流,可以增进民众之间的相互了解,厚植中外友好的社会基础,塑造并传播中国良好的国家形象,助力推动落实"全球文明倡议"。

从已有实践来看,我国主要从加强文化交流、深化教育合作、成立智库联盟、加快数字转型、加强旅游交流以及拓展社会合作等方面出发,着力提升人文交流水平与效果。但受大国地缘政治博弈以及国内省际协同不足等因素影响,目前在以民心相通促进西部陆海新通道建设方面还存在不少挑战,如人文交流主体方面以政府推动为主,缺少多方主体参与;人文交流效果方面缺乏对实际效益的重视;人才引进方面强调人员数量等显性指标,一定程度上忽视了效果和质量;人文交流形式创新力度不够,交流频率、密度和深度均有待提升等。展望未来,针对西部陆海新通道建设的民心相通事业,应形成以政策路径、制度路径和文化路径为三大支柱的顶层思路设计,以加大深度和密度为方向,在教育、文化、智库、旅游、体育、人才、媒体、数字化等多个领域开展新形式合作。

"国之交在于民相亲,民相亲在于心相通。"西部陆海新通道行稳致远,不仅过程中离不开"民心相通"的支撑和保障，还需要在一开始就把"增进人文交流与民心相通"作为一项基础性工程，进行顶层设计、战略规划、细致部署。当今世界变化深刻复杂，"黑天鹅"和"灰犀牛"事件频发，我国西部地区和东南亚国家的发展面临许多新的挑战。我们需要更加深入地把握"一带一路"中民心相通建设的重要意义，为西部地区深度融入国内国际双循环相互促进的新发展格局提供重要支撑。

Abstract

  This chapter starts from three core concepts of people-to-people cultural exchanges, people-to-people bonds, and the new western land-sea corridor. It seeks to understand and explore the connotations and significance of the high-level co-construction of the western cultural exchanges and people-to-people bonds corridor. Its fundamental conditions include a shared aspiration for mutual respect and mutual benefit, various advantages in people-to-people bonds, cooperation and development based on strategic mutual trust, and investment protection for win-win cooperation. In the construction of the new western land-sea corridor, cultural exchanges and people-to-people bonds act as a buffer valve, lubricant, and new ballast. The two sides have long valued people-to-people cultural exchanges so that the people know each other well and the friendship has grown on a solid social base, which shapes and spreads a positive image of China, and contributes to the implementation of the Global Civilization Initiative.

  Existing practices show that China strives to elevate the quality and effectiveness of people-to-people cultural exchanges through enhancing cultural exchanges, deepening educational cooperation, establishing think tank alliances, accelerating digital transformation, strengthening tourism exchange, and expanding social cooperation. However, influenced by factors such as geopolitical competition among major powers and insufficient inter-provincial coordination, there are still numerous challenges in promoting the construction of the new western land-sea corridor through people-to-people bonds. Challenges include the predominant role of government promotion in the main body of people-to-people cultural exchanges, with a lack of participation of multiple parties. Additionally, there is a lack of emphasis on the actual benefits of people-to-people exchanges, and in terms of talent introduction, there is an overemphasis on explicit indicators such as the quantity of personnel, neglecting the importance of effectiveness and quality. There is room for improvement in the innovation of forms, frequency, density, and depth of people-to-people cultural exchanges. Looking ahead to the future, the construction of the new western land-sea corridor should be designed with three main pillars on the top-level: the governmental pathway, cultural pathway, and institutional pathway. And it should aim to enhance depth and density, and conduct new forms of collaboration in various fields, such as education, culture, think tanks, tourism, sports, talent exchange, media, and digitization.

"Friendship, which derives from close contact between the people, holds the key to sound state-to-state relations." The steady and sustainable development of the new western land-sea corridor relies not only on the support of people-to-people bonds throughout the process, but also on making enhancing cultural exchanges and people-to-people bonds a foundational initiative from the beginning. This involves top-level design, strategic planning, and meticulous deployment. In the present world, marked by profound and complex changes, and the frequent occurrence of black swan and gray rhino events, the development of China's western regions and Southeast Asian countries faces numerous new challenges. It is imperative to have a deep understanding of the significant meaning of people-to-people bonds in the Belt and Road Initiative. This understanding will crucially support the profound integration of the western regions into the new development paradigm of dual circulation reinforcing each other.

在西部陆海新通道建设过程中，尤其是在中国与东南亚各国的交往中，人文交流是双方开展对话与合作的重要内容，是新时代中国外交的战略需求，是进一步发展中国与东南亚各国关系的"铺路石"，是中国与东南亚各国各领域交流与合作的重要助力。2021年11月习近平主席在《命运与共 共建家园——在中国-东盟建立对话关系30周年纪念峰会上的讲话》中指出，中国东盟建立对话关系30年来，走过了不平凡的历程，走出了"一条睦邻友好、合作共赢的光明大道"。中国与东南亚各国人文交流合作的稳步推进对于西部陆海新通道建设具有重要作用。人文交流在促进国际合作上的作用具有不可替代性，尤其是对于不同国家之间在文明、宗教和国家战略等方面的差异性而言，唯有通过不断深化交流，才能够实现以人文交流代替文化隔阂，以文明互鉴超越文明冲突。

一、高水平共建西部人文交流与民心相通大通道的内涵与现实意义

理解高水平共建西部人文交流与民心相通大通道的具体内涵，可以从"人文交流""民心相通"与"西部陆海新通道"三个关键概念入手进行分析。在"高水平""人文交流""民心相通"三者之间的逻辑关系中，"高水平"指出了西部陆海新通道建设的总体要求，"人文交流"指出了西部陆海新通道建设的方式方法，"民心相通"指出了西部陆海新通道建设的目标与目的。把握高水平共建西部人文交流与民心相通大通道的内涵，积极推动西部人文交流，有利于增进民众之间的相互了解、塑造中国良好的国家形象以及推动构建人类命运共同体。

（一）内涵分析

1. 人文交流

不少学者认为，人文交流是非常重要的压舱石，并不亚于经贸交流[①]。"人文交流"是不同文化之间相互理解、交流和学习的重要方式。在全球化、信息化快速更迭发展的背景下，加强人文交流是推进各国相互交流、加强文化多样性和文化权益保护的重要途径。同时，高水平共建西部人文交流大通道可以促进不同国家和地区之间的相互理解、共同发展和繁荣。国际形势复杂多变，人文交流对于促进中国与东南亚国家之间的共同发展具有重要意义。要坚持以相互尊重、和而不同、兼容并蓄为理念开展中外人文交流，构建人类命运共同体。

在当今世界百年未有之大变局的背景下，人文交流的作用空前重要。政治互信、经贸合作和人文交流共同构成了中国对外关系发展的三大支柱，"如果说政治、经济、安全合作是推动国家关系发展的刚力，那么人文交流则是民众加强感情、沟通心灵的柔力"[②]。习近平主席在 2017 年与时任美国总统特朗普会面时就强调，人文交流是中美关系的地基。2023 年 11 月，中美元首在旧金山斐洛里庄园会晤，习近平主席高屋建瓴地指出，中美要共同树立正确认知，共同有效管控分歧，共同推进互利合作，共同承担大国责任，共同促进人文交流，把人文交流作为"五大支柱"之一。

在西方，"人文"涉及哲学、文学、艺术及历史等方面，探讨人类情感、道德与理智等内容。《辞海》中对"人文"的界定是"人类社会的各种文化现象"。人文交流的目的是推动不同国家之间的文化理解和繁荣发展。从主体上看，人文

---

① 任叁. 国际人文交流是世界和平与合作的新压舱石［J］. 中国对外贸易，2023（3）：76-78.
② 摘自习近平主席 2014 年 7 月 4 日在韩国国立首尔大学发表的演讲《共创中韩合作未来 同襄亚洲振兴繁荣》。

交流的本质是"人之间的交流",人文交流的重心在"人民之间",是"人与人""人对人"的交流,人文交流是以人为主体的活动。从内容上看,人文交流包含文化交流、思想交流等不同层面,以此增进各国人民之间的了解与认识,形成相互之间的价值认同和文化认同。从领域上看,人文交流主要包括艺术、科技、教育、体育、旅游、智库、地方合作等领域。从形式上看,人文交流包括设立文化中心、展览展演、学术交流、联合研究等多种形式。

2. 民心相通

"民心相通"的内涵可以从"民""心""相""通"四个方面来理解。其中,"民"是指民众,"心"是指观念,"相"是指相互,"通"是指沟通、畅通。"民心相通"整体是指人民在观念和行为方面相互沟通与支持,其中包含了心理层面的情感认同、观念层面的价值认同和行为层面的实践认同三个层面的含义[①]。

民心相通可以加深人与人之间的友谊和理解,在超越分歧、促进合作等方面非常重要,可以促进文化的互动交流与教育合作。民心相通有助于消除文化优越感,营造尊重多元文化的氛围;有助于在文明之间架起沟通的桥梁;有助于加强联盟,创造建立新联系的机会,从而实现各方的互利共赢。有学者指出,民心相通是"一带一路"建设的"路基",它主要体现为利益认同、情感认同、价值认同、实践认同等的有机统一[②]。也有学者提出,促进"民心相通"是讲好中国故事的根基[③]。

3. 西部陆海新通道

西部陆海新通道位于我国西部地区腹地,北承丝绸之路经济带,南连21世纪海上丝绸之路,协同衔接长江经济带,是深化陆海双向开放、推进西部大开发形成新格局的重要举措,在区域协调发展格局中具有重要战略地位。西部陆海新通道是打通我国西部与"一带一路"沿线国家的连接线,是西部各省份联动开放发展的主轴线,有助于推动我国西部区域协调发展与高水平开放。国家发展改革委印发的《西部陆海新通道总体规划》指出,西部陆海新通道的战略定位是推进西部大开发形成新格局的战略通道,连接"一带"和"一路"的陆海联动通道,支撑西部地区参与国际经济合作的陆海贸易通道,和促进交通物流经济深度融合的综合运输通道。

2021年8月,国家发展改革委发布了《"十四五"推进西部陆海新通道高质量建设实施方案》,其中强调了西部陆海新通道的东、中、西三条通路建设。共

[①] 徐绍华,蔡春玲,李海樱. 从心开始:中国与东南亚南亚国家民心相通的对策思路[J]. 创新,2017,11(2):97-103.

[②] 张三元. 民心相通:共建"一带一路"的人文基础[J]. 贵州省党校学报,2021(6):5-13.

[③] 曹迪. 促进"民心相通"是讲好中国故事的根基[J]. 传媒,2022(20):20.

建西部陆海新通道为西部各省份打造高水平开放发展格局带来了新的机遇，对内将我国西北与西南地区密切联系起来，对外南下辐射东盟各国、北上连接中亚与欧洲诸国。

在上述两个国家文件的基础上，通道沿线各省份相继举行了建设西部陆海新通道工作推进大会，围绕新目标、新定位、新路径等展开了探索，出台了多份地方实施方案和推进计划。比如重庆在"着力深化国际交流合作"方面提出要提升人文交流合作水平，培育人文交流国际品牌，推动巴渝优秀文化"走出去"，助力重庆打造世界旅游目的地。《重庆市加快建设西部陆海新通道五年行动方案（2023—2027年）》指出，要高水平建设中外人文交流教育试验区和对外文化贸易基地。鼓励在渝高校加入"一带一路"高校战略联盟，打造职业教育国际合作联盟。打造一批陆海新通道主题经典文化和旅游线路、产品。

（二）现实意义

1. 增进民众之间的相互了解

通过人文领域的交流与合作，中国人民与东南亚人民对彼此历史文化和经济发展成就的了解不断加深。这为中国与东南亚关系的可持续发展营造了良好的舆论氛围，巩固了中国与东盟全面战略伙伴关系的社会基础。近年来，在中国与东南亚国家政府的积极推动以及民众的广泛参与下，双方在教育、文化、旅游、智库等方面开展了一系列活动。人文交流成为中国与东南亚重要伙伴关系的核心组成部分。矛盾与误解不利于中国与东南亚关系的健康发展，双方只有在充分了解的基础上，才能产生足够的信任。受西方舆论影响，东南亚的一些民众对中国还存在一定的误解。中国与东南亚国家对于对方过去和现在的了解与认识有所不足。因而，通过人文交流、求同存异、共同发展来促进双方情感交流、增进互信是化解矛盾的重要手段。

以柬埔寨为例，2023年6月柬埔寨山东商会顾问鲁特提到，中国在柬埔寨民众中获得好感的重要原因是双方加强了交往，尤其是通过"一带一路"倡议，中国在当地的社会知晓度进一步扩大。许多民众亲切地称呼中国在当地援建的桥梁为"中国桥"。鲁特认为，尽管不同的利益需求、不同的社会阶层以及多元的价值观念等都会让普通民众对某个国家形成特定认知，但中国近些年在亚太地区的快速崛起和国际影响力的提升，让许多东南亚民众意识到应该多增进与中国的交往。2023年6月，时任柬埔寨政府发言人帕西潘说，"即使在偏僻的乡村，柬埔寨人也知道中国，并对中国充满好感"。中国在湄公河流域的道路建设、桥梁建设等工程进一步彰显了作为负责任大国的担当意识。中国连续多年都是柬埔寨最大投资来源国，也是其主要国际游客来源地。2023年10月，柬埔寨柬华理事会常务副会长郑棉发在接受采访时谈到，柬埔寨共有57所华文学校，教师约有

1 200 人，学生规模达 5 万之众。这些学校培养出一批又一批会说中文的孩子，未来他们也将成为巩固中柬友谊的桥梁。

2. 塑造中国良好的国家形象

形式多样的人文交流有利于从不同领域向东南亚民众宣传中国的传统文化，让东南亚民众对中国的传统文化感兴趣，主动去了解中国的风土人情与社会进步，对中国更加充满善意，继而从更为客观的视角来看待和理解中国的基本政治观点。尽管人文交流不见得能够直接促进国际冲突、经贸摩擦等问题的解决，但中国国家形象和地位的提升可以在其中扮演较好的中介作用。塑造中国良好的国家形象有助于加强中国同东南亚国家外交、经贸、全球治理等方面的合作，对于缓解冲突、和平解决各种问题也有独特的作用。

中国的国际形象在泰国的一项国民民意调查中获得了较好的评价。泰国民调机构"超级民调"曾就"泰国抗疫中的至交好友是谁？"这一问题发起民意调查，结果显示，中国的得票率居于首位。2020 年东盟地区知名智库印度尼西亚外交政策协会（FPCT）面向东盟十国政府官员、学者、商界人士和学生群体等开展的民调结果显示，东盟民众对华好感度不断上升，认为中国-东盟关系促进了地区和平稳定和发展繁荣，对进一步深化双方合作抱有强烈愿望①。随着中国产品和品牌的"走出去"，海外民众对华为、阿里巴巴、中兴、小米、微信等中国品牌的好感度上升明显。有报告显示，东南亚民众对中国科技创新能力的评价很高，甚至超过了中国受访者。从这些调查中也可以看出，正是中国与东南亚的团结合作抗击疫情、中国科技品牌的"走出去"、外销产品质量的提升，以及广泛的社会民间交流等，才让中国的国际形象稳步提升，也才使中国的科技成果及社会进步深入人心。

事实上，不少新闻媒体从业者，包括一些泰国媒体就曾建议，中国在东南亚的有关项目应该更注重所在国社会中下阶层百姓的需求。普通百姓更加在意个人的经济状况和家庭生活水平，因此可以考虑在未来推进如促进青年就业、教育交流、技能培训、公共卫生合作以及提供价格实惠的商品等方面的项目。只有让更多的民众感受到与中国合作所带来的正向变化，才能在更广泛的东南亚社会塑造负责任的大国形象。

3. 推动构建人类命运共同体

习近平总书记在第十七届中国-东盟博览会和中国-东盟商务与投资峰会开幕式上致辞时指出，双方互联互通不断加速，经济融合持续加深，经贸合作日益加

---

① 澎湃新闻. 东盟知名智库民调结果显示：东盟民众高度肯定中国-东盟合作［EB/OL］.（2020-11-04）［2024-03-15］. https://www.thepaper.cn/newsDetail_forward_9844951.

快，人文交往更加密切，中国-东盟关系成为亚太区域合作中最为成功和最具活力的典范，成为推动构建人类命运共同体的生动例证。

推动构建人类命运共同体是促进西部陆海新通道民心相通建设的宏伟目标。中国和东南亚国家之间存在着文化差异，如何在坚持多元化的前提下，尊重彼此文明文化间的差异，开放地进行交流与对话，对各国政府而言都是挑战。政府的投入能有效促进民心相通，其职责主要是在人文传播中发挥监督和引导作用等。秉持"人类命运共同体"的理念，中国和东南亚国家政府可以鼓励民间力量在促进文化交流与沟通方面发挥作用，从而促进多元互动环境的形成，更好地构筑中国-东盟命运共同体。例如，中国-东盟教育交流周以教育交流合作为基点，双方聚首谋大计、携手促交流，取得了良好的社会反响。自2008年首届教育交流周举办以来，中国和东盟各国勠力同心十余载，在国际教育交流合作方面形成系列务实成果，并且从单一的教育合作拓展为科技、文化、卫生、旅游、体育等多领域合作，走出了一条命运与共、合作共赢的光明大道。

二、西部人文交流与民心相通大通道的发展现状与成效

近年来，中国与东南亚各国在人文交流方面重点强化了教育、文化、科技、智库、旅游等领域的合作，合作水平显著提升，交流成果丰富多彩，在多样的人文交流中传承了与邻为善、以邻为伴、团结协作和开放包容的亚洲价值观。下面将通过指标分析、案例枚举等方法来介绍有关进展。

本章根据已有研究，提炼出人文交流中主要的合作领域和评价指标，借此对目前西部陆海新通道建设中人文交流与民心相通的有关进展进行评价。有学者从"孔子学院""友好城市""旅游合作"三个方面对中国与东南亚的人文交流与合作进行了研究①。于洪君在其论文中，以旅游、教育、大众传播、智库交流为例阐述了中国与东盟间的人文交流合作现状②。王淑娟则在其研究中指出，"一带一路"人文交流活动取得的进展主要体现在多层次合作机制和多元互动的交流平台相继构建、科教文卫等领域交流合作扎实推进、国际话语权建设成效和国家形象不断提升等方面③。

本章借鉴上述学者的有关思路和观点，提出西部陆海新通道人文交流与民心

---

① 温智宏. "一带一路"背景下中国与东南亚人文交流与合作研究 [J]. 新丝路学刊, 2019 (2): 107-134.
② 于洪君. 扩大人文交流与合作，强化中国-东盟命运共同体意识 [J]. 公共外交季刊, 2020 (4): 1-6+117.
③ 王淑娟. "一带一路"人文交流的成就、挑战与前景 [J]. 当代世界, 2023 (3): 66-72.

相通的评价维度，主要包括：多层次合作机制与平台建设、科教文卫合作活动、国际话语权与国家海外形象建设成效。三个评价指标分别指向机制建设、项目活动与实施效果。多层次合作机制与平台建设主要指宏观、综合性的平台与机制搭建，如中国-东盟国际教育发展联盟等的建设。科教文卫合作活动包含的类型更加多元，科技、教育、文化、旅游、卫生等领域的具体活动都可以纳入其中。国际话语权与国家海外形象建设成效是指在各项机制与各类举措出台、各领域的实践活动有效落地后，种种努力是否最终有效地推动了我国国际话语权的取得和国际地位与形象的提升，能否推动国际社会形成正确的中国观。表 5-1 对有关指标及其维度、案例等进行了罗列。

表 5-1 西部陆海新通道人文交流与民心相通的评价指标体系构建

二级指标	三级指标（评价维度）	案例
多层次合作机制与平台建设	人文交流联盟机制（数量及影响力） 高级别人文交流平台（数量及影响力）	西部陆海新通道智库联盟；陆海新通道职业教育国际合作联盟；南亚东南亚人文交流中心
科教文卫合作活动	科技合作及其成效（如两国联合实验室数量） 教育合作及其成效（如两国互派留学生总数） 文体旅合作及其成效（如两国旅游人数总数、体育合作平台数量、影视合作数量及影响力） 卫生合作及其成效（如共建合作平台数量）	跨国技术转移平台、孔子学院、鲁班工坊、医疗物资援助、体育赛事、旅游节等
国际话语权与国家海外形象建设成效	对中国整体形象的好感度 对中国参与全球治理的认可度 中国故事、中国经验的海外可见度	海外媒体对中国的正面报道；中国学者在海外发声情况

（一）多层次合作机制与平台建设

合作机制与平台建设的主体往往是各国政府，通常具有高层级、大规模、长期性、权威性等特点。比如"一带一路"国际合作高峰论坛、中南（非）高级别人文交流机制、中非大学联盟交流机制等。在 2017 年（第一届）和 2019 年（第二届）两届"一带一路"国际合作高峰论坛上，中国积极与沿线国家对接发展战略、推动互联互通、促进人文交流，在这一框架下签订了 500 多项合作清单，第一届上签订的合作项目基本都接近完成或者已经完成，第二届上签订的合作清单大部分已经进入实施阶段，有的已经完成。因而，推动西部陆海新通道人文交流与民心相通建设，要特别重视多层次合作机制与平台的建设。

重庆市在这方面已有相关部署。《重庆市加快建设西部陆海新通道五年行动方案（2023—2027 年）》中指出："争取联合通道沿线省（区、市）和国家（地区）的行业协会、商会发起成立陆海新通道商会联盟。探索构建国际商事纠纷一站式多元化解决服务平台。高水平建设中外人文交流教育试验区和对外文化贸易基地。鼓励在渝高校加入'一带一路'高校战略联盟，打造职业教育国际合作联盟。打造一批陆海新通道主题经典文化和旅游线路、产品。高水平办好中国国际智能产业博览会、中国西部国际投资贸易洽谈会、陆海新通道国际合作论坛等会展活动，举办'驻华使节陆海新通道行'活动①。"

目前，更多的合作机制建设落脚在联盟建设上，这也是一种创新的尝试，如联合成立陆海新通道职业教育国际合作联盟。在四川省教育厅和重庆市教委的指导下，相关国家和地区以及中国西部陆海新通道沿线省份的相关职业院校、外向型企业及国际合作交流科研机构共同发起了该联盟。联盟现已吸纳164个会员单位，其中院校单位131个，包含26个外方院校单位，涉及中国香港、印度尼西亚、新西兰、韩国、泰国、斯里兰卡、老挝、缅甸、柬埔寨、菲律宾、巴基斯坦、澳大利亚、新加坡13个国家和地区，企业单位33个。联盟设理事会（全体理事会议、理事长会议），理事会下设秘书处和专家委员会，秘书处下设师资队伍建设专委会、国际化课程建设专委会、涉外办学专委会、产教融合专委会、政策研究与发展专委会以及创新创业教育专委会。联盟以成渝国际性企业和高职院校发展需求为基础，以合作交流、资源共享为目标，旨在建立长效合作机制，加强沟通交流、平台共享，促进中外人文交流、产教融合、科研合作、政策研究，培养具有国际视野的高素质技术技能人才。联盟的成立与发展对进一步提升职业院校办学水平，更好地服务区域经济社会发展具有重要战略意义②。联盟还推动建立了陆海新通道（中老）职业教育研究院，以及对"熊猫工坊"建设指南进行专门研究，为职业院校、外向型企业提供政策咨询、技术支持以及科研合作等技术服务，以此促进陆海新通道沿线省区市及相关国家和地区间的人文交流。

成立西部陆海新通道智库联盟是另一项创新性的举措。2023年5月，48家中外智库联合发起成立西部陆海新通道智库联盟，牵头单位为四川外国语大学③。智库联盟的成立，既顺应了全球更加紧密互联的大趋势，也是促进西部陆海新通道沿线智库交流对话的创新之举。智库对话是民间外交、二轨外交的主要形式之一，促进智库对话并对智库决策产生重要影响，有助于各国凝聚共识、追求共同价值，提升西部陆海新通道建设的国际价值。智库联盟围绕加快建设西部

---

① 重庆市加快建设西部陆海新通道五年行动方案（2023—2027年）[N]. 重庆日报，2023-05-18（3）.

② 陆海新通道职业教育国际合作联盟. 联盟介绍[EB/OL]. [2024-03-15]. https://iivea.cqipc.edu.cn/gylmList-1.

③ 何春阳，王亚同. 西部陆海新通道智库联盟和陆海新通道国际交流合作中心成立[N]. 重庆日报，2023-05-18（5）.

陆海新通道相关的政策解读、战略研判、决策分析、项目评估、科技交流等工作，服务西部陆海新通道沿线国家高质量发展[①]。泰国正大管理学院、马来西亚东南亚社科研究中心、塞尔维亚"一带一路"研究中心、泰国暹罗智库、老挝国立大学中国研究中心、柬埔寨柬中关系发展学会、坦桑尼亚维加纳智库、哈萨克斯坦中国研究中心等国际智库加入该联盟。联盟成立当天，由重庆市政府外办、重庆市政府口岸物流办牵头会同有关方面共同打造的陆海新通道国际交流合作中心也重磅落地。智库联盟的建设有利于打造开放共享的学术网络，推动多元世界话语体系的交流碰撞，携手打造智库合作品牌，为和平解决相关国际争端提供了新的道路。

除了一些联盟类的机制外，还建立了一些常规性的交流平台，如2021年，陆海新通道涉外服务行业中外人文交流研究院成立；2023年，在重庆召开陆海新通道国际合作论坛，探讨了数字经济、数字变革、人工智能等将如何成为通道创新发展的新引擎，数字经济如何与通道经济双向赋能，如何打造整体智治、协同有力、高效运行的数字陆海新通道等话题。

展望未来，将有更多常设性、机制性人文交流平台建立。2023年9月，李强总理在第26次中国-东盟领导人会议上指出，以2024年共同举办"中国-东盟人文交流年"为契机，进一步加强文化、旅游、培训、青年等领域交流，不断深化文明交融、民心相通。未来3年，中国将在东盟国家建设10所"中国-东盟现代工匠学院"，继续开展"未来之桥"中国-东盟青年领导人研修计划，并为东盟国家培养1万名治国理政、反腐倡廉和绿色发展等领域的高级人才。

（二）科教文卫合作活动

西部陆海新通道的建设成效不仅仅体现在经济和贸易层面，也体现在沿线国家社会事业的进步上。长周期、重资产的基础设施建设项目应合理配置一些轻资产项目（如学校、医院、广电设施、水井项目等），发挥润滑剂和黏合剂的作用[②]。坚持提升民众获得感是西部陆海新通道建设行稳致远的关键。科技、教育、文化、卫生、体育等事业的合作与发展，事关中国和东南亚国家人民的福祉与国家未来，其建设成效更具有持久性，百姓也更具有获得感。

1. 科技合作

科技合作是西部陆海新通道创新之路建设的核心内容和重要驱动力。在科技合作方面，截至2022年底，中国-南亚东南亚国际技术转移交易平台上线知识产

[①] 四川外国语大学. 我校联合47家中外智库发起成立西部陆海新通道智库联盟［EB/OL］.（2023-05-19）［2024-03-15］. https://news.sisu.edu.cn/cwxw/46be6d0676c444c2bbf35e6071f72453.htm.

[②] 倪好，周谷平. 深入了解民情民意 推进"一带一路"民心相通［N］. 光明日报，2019-04-22（16）.

权成果累计达20余万项，上线技术成果3 249项①。中国-南亚东南亚国际技术转移交易平台于2021年在云南开启建设，为国内外广大高校、科研院所、创新企业、科技园区等提供信息、技术转移、法律与知识产权保护等专业服务。在中国-东盟（10+1）领导人会议上，中方提出实施中国-东盟科技伙伴计划，建立中国-东盟创新中心。中国-东盟创新中心已依托昆明国家经济技术开发区的现有平台成立，汇集各类创新资源和要素，旨在促进中国与东盟国家的科技与创新合作，为研发、孵化、成果转化和科技文化交流等提供多元服务。

此外，目前中国唯一面向东盟的国家级技术转移机构——中国-东盟技术转移中心（China-ASEAN Technology Transfer Center）总部设在广西南宁，由中国科技部与广西壮族自治区人民政府共建，由广西科技厅牵头建设和管理。该中心与泰国、印度尼西亚、老挝、缅甸、越南、柬埔寨、文莱、马来西亚、菲律宾等9个东盟国家分别建立了政府间双边技术转移工作机制，与其中7个国家组建了技术转移联合工作组，旨在建立常态化的政府间交流渠道，挖掘各方科技资源和技术转移潜力。该中心还设立了中国-东盟技术交易平台（China-ASEAN Technology Trading Platform）。

实际上，中国与东南亚国家的科技合作不仅仅体现在大型的科技研发和转化活动上，也体现在杧果等特色产品的研究上。近年来，云南省农业科学院深化与南亚东南亚杧果协作网成员间的交流，分享科技成果及成功经验，稳步推进各方在与杧果产业相关的科技创新、人才培养及生态优化等领域的合作。

2. 教育合作

留学生是天然的外交官，促进学生流动是国家与国家之间最常见的教育交流与合作形式。西部陆海新通道建设所需要的各类人才，都需要通过教育来获得。根据2018年的有关统计数据，在前15个来华留学人数最多的国家中，泰国、印度尼西亚、老挝、越南和马来西亚均位于其中，其中泰国是第二大来华留学生源国。而中国学生赴泰国留学的也不少，截至2020年底，有14 423名中国学生在泰国各个大学学习，其中有10 083名中国留学生在泰国的私立大学就读，占总数的70%。中国留学生主要分布在泰国博仁大学、易三仓大学、格乐大学、清迈大学、曼谷大学等②，他们大部分来自靠近泰国的边境省份，包括广西、云南等，山东、四川和贵州也是赴泰国留学大省。

---

① 中国新闻网. 中国-南亚东南亚技术转移成果发布 上线技术成果3 249条［EB/OL］.（2022-11-12）［2024-03-15］. http://www.chinanews.com.cn/sh/2022/11-12/9893076.shtml.

② Aranya S, Fanzura B. Chinese Students in Thailand: Cash Cow, at a Cost［EB/OL］.（2022-02-11）［2024-03-15］. https://fulcrum.sg/chinese-students-in-thailand-cash-at-a-cost/.

从教育领域来看，主要是在基础教育、职业教育、国际中文教育等方面深化教育合作。合作培养人才要从基础教育抓起。在基础教育方面，重庆有关单位发起成立"西部陆海新通道少年儿童校外教育联盟"，核心组成员由中国儿童中心以及西部陆海新通道沿线城市的校外教育单位共21家组成。该联盟的成立，对于开展校外教育调查研究，真正了解人民群众对优质教育资源的需求和校外教育发展的现状，研发高质量、有代表性的校外教育课程与项目有重要的意义。该联盟还共同建设了校外教育教师发展研修智慧平台，培养智慧时代的校外教育专家。遗憾的是，该联盟并没有将西部陆海新通道周边国家的基础教育校外单位囊括其中。

语言是民心相通的基础，中文教育的国际合作潜力巨大，影响广泛，意义深远。在2022年"深化与东南亚国家人文交流研讨会"上，来自中国、印度尼西亚、菲律宾、柬埔寨等国家的与会专家学者及教学实践者通过案例分析和经验共享展现了当前海外中文教育和文化传播新动态、新思考①。中国与东南亚国家的人文交流应在对话与共享中实现。"文明互鉴"是国际中文教育的本质，国际中文教育需要走出课堂，突破人文交流的时空限制。因此，应该加强国与国之间、地区与地区之间的双向了解、双向交流。

值得一提的是，越来越多的人意识到，仅有中文教育是不够的——学生无法在实践中锻炼中文；仅有职业教育也是不足的——学生需要语言的熏陶才能够更加深刻地理解职业背后的文化、精神和价值。因此，在南亚和东南亚，"中文+职业教育"国际合作模式逐渐兴起。2021年5月，孟加拉国驻昆明总领事阿米努尔·伊斯兰姆指出，"中文+职业教育"更能贴合两国经贸往来与人文交流的需求，孟加拉国与中国除了加强学校层面的合作以外，也要加强企业之间的沟通。更多的人认识到，发展"中文+职业教育"可以更好地服务当地的经济社会发展，也是推动中文教育与职业技能培训融合发展的重要举措，是西部陆海新通道周边国家民心相通的重要推动力。

为了培养更多更优秀的中文教师，全球首家国际中文教师学院——东南亚中文教师教育学院于2021年落户华南师范大学。该教师培训学院的成立，将大力推进东南亚本土中文师资的培养与培训，为长期、跨世代的中文教育与语言交流提供人才保障。

3. 文体旅合作

文化是一个宏大的概念，此处文化合作更多指狭义上以文化为主题的交流活

---

① 中国侨网. 专家：中国与东南亚人文交流应在对话、共享中实现［EB/OL］. (2022-08-30)［2024-03-15］. https://baijiahao.baidu.com/s?id=1742559187275680898&wfr=spider&for=pc.

动。中国和东南亚国家之间的人员往来和文体交流较为密切，这种交流和互鉴促进了两地人民心理上的相互了解和认同。2023 年 5—6 月，第 40 届马来西亚吉隆坡国际书展在马来西亚首都吉隆坡举行，马来西亚总理安瓦尔·易卜拉欣等出席，活动期间，中马双方共同举办了 30 多场文化交流活动；第 32 届东南亚运动会举办场地由中国企业承建，体育健将们在"一带一路"项目中共襄体育盛会、展现体育精神。旅游也是了解文化的重要途径，2023 年前 5 个月，泰国已接待超过 100 万人次的中国游客。这些都表明东南亚国家民众对中国的认知正日益成熟。这样的案例还有很多，其中文艺演出、书画展览、公益广告大赛等具有一定的影响力和创新性。

在打造精品文艺活动上，"壮族三月三"已经成为西部陆海新通道上的一个文化符号，一个吸引海内外宾客体验独特文化风情的全球派对。2014 年起，广西将每年的"三月三"定为法定节假日。2023 年的"壮族三月三·八桂嘉年华"活动热闹非凡，还举办了首届中国－东盟（南宁）非物质文化遗产周。在南宁民歌湖广场上，中国的皮影戏和传统制茶技艺、泰国的孔剧、柬埔寨的皇家舞剧、印度尼西亚的哇扬皮影偶戏等来自中国和东盟的逾百项非物质文化遗产纷纷上台，在民众的观赏和体验中进行多元文化的交流与碰撞。

书画展览是艺术交流的主要形式之一。2023 年 8 月，"重庆之约"西部陆海新通道美术书法作品展在重庆博象美术馆正式开幕。该展览激发了大家创作出更多反映西部陆海新通道沿线人文、景观与发展情况的精品力作的热情。此外，首届西部陆海新通道文联工作联席会议于 2023 年 8 月在重庆召开，代表们围绕文艺事业如何助力加快推进西部陆海新通道建设，沿线文联团体如何团结引领"文艺两新"，以及如何推动西部陆海新通道沿线文联工作高质量发展等话题进行了研讨。

重庆和广西都是通道开行的倡议者，也分别是通道的内陆枢纽和重要出海口，双方携手合作举办首届渝桂两地艺术家交流展，同样具有重要意义。通过书画展览等艺术展览方式，联动重庆、广西，展示中国美术作品，深入进行艺术交流，对于引领两地多领域深度互动、整合各类艺术资源，使渝桂两地美术界得以常态化相互交融、增进联通，促进艺术展览的丰富多样具有重要意义，同时，对于打造高水平西部人文交流与民心相通大通道的"新起点"、"制高点"和"聚集地带"也具有重要意义。

此外，2023 年 3 月，西部五省份联合举办西部视听公益广告大赛，共建西部陆海新通道视听公益广告联盟，取得了良好的国际传播效果①。一批"扬社会

---

① 四川观察. 西部五地携手 2023 年西部陆海新通道视听公益广告大赛今起开赛［EB/OL］.（2023-03-17）［2024-03-15］. https://baijiahao.baidu.com/s?id=1760544972571255842&wfr=spider&for=pc.

新风、说广电故事、颂时代画卷"的优秀主题公益广告,既弘扬了伟大时代精神,也生动展现了可亲、可敬、可爱的中国形象。后续,公益广告大赛还联合高校进行了专项作品推优,并开展了相关课题研究,比如"社会力量对公益广告创作生产的促进作用与动员机制研究"等,凝聚西部力量,为中国公益广告事业和西部陆海新通道建设添砖加瓦。

定期举办旅游节,围绕一定的主题,对旅游资源进行一定程度的集中推广、展示和宣介,并将文化元素与旅游体验进行融合,具有创新性。广西崇左凭祥市就在2023年举行了广西·凭祥中越边关旅游节,以"实施RCEP发展战略、深化东盟合作发展"为主题,组织了一场中越沿边地区经贸、文化交流合作盛会。边民大联欢文艺晚会、体育赛事、红木嘉年华等文旅活动集中呈现,并针对不同客户需求推出中越边境旅游、中越自驾旅游等产品,推动沿边地区民众的文化旅游消费升级,也充分向外展示了广西的美丽风景和人杰地灵。

"行走中国——2023东盟国家主流媒体怀化行"是媒体领域交流互鉴的典型项目。怀化是西部陆海新通道东线"重庆—怀化—柳州—北部湾"上的重要节点城市,亦是国家重要的物流枢纽城市。它充分发挥了国际陆港引领和支点作用,打通了多条面向东盟的国际物流大通道①,邀请各国记者和媒体朋友来怀化走一走,感受少数民族非遗文化,考察古村落,体验碣滩茶制茶工艺,同时也对有关的产业发展、社会民生做一些报道,是一种可行、便捷、高效的宣传策略。

4. 卫生合作

卫生和教育、就业一样,都是关系老百姓切身利益的民生领域,同时,生命健康领域又是人道主义关怀的重点范畴,做好卫生领域的合作对于拓展国际关系、提升国际形象和履行大国担当都具有重要意义。在"一带一路"建设进程中,尤其是在全球抗击新冠疫情的关键时期,习近平主席提出打造"健康丝绸之路",为国际领域卫生合作与交流开辟了新的空间。在西部陆海新通道建设中,卫生领域的合作也非常重要,有助于推动完善全球公共卫生治理,提升沿线卫生健康水平。

在政策制定层面,《青海省参与建设西部陆海新通道实施方案》提出,要深化与"一带一路"沿线国家人文交流,推动高原医学、特色文化、科技和体育等领域合作。《关于贵阳市、贵安新区实施"强省会"五年行动加强国际交流合作的实施意见》提出,努力把贵阳打造成为西部陆海新通道国际交往中心,要突出医疗领域国际合作。争取世界中医药大会落户贵阳,开展医药健康、山地康养开

---

① 中国新闻网. 东盟8国14家媒体走进湖南 对外推介西部陆海新通道的"怀化故事"[EB/OL]. (2023-05-05)[2024-03-15]. http://baijiahao.baidu.com/s?id=1765018120180291051&wfr=spider&for=pc.

发、特色技术培训、特色医疗产品等领域的国际交流合作,打造特色大健康产业国际品牌。2021年6月,澜沧江-湄公河合作第六次外长会在中国重庆举行,各国外长赞赏六国携手抗击新冠疫情,同意继续加强重要医疗物资、疫苗生产及技术转移合作,用好澜湄公共卫生专项资金。

在实践层面,各国携手进行卫生领域合作的案例有很多。比如,中国与印度尼西亚合作开展疫苗全产业链合作和药物研发,助力印度尼西亚打造区域疫苗生产中心,中国也是向印度尼西亚提供新冠疫苗最多的国家之一,印度尼西亚也在第一时间向中方提供了抗疫物资援助。可以说,中国和印度尼西亚两国在医疗领域的务实合作,是全球携手抗疫和推动完善全球公共卫生治理的典范。

(三)国际话语权与国家海外形象建设成效

国际话语权是指以国家利益为核心、就国家事务和相关国际事务发表意见的权利。在一段时间内,西方国家在世界上占据了较大的话语权,是典型的"麦霸",而中国还存在"手中的麦克风不够多、音量不够响"的问题,有关中国发展的杂音、噪声都还不同程度地存在。

围绕这个方面,西部陆海新通道沿线省份也积极谋划,为西部陆海新通道建设营造良好的国际舆论氛围,塑造我国积极正面的国家形象。这些工作主要可以归纳总结为:政府层面主动策划媒体记者行和有关外事活动;智库与学者在海外发表有关宣介文章,或针对外国错误抹黑言论进行驳斥。

2021年5月,感知重庆·驻华外媒参访活动在重庆开启,日本经济新闻社、日本《读卖新闻》、韩国《世界日报》、韩国纽斯频通讯社、韩国《中央日报》、韩国《国民日报》、韩国《京乡新闻》、朝鲜中央通讯社、朝鲜《劳动新闻》、新加坡《联合早报》、越南电视台等媒体的记者在四天的实地走访中感受西部陆海新通道发展成就。2021年6月,重庆市政府外办配合外交部在渝成功举办纪念中国-东盟建立对话关系30周年特别外长会和澜湄合作第六次外长会,向各国外长全方位展示陆海新通道建设成就,并争取将陆海新通道建设纳入澜湄合作第三次领导人会议,发表了《澜沧江-湄公河合作第三次领导人会议关于澜湄合作与"国际陆海贸易新通道"对接合作的共同主席声明》等。2023年5月,来自东盟8国的14家海外华文媒体和境外媒体来到湖南等地,集中报道西部陆海新通道的有关进展。同月,"中外媒体看通道"广西行采访团走进中国-马来西亚钦州产业园区和北部湾港钦州自动化集装箱码头,感受钦州市加快推进陆海新通道建设的系列成果。2023年7月,大型跨国融媒体报道活动走进云南,相继探访昆明经济技术开发区(自贸试验区昆明片区)、中国老挝磨憨-磨丁经济合作区等,实地感受和报道推进"一带一路"和西部陆海新通道建设的成效与亮点。

此外,中国专家、记者等团队在 China Daily、CGTN(中国国际电视台)以及国外媒体上发表了大量的外文宣传文章，如《西部陆海新通道将中国西部与全球连接了起来》（Land-sea trade corridor connects western China with world）、《中国-东盟贸易迅猛发展，西部陆海新通道势头强劲》（New western land-sea corridor gains momentum as China-ASEAN trade soars）等。不少学者还在国际知名杂志上发表论文，如《西部陆海新通道对中国、中亚、东盟国家和欧盟货运结构的影响》（Impacts of the new international land-sea trade corridor on the freight transport structure in China, Central Asia, the ASEAN countries and the EU）等。据不完全统计，东南亚各国的主流媒体都对西部陆海新通道进行了不同程度的报道。从国内来看，中国日报网、CGTN和重庆的iChongqing平台是其中报道西部陆海新通道最活跃的媒体平台，在如何与国际同行对话、如何讲对方"愿意听、听得懂、记得住"的话语方面积累了大量经验。

总体上，海外民众对中国整体形象的好感度在上升，中国在参与全球治理各领域的表现获得的认可度越来越高。中国外文局的有关报告显示，六成以上的海外受访民众认可人类命运共同体理念对个人、国家和全球治理的积极意义[1]。笔者总结了上述各领域工作中相对完成较好的省份或典型载体（见表5-2）。

表5-2 西部陆海新通道人文交流与民心相通工作突出省份或典型载体

具体领域	工作突出省份或典型载体
人文交流联盟机制 高级别人文交流平台	重庆、四川
科技合作及其成效 教育合作及其成效 文体旅合作及其成效 卫生合作及其成效	广西、广东、湖南、贵州、青海
对中国整体形象的好感度 对中国参与全球治理的认可度 中国故事、中国经验的海外可见度	CGTN 与 China Daily iChongqing 海外传播平台 四川国际传播中心、湖南国际传播中心、云南省南亚东南亚区域国际传播中心等

三、西部人文交流与民心相通大通道建设的发展机遇与挑战

西部陆海新通道的东、中、西三条通路建设，对内联通我国西北与西南地区，对外联通东南亚等地区。从对外的角度来看，高水平共建人文交流与民心相通大通

---

[1] 王淑娟."一带一路"人文交流的成就、挑战与前景[J]. 当代世界，2023（3）：66-72.

道应具备多个基础性条件,如中国人民与东南亚国家人民有互利互惠的共同心声,具备地缘、族缘、人缘、文缘、商缘等独特的优势,具有战略互信的合作发展意愿,以及具有维护双方共同权益、合作共赢的投资保护举措等。这些基础性条件都是当前及下一步开展西部陆海新通道人文交流与民心相通建设的发展机遇。

长期以来,西部陆海新通道建设更多强调的是"硬联通",如设立跨境公路班车、国际铁路联运班列和建设物流园区等,而"软联通"建设成效相对缓慢、阻碍较多,在丰富人文交流内容、扩大人文交流范围等方面还面临一些挑战。需要指出的是,这种情况并非个例,比如有学者指出,与快速发展的中非政治关系和经贸合作相比,中非人文交流与合作显得相对滞后和薄弱,依然被认为是中非关系的"短板"①。可见,人文交流与民心相通尽管被视为重要工作,但往往在实践中遇到较多阻碍和挑战,因而推进工作显得较为困难。

《2023 中国与全球化报告》指出,"人文交流是国际关系的重要基石和润滑剂,在国际局势紧张情况下可发挥更为重要的作用,正在成为世界和平与稳定新的压舱石"。人文交流与民心相通是一项长期、复杂的工程,需要水滴石穿的精神、精诚所至的理念以及润物无声的作为。要想打造更高质量、更高开放、更高水平的双向供给体系,以及对内促进项目培育、对外向综合多功能方向发展的双向供给模式,我们还需要在开展西部陆海新通道人文交流与民心相通建设的过程中把握现有的条件与机遇,同时对尚存的堵点与挑战进行分析。

(一) 发展机遇

1. 互利互惠的共同心声

在经济全球化、政治多极化、文化多元化的趋势下,要深刻理解中国人民与东南亚国家人民之间相互认知、相互理解、相互支持、相互帮助的内在需求、强烈渴望与共同心声。共同的心理诉求是民心相通的内在驱动力,深入了解中国人民与东南亚国家人民共同的心理诉求,既是中国与东南亚国家民心相通的决定性因素,也是中国与有关国家和地区建设命运共同体和利益共同体的战略考量。

中国与东南亚国家地理上紧紧相依、山水相连。中国人民与东南亚国家人民都希望建立一个和平、稳定、友好与繁荣的地区。该地区的人民都希望通过多种方式增强相互联系和合作,推动地区的发展与繁荣,也认为要在保护生态环境、传承传统文化、促进人文交流等方面共同努力。中华文化和东南亚传统文化都有着丰富的内容和深厚的历史底蕴,应该加强彼此之间的文化交流,促进两地人民之间的文化理解。同时,在经济方面,双方要加强经贸合作,扩大互利共赢的领

---

① 吴传华,卫白鸽. 新时代中非人文交流与合作:成效与挑战 [J]. 非洲语言文化研究,2022 (2):88-105.

域,利益共生、共谋发展,实现与世界经济的融合。总体而言,中国人民与东南亚国家人民的共同心声是希望在互利互惠、平等相待的原则下,加强合作,维护地区和平与发展。

2. 民心相通的多缘优势

中国与东南亚国家的民心相通具有地缘、族缘、人缘、文缘、商缘的优势。深入了解中国与东南亚国家之间的多缘优势,是促进双方民心相通的基础条件。

从地缘优势来说,中国和东南亚国家位置相邻,地理接近,通过共同的海洋、陆地交通网络紧密相连,具有天然的地缘优势。中国与东南亚的古代海上贸易不仅带来了世界各地的货物,还带来了跨文化和宗教的交流,连接了东方和西方[1]。

从族缘优势来说,中国与东南亚国家有着相似的文化背景和血缘关系,很多人在族裔上存在相通之处,这种紧密的族缘关系有助于促进两国人民之间的相互理解和信任。

从人缘优势来说,中国和东南亚国家均拥有庞大的人口数量,具有强大的人力资源优势。同时,中国人民和东南亚国家人民交往频繁,互相了解、互相尊重,这种良好的人缘关系对于双方之间的合作发展至关重要。中国和东南亚大部分国家都曾经历过殖民统治,而且都曾受到过外来文化影响。这种民族经历让两地人民之间更容易建立共同的认知和价值观。

从文缘优势来说,中国和东南亚国家均有悠久的历史,文化渊源相通,但又各具文化特色。两地文化的交流和融合,有助于促进两地人民之间的交流和理解,增进彼此之间的友谊和互信。中国和东南亚国家有着相似的文化背景,如佛教、道教、儒家等传统文化,这使得两地人民彼此之间更容易理解和沟通。

从商缘优势来说,中国和东南亚国家都建成了全球性的商业中心,有着强大的经济实力和广阔的市场前景。双方之间的经济贸易联系已经成为地区和全球经济发展的重要支撑,具有广泛的商缘优势。

3. 战略互信的合作发展

中国与东南亚国家之间的民心相通、战略互信,在促进国家合作和共同发展方面起着至关重要的作用。一方面,中国与东南亚国家之间存在着深厚的文化渊源和血缘联系,民众对彼此历史、文化、传统的理解有着相似之处,这种互信和理解有助于加强各国政府之间的战略合作,推动国家间经济、文化、科技等方面的合作发展。另一方面,中国积极参与东南亚国家和地区的多边合作机制,如中

---

[1] 雅各比,陈璐瑶. 中国与东南亚:"一带一路"倡议框架下的跨文化交流[J]. 跨文化传播研究,2020(1):75-85.

国-东盟自由贸易区、东盟＋3（中国、日本和韩国）、《区域全面经济伙伴关系协定》（RCEP）等，在区域和全球事务中发挥了重要的作用。在这些多边合作机制中，中国积极为东南亚国家提供援助和支持，推动东南亚国家的自身发展和改革进程。此外，中国与东南亚国家之间还有许多标志性合作项目，如中老铁路、雅万高铁、中国-东盟博览会、泰中罗勇工业园等。这些合作项目不仅有利于东南亚国家的经济发展和民生改善，也为中国构建更加开放和包容的国际关系做出了积极贡献。总之，中国与东南亚国家之间的民心相通、战略互信是双方关系的重要基础，也是双方合作和共同发展的重要保障。只有保持互信、增进合作，才能推动中国与东南亚国家的共同发展。

4. 合作共赢的投资保护

中国和东南亚国家之间有着频繁的贸易往来，中国是东南亚国家的主要贸易伙伴之一。这种经济联系加深了两地人民之间的交流和理解。中国和东南亚国家之间的投资合作日益增加，但也伴随着一些投资风险，如政策风险、经济环境风险、法律风险等。因此，中国与东南亚国家之间也需要加强投资保护合作，以维护双方的合法权益。

目前，中国和东南亚国家之间的投资保护主要通过签署双边投资协定（BIT）和自由贸易协定（FTA）来实现。中国也与东南亚国家加强了投资保护合作。中国设立了200亿美元的"一带一路"专项基金来支持与东南亚国家的投资项目，同时出台了一系列政策保障海外投资的合规性和合法性。此外，中国和东南亚国家之间还可以通过建立和平与安全合作机制、加强政治和经济对话、制定行业标准、共同维护知识产权等方式，进一步促进双方之间的投资合作，形成合作共赢之局。综上所述，中国和东南亚国家之间的投资保护合作不断加强，双方也在各个方面采取了措施，保护和促进双方之间的投资合作，这有助于推动区域经济的健康发展。

（二）尚存挑战

1. 联盟类机制数量少、范围小

联盟是能够促进不同主体定期交流的相对固定机制。与"一带一路"相关的联盟建设相比，西部陆海新通道有关的联盟数量较少、规模较小，所涉及范围略显狭窄，主要集中在教育、智库、党建、物流等方面。目前的联盟主要有陆海新通道职业教育国际合作联盟、西部陆海新通道少年儿童校外教育联盟、陆海新通道技术技能人才国际发展联盟、西部陆海新通道智库联盟、西部陆海新通道党建联盟、西部陆海新通道物流产业发展联盟等。

与此对应，"一带一路"框架下的联盟种类繁多，形式更为多元丰富。如"一带一路"智库合作联盟、"一带一路"高校战略联盟、"一带一路"国际科学组织联盟、"一带一路"国际商会协作联盟、"一带一路"国际交通联盟等，形成了一个庞大而多层次的国际合作网络。据研究分析，在各项政策的推动下，国内高校联合"一带一路"国家高校成立了大大小小30多个战略联盟，进一步深化了与沿线国家的合作①。未来，西部陆海新通道相关联盟建设应该覆盖更多领域，如航道建设类、水域管理类、高铁运输类、海关通关协作类等行业性联盟，以及中国与东南亚的标准制定相关联盟。这样的扩展，可以在更广泛的范围内促进各方面的国际合作，推动西部陆海新通道的战略性发展，进一步实现多方共赢的局面。这一发展趋势将为地区经济一体化、人文交流以及科技创新奠定更为坚实的基础。

2. 科教文卫活动以政府推动为主，缺少多方力量参与

目前，中国政府部门仍是推动西部陆海新通道人文交流的主体，企业、人民群众等民间力量参与不足。中国政府几乎是中国软实力转化的唯一主体。在对外援助、对外文化交流、建立孔子学院、宣传国家形象等各个方面，几乎由政府包揽，缺少公共外交和民间外交的空间，企业、非政府组织、普通老百姓、志愿者团体等主体发挥的作用有限。例如，我国与沿线国家的文化交流往往通过签署政府间文化交流合作协定，举办"文化年""艺术节""电影周""旅游节"等方式进行，虽然取得了一定的成绩，但影响仍然有待扩大。对中国软实力的打造不应该是政府的单一行为，而应该是以政府为主导，多方力量共同参与，而且是切实参与的整体行为，只有集合多种力量共同打造强大的中国软实力，才能够应对西部陆海新通道沿线多元和复杂的社会生态结构。东南亚的西方国家非政府组织、人权组织等在数量、规模和影响力方面都超过我们。以缅甸为例，2017年《缅甸国情报告》数据显示②，缅甸全国活跃的NGO及其分支总数为812个，活跃的国际NGO数目为242个。考虑到部分NGO以企业等形式注册，因此其实际NGO数量要远多于注册数量。这些NGO中来自日本、英国、美国等西方国家的数量最多，资金也最雄厚。这些组织通过开展社会救济和福利性服务以及倡导所谓"人权"不断在当地推广西方式民主，或是收集情报，同时对许多中缅合作项目造成了阻碍。中国在缅甸的NGO主要从事汉语教育和文化推广、医疗卫生扶持、扶贫减贫等活动，并且大多具备政府背景。而草根背景的中国NGO由于缺乏资金支持或海外运营经验等因素，常常默默无闻③。

---

① 朱以财，刘志民．"一带一路"高校战略联盟建设的现状、困境与路径［J］．比较教育研究，2019，41（9）：3-10．

② 祝湘辉，孔鹏，杨祥章．缅甸国情报告（2017）［M］．北京：社会科学文献出版社，2017．

③ 马思妍．西方NGO对缅甸的渗透及其影响与启示［J］．印度洋经济体研究，2019（3）：121-133+155-156．

这种情况不仅发生在缅甸，也是我国与东南亚国家开展公共外交的常态。我国与东南亚国家进行的民间交流很大程度上依然依赖于具有官方色彩的机构（如央企、事业单位等），而非政府组织和华人华侨大多充当配角。即使有些活动项目被委派给非政府组织或个别团体，政府也进行了大量的干预。如在教育领域的合作中，中国与东南亚国家的师生交往主要靠政府推动，交流交换的奖学金、双学位、联合办学等项目设置也由国家官方推动、政府出资，在实施过程中会受到政府不同程度的干预。在媒体合作方面也存在官办化严重现象。中国同东南亚国家的媒体合作以中央媒体为主，以临近东南亚国家的地方省媒为辅，非官方性质的媒体贡献很小。而在文化推广方面，虽然非政府组织是交流推动主体，但是也难以避免政府幕后的影响。比如原国家汉办作为非营利性教育机构，每年都会提供经费用于人才招聘与队伍建设。但是随着政府的干预越来越多，其逐渐引起了对方的警惕和防范，也招致了对方的一些批评。此外，以政府为主的单一推动主体也使得流程手续变长，打压了民间团体的积极性。审批时间周期长、手续烦琐、报批程序复杂、出国手续复杂等行政流程上的问题在不同程度上制约了民间交流活动的开展。

3. 产品形式较为单一，缺乏对实际效果的重视

目前的人文交流内容重点在于中国传统文化的推广，在推广的过程中，文化产品和形式较为单一，缺少创新性。对于新一代年轻群体而言，如今的文化产品未能结合他们的特点和喜好，尤其是在当前智能技术不断在人们的生活中推广和应用的背景下，未能结合新技术手段对中国传统文化进行再创造，未能采取年轻人更容易接受的方式，未能促使人文交流更加入脑入心。研究表明，面向Z世代群体，传统的以强调文化异质性为主的跨文化传播已经难以达到人文交流的效果①。当下亟须从多种文化的转型和变异中实现"转文化"，利用对年轻一代更具吸引力的新媒介形态，如短视频、播客等形式，定制化、叙事化地讲好中国故事。另外，人文交流的创意还需要进一步探讨，需要跳出武术、中餐、京剧、中药等路径依赖，继续拓展新的人文交流内容。

与此同时，我国在文化输出的过程中还存在急于求成的现象。如我国电影市场中的一些大型制片公司和导演，在迎合国际市场时会过于强调商业元素、过度使用国际演员、强化中国文化的刻板印象，题材选择迎合西方审美而忽视对中国社会真实形态的反映。虽然这种急于求成的"爆火"能够带来一些短期的国际成功，但却无益于让真正的中华文化走向海外。一些文化馆，未能长期充分发挥其

---

① 史安斌，杨晨晞. 面向Z世代开展国际传播的理念创新与实践路径［J］. 新闻战线，2023（15）：41-43.

作用；一些交流平台，未能进一步拓展其辐射作用；一些学术组织，未能形成具有影响力的研究成果。这都是因为我国在对外人文交流的过程中，过多追求硬件设施建设的速度和规模，但对沿线国家文化需求的了解还不够。以中国出版业"走出去"为例，我们在沿线国家的宣传还主要停留在免费发放我国传统文化书籍的阶段，对沿线国家民众喜欢什么文化内容并没有太深的了解，效果也不尽如人意。单一的产品和形式影响了人文交流的实际效果，限制了人文交流的深度和广度。

4. 评价过于强调留学人员数量等显性指标

在当今错综复杂的国际大环境下，来华留学生作为中外交流的一支重要力量，能够在促进民心相通、服务国家外交战略等方面发挥积极的作用。中国吸收的东南亚各国留学生逐年增多。2010年，中国与东盟提出"双十万学生流动计划"，目标是争取到2020年东盟来华留学生和中国到东盟留学生都达到10万人左右。截至2019年底，中国和东盟双向留学生人数已突破26万[1]。据凤凰网报道，启德教育发布的《2022中国留学白皮书》显示，2022年有近10万名中国留学生活跃在东南亚地区。其中，马来西亚、泰国的中国留学生超过了60%，而泰国的中国留学生人数更是在五年内翻了一番。然而，从数据上来看，我们确实吸引了不少东南亚国家的学生，但在对其进行教育的过程中，中国文化的传播和中文教育的推广并未达到预期目标，很多留学生对中国的好感并未增加，培养的亲华友华、知华爱华的青年领导人、政治领袖、知名学者和媒体精英还不够多。甚至有调查显示，越南留学生在华留学一年后，对华好感度非但没有增加，反而还出现了更多的负面评价[2]，这也应当引起关注。

来华留学生通常文化背景多样，对中国文化的包容认可度也不尽相同。但在实际传播中国文化的过程中，相关主体并没有根据不同文化背景把握不同群体的心理。此外，对来华留学生的国情教育仍处于探索阶段，在实际对外教学过程中，国情教育还未形成成熟的教育教学模式，比如：内容上仍然以中国传统文化交流体验为主，教育方式还是以灌输式为主；来华留学生管理人员思想认识也有待进一步提高；留学生使用的中国国情教育教材和课件也略显老旧，并没有融入当下中国流行的文化。此外，当前众多高校或留学生管理机构都会组织留学生参与各类传播中国故事的演讲或朗诵比赛，但是这些留学生的讲述大多叙事化、脸谱化，并且对中国文化的理解仅仅停留在表面，感知中国的途径也较为同质、浅显。而且此类演讲或朗诵比赛的传播渠道也略显单一，主要是留学生所在高校

---

[1] 卓泽林，周文伟. 中国-东盟教育合作亮点纷呈 [N]. 光明日报，2023-10-19 (14).
[2] 曹云华. 远亲与近邻：中美日印在东南亚的软实力 [M]. 北京：人民出版社，2015.

的省市主流媒体进行零星报道，留学生群体却很少自愿借助互联网平台渠道在其母国内传播中国文化。可见中外人文教育交流目前仅仅停留在对显性指标的关注上，并没有建立起成熟的教学质量评估体系，也缺乏对来华留学生亲华程度的实际关注和衡量。

5. 容易受到美西方的话语霸权抹黑

在国际话语权中不占优势，往往会陷入"有理说不清"或者"明明做了好事却被对方抓住把柄不断攻击"等窘境。在西部陆海新通道建设中，尤其是在泰国、柬埔寨、缅甸等国的境外经贸合作区建设，以及一些标志性的港口、高铁工程建设中，我国很容易受到西方的抹黑、遏制和打压。西方控制着全球主要的话语渠道，不断创造诸如"强迫劳动论""经济掠夺战略""债务陷阱""侵犯主权"等负面词汇抹黑我国的项目建设，甚至公开批评有关项目缺少"透明度""问责制"等。西方部分媒体和政客利用手中的"话筒和扩音器"，影响了一些项目所在国的政治人物、百姓等群体。比如，2011年缅甸密松水电站项目的建设就因西方媒体的渲染与挑拨使当地局势和民意受到影响而不得不被政府叫停。在项目建设过程中，西方媒体不断以环境破坏为由渲染水电站对当地造成了生存危机。而且美国一份外交电报显示，美国驻缅大使馆还资助了当地民间社会团体参与抗议。在缅甸政府宣布搁置密松水电站项目后，还有媒体报道称，密松水电站所产生的多数电力会输往中国，称该项目实际上是中国对缅甸的"掠夺"。欧美媒体借助英语在缅甸的流行优势，几乎一边倒地大肆报道项目建设存在问题，加深了缅甸当地人对密松水电站项目的不信任感。我国在东南亚的一些人文交流项目也遭受到不同程度的影响，而我国有关媒体单位则更多是单方面地向外传递中国故事，能够在必要时对西方不实报道和错误观点进行"你来我往"的驳斥和辩论的国际传播中心、专家学者数量还较少。此外，从缅甸密松水电站的案例可以看出，由于缅甸曾是英国殖民地，英语在当地有极强的影响力，欧美媒体正是得益于语言优势，才更容易在当地获得影响力。但我国能够运用对方听得懂的语言对抗负面舆论、引导国际舆论、直面国际受众的人才也较少，而能更为直接地用当地语言反击的能力也有所欠缺。

6. 社会安全问题造成民心疏离

东南亚国家大多地理条件复杂，民族众多，社会文化多样，社会治理能力较弱。在深度全球化的背景下，复杂的地缘政治环境加上其国内外不稳定的政治安全形势，对西部陆海新通道建设构成了较大的风险挑战。近些年，东南亚地区的社会安全问题不断冲击着双方的人文交流，容易使双方民心疏离。自2014年至2019年4月，中国公民在东盟十国遭遇的安全事件共312起，涉及26 620人，其中遇难 356 人①。社会安全事件总量逐年增加，所涉安全事件类别多样，并且旅游安全事件数量最多。泰国是东南亚国家中与中国民间往来最频繁的国家，也是与中国城市建立友好关系的城市最多的国家②。然而泰国也是中国公民安全事件高发地，中国公民在泰国安全事件占在东盟国家安全事件总数的 44%③。

近年来，电信诈骗问题严重挑战地区安全稳定，也让民众对东南亚的恐惧心理蔓延。以缅甸、柬埔寨、老挝、菲律宾等为首的东南亚国家电诈活动猖獗，泰国更是重要的中转站。此类社会安全问题引发的民心疏离也引起泰方高度重视，迫使中国驻泰大使馆、泰国政府、泰国旅游主管部门和泰国驻华外交机构纷纷发布澄清。然而民众对于东南亚国家的社会安全状况仍旧存疑，在双方人文交流的过程中依然存在顾虑与担忧，对中国公民在东盟国家的安全预防机制、安全保护措施等领事保护手段仍须进一步完善。

7. 非通用语言人才匮乏

语言交流是人文交流的先决条件。语言人才的匮乏也使得我国在推动人文交流过程中受限，不能真正走进对象国民众的内心，也会使中国企业在走出去的过程中遇到语言不通带来的文化冲突。西部陆海新通道建设沿线的东南亚国家拥有各自的官方语言。除了英语外，其他语言均为非通用语种。近年来，随着中国与东盟全面战略伙伴关系的不断深化，对非通用语言人才的需求量不断增加，然而实际的语言人才培养数量却供不应求④。

造成这种现象的原因主要是语言资源配置不均。现如今我国大力培养"英语+专业"复合型人才，英语专业的课程设置及"本—硕—博"人才培养体系已经比较完善。但是反观东盟语种建设，近年来虽然在"一带一路"建设背景下改进了人才培养模式，但是培养阶段通常始于本科，教学目的也以基本语言能力的培养为主，课程设置相对单一。而且相较于英语专业，非通用语种博士点建设数量极少，导致该领域高学历、高层次人才紧缺。这一点不仅体现在东盟语种人才培养上，在其他非通用语种人才的培养中也可见一斑。

此外，在推动国际汉语教学方面，语言教育规划滞后也导致汉语国际传播乏力。以孔子学院为例，孔子学院是非学历教育，很多孔子学院在推进过程中缺

---

① 魏冉."一带一路"背景下中国公民在东盟十国的安全风险和保护研究［J］. 东南亚研究，2019 (6)：106-129+157.

② 陈艺元. 2017 年东南亚国家"一带一路"五通指数解读［J］. 东南亚研究，2019 (1)：113-135+157-158.

③ 同①.

④ 毛延生，田野."一带一路"背景下面向东盟的语言发展体系构建研究［J］. 广西社会科学，2023 (3)：54-60.

顶层设计，汉语教学重点也同样关注基础方面，不能适应"一带一路"人文交流的需要。加之孔子学院在资金来源、教师选派、教材选定等方面的政府背景，也使得部分院校与之合作的积极性不高。相较之下，欧美众多高等院校利用英语的独特语言优势，率先进入东南亚各国的高等教育体系，开展合作办学、全英文授课。虽然我国正在有序推动面向东南亚各国的合作办学，但是汉语作为规划语言起步较晚，在国际教育规划的竞争中尚处劣势。

四、高水平共建西部人文交流与民心相通大通道的思路与对策

2019年5月15日，习近平主席在亚洲文明对话大会开幕式上的主旨演讲中指出，"人是文明交流互鉴最好的载体。深化人文交流互鉴是消除隔阂和误解、促进民心相知相通的重要途径"。在西部陆海新通道建设过程中，针对民心相通的走深走实，可以采取"从政策共通、制度共建到文化共鸣"的总体思路，短期内靠政府政策推动，中期内靠制度性建构，而长期来看需要靠文化浸润和交融，最终达到"自然而然、文化共鸣"的效果。此外，在产业"走出去"、商品"走出去"之外也要积极探索文化"走出去"的新模式与新路径；同时，要发挥云南、广西等省份在人文交流中的独特作用。

（一）构建起"政策-制度-文化"三位一体的路径

从政策共通、制度共建到文化共鸣，三者缺一不可，同时也应循序渐进。

政策制定和引导是西部陆海新通道建设过程中实施民心相通工程的主导路径。政府主导有助于中国与东南亚国家在合作过程中更高效地达成共识，推动形成更为权威和常态化的人文交流机制。政府主要在三方面发挥作用：第一是通过出台相关政策，来推动西部陆海新通道建设过程中民心相通工程的实施；第二是通过政府协商，来应对西部陆海新通道建设过程中实施民心相通工程遇到的问题和矛盾；第三是通过资金投入，来为西部陆海新通道建设过程中实施民心相通工程提供资金支持。

制度路径是西部陆海新通道建设过程中实施民心相通工程的保障路径。制度保障有助于中国与东南亚国家在合作过程中更有底气、更加互信地达成共识。制度主要在两方面发挥作用：第一是通过制度建设，形成长效机制，比如分阶段地实施一些人文交流项目，确保能够长期稳定运行。第二是通过制度建设，为西部陆海新通道建设过程中实施民心相通工程提供标准依据，促进内外标准互联互通，以教育交流为例，除了短期追求留学生数量，长期来看应该从制度上保障并促进标准的互通，如人才培养方案、教材标准、职业教育专业教学标准、课程标准、评价体系标准等。总的来说，制度路径是从规范保障的角度来促进西部陆海

新通道建设。通过建立相关制度，来保障人文交流通道的一体化和标准化，保障人文交流的流畅性，提升西部陆海新通道建设过程中人文交流的水平。同时，为了提高西部陆海新通道建设过程中人文交流的质量，人文交流通道需要通过建章立制，形成规范化的制度体系。此外，人文交流通道的高度开放性、多主体合作性、广泛社会影响力等特征都需要以多元化的制度体系为基础保障。

文化路径是西部陆海新通道建设过程中实施民心相通工程的主体路径。文化交流有助于中国与东南亚国家在合作过程中从更深层次的观念层面达成共识。文化既是事业又是产业，首先要发挥文化事业的功能，主要通过文化合作、文化活动、文化互访等形式来促进中国与东南亚国家之间的民心相通；其次要发挥文化产业和贸易的功能，以教育、人文、智库、旅游等方面的互利合作来实现民心相通。总的来说，文化路径是从打动民心的角度来促进西部陆海新通道建设，需要坚持"长期主义"，它不应该是一项孤立的工作，而是应该牢牢抓住文化精神有形的抓手——体育、旅游、教育、医疗等，寻找双方融合的可能性，从而将文化浸润、文明互鉴等相对抽象的过程，融入人民的实际生产生活中。

同时，也应该加强对东南亚各国文化的研究。目前我国的区域与国别研究主要集中在对欧美、日本等发达经济体的研究上，对东南亚国家的研究数量较少、深度不足。只有充分了解和体验当地的文化（风土人情、文化渊源、审美趣味、潮流时尚、宗教习俗等），才能够有效地开展有针对性的对外传播，而非"一篇通稿走天下"。文化"走出去"也应是因地制宜、因人制宜的。中国与东南亚文缘相近，有很多共同的历史文化遗产，应该引导社会开展丰富多样的传统文化交流互鉴活动，支持有关国家联合申请世界文化遗产。各国也应发挥各自的比较优势，对历史文化遗产进行抢救和保护，利用先进技术进行合作考古挖掘等文化寻迹活动。

（二）探索文化"走出去"的新模式与新路径

西部陆海新通道是促进国际经济合作的陆海贸易通道，也是促进交通物流与经济深度融合的运输通道。因而，不应该把人文交流孤立起来"单枪匹马"地发展，而是应该将文化与贸易、金融、市场等联合起来，文化贸易与文化交流并重，推动文化贸易与物流发展互促共进。一方面要创新文化产品与转化机制，从选题、展现形式、与金融和科技的融合等方面进行优化，提升文化产品的国际接受度和竞争力。对文化生产的各链条环节进行赋能，与文化企业、传媒院校、艺术团体等进行密切互嵌，健全各个环节的国际化运作。探索建立文化产业基金制度，打造面向东南亚与南亚国家的文化基金蓄水池，发挥资本嗅觉敏锐的优势，扩大境外优质文化资产的规模并提高引进效率，引导国内文化作品走向全球。促进文化产品的要素增值，除了发挥金融资本与科技元素的作用外，也要加强政府外交、经贸合作、科学教育、文化旅游、现代化物流等的融合，突出资本带动整合优质资源的独特价值。积极利用文化博览会等综合性交流平台，发挥重要文化城市的引领带动作用和榜样示范作用，探索建立国际文化贸易政策创新区、国际文化金融创新园区、国际文化传播中心、对外文化贸易基地等。

除了有形的文化产品的走出去，也要注重建构能够反映中国传统与当代文化特点的无形的对外话语体系。要加强文化战线（尤其是与公共外交相关的单位和人员）的对外意识，尊重各国差异，促进对外话语与国际话语的相互融合，自觉服从国家整体外交意识，善于提炼反映中国社会发展与进步的关键词（比如"脱贫攻坚""大国工匠""教育科技人才一体化"等），创新构建对外话语，巧用学术研究阐明政治学理，善用鲜活事例讲好中国故事，有针对性地改造和创新传播策略，也要前瞻性地培养一批更能与国际社会对话的青年人才。

（三）充分发挥云南、广西等省份在人文交流方面的独特作用

目前，各省份在西部陆海新通道建设中的战略定位、任务重点、资源禀赋等都各异，如广西要加快北部湾国际门户港建设，海南要聚焦洋浦区域国际集装箱枢纽港建设等。在人文交流与民心相通领域，各省份的战略布局、工作步骤、侧重领域等也有很大的不同。总体而言，重庆和四川等省份相对走在前列，而云南、广西等省份在人文交流方面还可以发挥更大的作用。促进中国与东南亚国家人文交流与民心相通，云南和广西等省份还可以采取以下举措：

首先，将建设面向南亚东南亚的辐射中心作为云南的核心定位。习近平总书记在2015年考察云南时指出，希望云南努力成为我国面向南亚东南亚辐射中心。2020年，习近平总书记考察云南时再次指出，希望云南努力在建设面向南亚东南亚辐射中心上不断取得新进展……要主动服务和融入国家发展战略，以大开放促进大发展，加快同周边国家互联互通国际大通道建设步伐。要加强同周边国家文化交流工作，促进民心相通。总书记的谆谆嘱托为云南的开放发展确定了方向和使命。建设面向南亚东南亚的人文交流中心，是云南全力构筑对外开放新高地的重要内容。云南在建设面向南亚东南亚的人文交流中心过程中，应积极争取国家特殊政策，允许先行先试、摸着石头过河。云南各地市（州），尤其是沿边地区，应将人文交流列为沿边开发开放各项工作中的重要任务。教育部门、宣传部门等应积极支持云南建设成为我国面向南亚东南亚教育辐射中心，打造区域高水平大学、建设"国门学校"、扩大国际教育合作、提高职业教育国际化水平，同时充分利用数字化等技术提升云南教育短板，加强质量建设，办好人民满意的教育。

其次，云南、广西等省份可以充分利用自身的地缘优势，建设人文交流领域的综合性平台，如"桂林文化合作组织""昆明旅游合作组织"等，积极承办各类国际文化博览会，尽快推动建立面向东南亚国家的人文交流高层磋商机制、人文合作高级别委员会，从国家层面统筹谋划推进中国与缅甸、柬埔寨、新加坡、

文莱、马来西亚等国的人文交流高层互动机制，并积极推动各类活动在云南、广西等省份常态化落地。西部陆海新通道相关省份也可以联合建立陆海新通道人文交流专项基金，充分发挥资金的引领和杠杆作用。

最后，应特别重视教育领域的合作与交流，让中国教育发展成就惠及东南亚各国人民。支持东南亚有关教育组织落户中国，或与中国有关教育部门建立联络机制，促进教育部门的交流与互动。在工程教育、医学教育、农业教育、师范教育等领域增加奖学金名额，支持东南亚国家培养社会发展改革所急需的人才。优先支持云南和广西的大学、职业院校和基础教育机构"走出去"，积极探索创办国际联合大学。

（四）创新传播方式与传播渠道

在当今数字化时代，传播方式与传播渠道对于人文交流的影响至关重要。因此，我们应当积极创新传播方式、拓宽传播渠道，以增强中国与东南亚国家人文交流的影响力。

首先，深化数字化传播运用。除了传统的媒体平台外，我们应充分利用各类互联网和社交媒体平台，如微博、微信、抖音等，来扩大中国与东南亚国家的人文交流。通过这些平台，可以制作和发布有关双方文化特色和人文风情的短视频、直播等内容，让更多人了解和认识彼此的文化。也可以与东南亚各国的媒体平台建立长期稳定的合作关系，共同策划和推广文化产品和人文交流活动。这不仅有助于提高双方民众对人文交流的认知度和参与度，还能加强双方在媒体领域的合作与交流。

其次，拓展新媒体合作。我们可与东南亚的新媒体平台进行合作，以新闻报道、专题节目、网络剧、微电影等多样化的形式，共同制作和推广相关内容。通过这些内容，我们可以更全面地展示双方的文化、历史和社会风情，增进东南亚民众对中国的了解和认同。可以运用虚拟现实（VR）、增强现实（AR）等先进技术手段，为民众提供沉浸式的文化体验和互动交流机会。例如，通过 VR 技术，人们在家中就能身临其境般参观文化景点和博物馆；通过 AR 技术，人们可以更加深入地了解和体验彼此的民俗风情和文化特色。

最后，强化线上线下互动。在举办线下人文交流活动如文化节、艺术展览等的同时，通过线上直播、短视频等方式让更多人参与和了解活动内容。这种线下与线上相结合的方式能够打破地域限制，让更多人参与到人文交流中来。加强与东南亚国家民间团体和组织的联系与合作，通过互派代表团参加各类活动增进相互之间的了解与友谊。此外，还可以开展民间友好往来活动，如文艺演出、展览展示、民俗体验等，让参与者亲身体验双方的文化魅力。线上互动则可以通过直播互动问答、网络论坛讨论等形式增强互动性和参与感，使双方民众能够更加亲近彼此。这样，在相互了解的基础上，增进友谊、加强互信，为西部陆海新通道建设创造良好的人文环境和社会氛围。

参考文献

[1] 谢珊. 《人民日报海外版》的中国国家形象建构 [D]. 郑州：郑州大学, 2018.

[2] 任叁. 国际人文交流是世界和平与合作的新压舱石 [J]. 中国对外贸易, 2023 (3)：76-78.

[3] 徐绍华, 蔡春玲, 李海樱. 从心开始：中国与东南亚南亚国家民心相通的对策思路 [J]. 创新, 2017, 11 (2)：97-103.

[4] 张三元. 民心相通：共建"一带一路"的人文基础 [J]. 贵州省党校学报, 2021 (6)：5-13.

[5] 曹迪. 促进"民心相通"是讲好中国故事的根基 [J]. 传媒, 2022 (20)：20.

[6] 雅各比, 陈璐瑶. 中国与东南亚："一带一路"倡议框架下的跨文化交流 [J]. 跨文化传播研究, 2020 (1)：75-85.

[7] 温智宏. "一带一路"背景下中国与东南亚人文交流与合作研究 [J]. 新丝路学刊, 2019 (2)：107-134.

[8] 于洪君. 扩大人文交流与合作, 强化中国-东盟命运共同体意识 [J]. 公共外交季刊, 2020 (4)：1-6+117.

[9] 王淑娟. "一带一路"人文交流的成就、挑战与前景 [J]. 当代世界, 2023 (3)：66-72.

[10] 重庆市加快建设西部陆海新通道五年行动方案（2023—2027 年）[N]. 重庆日报, 2023-05-18 (3).

[11] 陆海新通道职业教育国际合作联盟. 联盟介绍 [EB/OL]. [2024-03-15]. https://iivea.cqipc.edu.cn/gylmList-1.

[12] 何春阳, 王亚同. 西部陆海新通道智库联盟和陆海新通道国际交流合作中心成立 [N]. 重庆日报, 2023-05-18 (5).

[13] 四川外国语大学. 我校联合 47 家中外智库发起成立西部陆海新通道智库联盟 [EB/OL]. (2023-05-19) [2024-03-15]. https://news.sisu.edu.cn/cwxw/46be6d0676c444c2bbf35e6071f72453.htm.

[14] 倪好, 周谷平. 深入了解民情民意 推进"一带一路"民心相通 [N]. 光明日报, 2019-04-22 (16).

[15] 中国新闻网. 中国-南亚东南亚技术转移成果发布 上线技术成果 3 249

条[EB/OL].(2022-11-12)[2024-03-15].http://www.chinanews.com.cn/sh/2022/11-12/9893076.shtml.

[16] Aranya S, Fanzura B. Chinese Students in Thailand: Cash Cow, at a Cost[EB/OL].(2022-02-11)[2024-03-15].https://fulcrum.sg/chinese-students-in-thailand-cash-at-a-cost/.

[17] 中国侨网. 专家:中国与东南亚人文交流应在对话、共享中实现[EB/OL].(2022-08-30)[2024-03-15].https://baijiahao.baidu.com/s?id=1742559187275680898&wfr=spider&for=pc.

[18] 四川观察. 西部五地携手2023年西部陆海新通道视听公益广告大赛今起开赛[EB/OL].(2023-03-17)[2024-03-15].https://baijiahao.baidu.com/s?id=1760544972571255842&wfr=spider&for=pc.

[19] 中国新闻网. 东盟8国14家媒体走进湖南 对外推介西部陆海新通道的"怀化故事"[EB/OL].(2023-05-05)[2024-03-15].http://baijiahao.baidu.com/s?id=1765018120180291051&wfr=spider&for=pc.

[20] 吴传华,卫白鸽. 新时代中非人文交流与合作:成效与挑战[J]. 非洲语言文化研究,2022(2):88-105.

[21] 朱以财,刘志民."一带一路"高校战略联盟建设的现状、困境与路径[J]. 比较教育研究,2019,41(9):3-10.

[22] 祝湘辉,孔鹏,杨祥章. 缅甸国情报告(2017)[M]. 北京:社会科学文献出版社,2017.

[23] 马思妍. 西方NGO对缅甸的渗透及其影响与启示[J]. 印度洋经济体研究,2019(3):121-133+155-156.

[24] 彭文平. 中国-东盟高等教育合作中的孔子学院:发展现状及其面临的问题[J]. 东南亚纵横,2013(1):31-35.

[25] 史安斌,杨晨晞. 面向Z世代开展国际传播的理念创新与实践路径[J]. 新闻战线,2023(15):41-43.

[26] 魏冉."一带一路"背景下中国公民在东盟十国的安全风险和保护研究[J]. 东南亚研究,2019(6):106-129+157.

[27] 陈艺元. 2017年东南亚国家"一带一路"五通指数解读[J]. 东南亚研究,2019(1):113-135+157-158.

[28] 毛延生,田野."一带一路"背景下面向东盟的语言发展体系构建研究[J]. 广西社会科学,2023(3):54-60.

——执笔人:倪好,浙江大学中国西部发展研究院;刘存钰,浙江大学外国语学院;胡伟,中国药科大学马克思主义学院

后　记

《中国西部大开发发展报告》是 2011 年教育部资助的 11 个哲学社会科学发展报告直接建设项目之一。该项目旨在鼓励高等学校组建人文社科研究团队，围绕国民经济社会发展重点领域或重大问题开展对策性、前瞻性研究，充分发挥高校哲学社会科学的智囊团、思想库作用。

《中国西部大开发发展报告（2023）》以陈志新、董雪兵、周谷平为项目总负责人，由浙江大学中国西部发展研究院、浙江理工大学、浙江财经大学、企研数据科技（杭州）有限公司等相关单位的教师和科研人员组成跨学科的研究团队。

本发展报告的基本构思、章节架构由陈志新、董雪兵和周谷平提出，课题组成员讨论后分头写作。各章负责人如下，总论：陈志新、郑茜、刘玥；第一章：杨奇明、叶武威、施丹燕、陈雷、薛天航；第二章：杨奇明、陈立辉、叶武威、沈梦露、陈雷、刘玥；第三章：张旭亮；第四章：谢贵平、杨子涵；第五章：倪好、刘存钰、胡伟。各章完成初稿后，陈志新、董雪兵、敖晶负责进行全书的审阅和校对，提出详细的修改意见，会同各章作者共同讨论进行修改完善，并终校定稿；杨媚棠等参与了本报告的出版编辑工作。

在本书即将付梓之际，我们要特别感谢本书的各位学术指导专家，他们对本报告提出了诸多宝贵意见，很大程度上提升了本报告的质量。我们能够每年将西部地区研究的最新成果展现给各位读者，离不开教育部社科司的长期支持。长期以来，国家发展改革委地区经济司和区域开放司对我们从事西部开发研究给予了很大支持，在此表示特别的感谢。也要感谢欧晓理先生，他热情洋溢的序言为本报告增色不少！撰写过程中，我们组织研究人员深入实地进行调研，各位作者掌握了大量第一手资料。在此基础上，编写团队参阅了大量文献和前人研究成果，几易其稿，最终完稿。最后，感谢各章作者，以及中国人民大学出版社的罗海林编辑，谢谢各位辛勤的付出。

实现西部地区高质量发展必须从西部地区的实际出发，深入探讨西部发展的经济规律、自然规律和文化现象。研究西部地区高质量发展是一个不断探索实践的过程，在此，我们抛砖引玉，真诚地希望并欢迎读者及学界同仁不吝赐教！

浙江大学中国西部发展研究院

图书在版编目（CIP）数据

中国西部大开发发展报告. 2023：新发展格局下高水平共建西部陆海新通道研究/陈志新，董雪兵，周谷平主编. -- 北京：中国人民大学出版社，2024.9.
ISBN 978-7-300-33149-2

Ⅰ. F127

中国国家版本馆 CIP 数据核字第 20244X8W54 号

中国西部大开发发展报告（2023）
新发展格局下高水平共建西部陆海新通道研究
主编　陈志新　董雪兵　周谷平
Zhongguo Xibu Dakaifa Fazhan Baogao（2023）

出版发行		中国人民大学出版社			
社　　址		北京中关村大街 31 号		邮政编码	100080
电　　话		010-62511242（总编室）		010-62511770（质管部）	
		010-82501766（邮购部）		010-62514148（门市部）	
		010-62515195（发行公司）		010-62515275（盗版举报）	
网　　址		http://www.crup.com.cn			
经　　销		新华书店			
印　　刷		唐山玺诚印务有限公司			
开　　本		720 mm×1000 mm　1/16		版　次	2024 年 9 月第 1 版
印　　张		14.25 插页 1		印　次	2024 年 9 月第 1 次印刷
字　　数		270 000		定　价	78.00 元

版权所有　　侵权必究　　印装差错　　负责调换